农村
土地承包经营
法律实务

周璇　金永熙　著

法律出版社
LAW PRESS·CHINA
北京

图书在版编目(CIP)数据

农村土地承包经营法律实务/周璇,金永熙著. --
北京:法律出版社,2021
ISBN 978-7-5197-5885-1

Ⅰ.①农… Ⅱ.①周… ②金… Ⅲ.①农村土地承包法-研究-中国 Ⅳ.①D922.44

中国版本图书馆CIP数据核字(2021)第173972号

农村土地承包经营法律实务
NONGCUN TUDI CHENGBAO JINGYING FALÜ SHIWU

周 璇 金永熙 著

策划编辑 周 洁
责任编辑 周 洁
装帧设计 鲁 娟

出版发行 法律出版社
编辑统筹 司法实务出版分社
责任校对 杨锦华 王沁陶
责任印制 胡晓雅
经 销 新华书店

开本 710毫米×1000毫米 1/16
印张 20 **字数** 272千
版本 2021年10月第1版
印次 2021年10月第1次印刷
印刷 三河市龙大印装有限公司

地址:北京市丰台区莲花池西里7号(100073)
网址:www.lawpress.com.cn
投稿邮箱:info@lawpress.com.cn
举报盗版邮箱:jbwq@lawpress.com.cn

销售电话:010-83938349
客服电话:010-83938350
咨询电话:010-63939796

书号:ISBN 978-7-5197-5885-1 **定价**:68.00元

凡购买本社图书,如有印装错误,我社负责退换。电话:010-83938349

前　言

我国自1978年在农村推行联产计酬责任制以后，党中央和国务院对农村土地承包经营制度十分重视，并进行了多次改革，现已形成了与中国特色社会主义市场经济同步前进的以所有权、承包权与经营权“三权”分置为核心内容的现代农村土地承包经营制度，大大地提高了农民生产积极性，促进了农村经济发展和社会和谐稳定。但当前乃至未来几年，我国农村土地承包经营仍面临三大任务，需要基层地方政府、农村集体组织以及广大农民朋友共同努力完成：

一是全国人大常委会在近几年根据党中央和国务院“三权”分置精神，修订了《农村土地承包法》《土地管理法》，《民法典》进一步完善了农村土地承包经营制度，农业农村部随之修改了《农村土地经营权流转管理办法》，于是，农村土地承包和土地经营权流转的政策和法律与以往相比发生了不少变化，且在改革中不断完善，这些新的法律、法规及规章在实践中必须得以贯彻落实。

二是根据2020年中央一号文件《关于抓好“三农”领域重点工作确保如期实现全面小康的意见》第27条“完善农村基本经营制度，开展第二轮土地承包到期后再延长30年试点，在试点基础上研究制定延包的具体办法”的要求，农业农村部已经组织部分地区选择先行到期的村组开展第二轮土地承包到期后再延长30年试点工作，对延长承包的具体办法、程序、配套政策等进行探索，下一步将全面开展第三轮土地承包工作。

三是在当前的第二轮土地承包中还存在诸多问题和矛盾纠纷，需要本着尊重历史与考虑现实的态度，根据公平合理原则进行处理，清除第三轮土地承包的障碍，维护农村社会和谐稳定。

作者以此为目的，根据“三权”分置的改革政策和最新的法律规范，结合农村土地承包经营的实践情况，撰写了本书。

本书对正确落实现代农村土地承包经营制度，依法解决当前农村土地承包经营的一系列纠纷，以及开展第三轮土地承包工作，都具有重要的指导意义。

本书是广大农民朋友、农村干部、乡镇干部、政府有关部门工作人员以及律师、法律工作者的良师益友，希望能得到读者的厚爱。

作者

2021 年 2 月于浙江温州

目 录

CONTENTS

第一章 农村土地承包经营及其制度与改革

我国农村土地承包经营制度是以家庭承包经营为基础、统分结合的双层经营体制为核心内容的一项农村经济社会的基本制度。贯彻落实农村土地承包经营制度，保持农村土地承包关系稳定并长久不变，维护农村土地承包经营当事人的合法权益，对提高农民的生产积极性，促进农村社会生产力的发展，具有重大意义。

第一节 农村土地承包经营制度

中华人民共和国成立后，在党的领导下，农村土地制度进行了多次改革，克服了重重困难，现终于形成与中国特色社会主义市场经济同步前进的以所有权、承包权与经营权“三权”分置为核心内容的现代农村土地承包经营制度。

一、农村土地制度改革经历

我国2002年《农村土地承包法》首次规定“国家实行农村土地承包经营制度”。2009年第一次修正的《农村土地承包法》在继续坚持“国家实行农村土地承包经营制度”的同时，相关条文内容进行了改革和完善。2018年，第十三届全国人大常委会第七次会议根据党和国家的“三权”分置和“承包经营权流转”等改革精神，第二次修正了《农村土地承包法》（自2019年1月1日起施行），建立了现在的农村土地承包经营制度。

我国现在的农村土地承包经营制度来之不易。中华人民共和国刚成立时，中国人民政治协商会议第一届全体会议于1949年9月29日通过了《中国人民政治协商会议共同纲领》。该纲领规定，国家“有步骤地将封建半封建的土地所有制改变为农民的土地所有制”。据此，从1950年冬到1953年春，全国掀起土地改革运动，农民获得了土地所有权、使用权和经营权，大大解放了农村生产力，促进了中华人民共和国成立初期的农业生产发展。

1958年中央政治局扩大会议通过了《关于建立农村人民公社问题的决议》，1961年党中央制定了《农村人民公社工作条例》（“农业六十条”），确定了人民公社实行三级所有、队为基础的制度。在人民公社化期间，国家将土地的农业生产合作社集体所有制变更为人民公社所有制，农业社的一切生产资料和公共财产转为公社所有，由公社统一核算、统一分配，社员分配实行工资制和口粮供给制，农村生产经营实行计划经济模式。

1978年党的十一届三中全会决定，在经济建设问题上要纠正急于求成的错误倾向，在农村推行联产计酬责任制改革，加快农业发展。联产计酬责任制即家庭联产承包责任制，是指农户以家庭为单位向集体组织承包土地等生产资料和生产任务的农业生产责任制形式。在保留集体经济必要的统一经营的同时，将农村集体土地和其他生产资料承包给农户，承包户根据承包合同规定的权限独立自主经营。家庭联产承包责任制是现代农村土地承包经营制度的前身，但当时欠缺市场化考虑，适用范围仅限于农村集体组织与本村村民之间的土地承包经营关系。

1991年11月，党的十三届八中全会通过了《中共中央关于进一步加强农业和农村工作的决定》，把以家庭联产承包为主的责任制、统分结合的双层经营体制作为我国乡村集体经济组织的一项基本制度长期稳定下来。家庭联产承包责任彻底摒弃了人民公社的落后生产方式，迈出了农村经济体制改革的第一步，再次解放了农村生产力，大大地提高农民生产的积极性。

1998年，党的十五届三中全会通过的《中共中央关于加强农业和农村工作若干重大问题的决定》明确提出：“要坚定不移地贯彻土地承包再延长三十年的政策，同时抓紧制定确保农村土地承包关系长期稳定的法律，赋予农民长期而又有保障的土地使用权。"1999 年,宪法修正案正式将"农村集体经济组织实行以家庭承包经营为基础、统分结合的双层经营体制"写进《宪法》。

2002 年,我国《农村土地承包法》将 1999 年《宪法》"巩固和完善以家庭承包经营为基础、统分结合的双层经营体制,保持农村土地承包关系稳定并长久不变,维护农村土地承包经营当事人的合法权益,促进农业、农村经济发展和农村社会和谐稳定"的规定作为立法宗旨,首次确立"国家实行农村土地承包经营制度"。

2014 年,《中共中央、国务院关于全面深化农村改革加快推进农业现代化的若干意见》在第 17 条"完善农村土地承包政策"中提出:"稳定农村土地承包关系并保持长久不变,在坚持和完善最严格的耕地保护制度前提下,赋予农民对承包地占有、使用、收益、流转及承包经营权抵押、担保权能。在落实农村土地集体所有权的基础上,稳定农户承包权、放活土地经营权,允许承包土地的经营权向金融机构抵押融资。"从此,我国农村土地在原有农地所有权与承包经营权两权分离的基础上,改革为农村土地所有权、承包权与经营权"三权"分置。此后,2018 年修正的《农村土地承包法》和 2019 年修正的《土地管理法》吸收了"三权"分置制度,使党和国家的"三权"分置改革精神正式成为国家的法律制度。

二、农村土地的"三权"分置

农村土地"三权"分置,是在坚持农村土地归集体所有不变的前提下,将原有的承包权与经营权分离开来形成三个权利,即农村土地的所有权、承包权与经营权分别设置。"三权"分置中的"三权",既有整体上的效用牵连,又有各自的法律功能。

1. 农村土地所有权

为了解决众多农村人口的生活温饱和基本发展的问题,我国《宪法》第 10 条第 2 款规定:"农村和城市郊区的土地,除由法律规定属于国家所有的以外,属于集体所有;宅基地和自留地、自留山,也属于集体所有。"《土地管理法》第 9

条第2款规定:“农村和城市郊区的土地,除由法律规定属于国家所有的以外,属于农民集体所有;宅基地和自留地、自留山,属于农民集体所有。”第11条规定:“农民集体所有的土地依法属于村农民集体所有的,由村集体经济组织或者村民委员会经营、管理;已经分别属于村内两个以上农村集体经济组织的农民集体所有的,由村内各该农村集体经济组织或者村民小组经营、管理;已经属于乡(镇)农民集体所有的,由乡(镇)农村集体经济组织经营、管理。”根据这些规定,农村土地属于农民集体所有,农村土地所有权主体是乡(镇)农民集体、村农民集体和村民小组农民集体。农民集体享有农村土地占有、使用、收益和处分的权利,农民个人对农村土地享有使用权和经营权,但不享有所有权,所以,在农村实行土地承包经营时,农村集体土地所有权不变,农民个人不得处分农村土地所有权。

2. 农村土地承包权

农村土地承包权是农村集体组织成员承包本集体土地进行农业生产经营的权利。《民法典》第330条第2款规定:“农民集体所有和国家所有由农民集体使用的耕地、林地、草地以及其他用于农业的土地,依法实行土地承包经营制度。”《农村土地承包法》第5条第1款规定:“农村集体经济组织成员有权依法承包由本集体经济组织发包的农村土地。”第2款规定:“任何组织和个人不得剥夺和非法限制农村集体经济组织成员承包土地的权利。”第51条规定,“以其他方式承包农村土地,在同等条件下,本集体经济组织成员有权优先承包”。根据上述规定,农村集体经济组织成员具有法定的土地承包权,且不论男女老少都平等地享有承包权利,当地基层政府、农村集体组织以及任何单位和个人不得剥夺和非法限制本农村集体经济组织成员的承包权利。

为了确定农村集体经济组织与其成员的土地承包关系,明确双方的权利与义务,农村集体经济组织作为发包方应当与承包方签订书面承包合同。《民法典》第333条(原《物权法》第127条)规定,“土地承包经营权自土地承包经营权合同生效时设立”,也就是说,农村集体经济组织与其成员所签订的土地承包经营权合同一旦生效,土地承包经营权即告设立。

3. 农村土地经营权

农村土地经营权，是指承包人通过承包方式取得集体所有土地使用权从事种植业、林业、畜牧业、渔业生产或其他农业生产经营项目的而获取收益的权利。因承包人取得承包土地的用途为农业经营，故《民法典》《土地管理法》《农村土地承包法》都将土地承包权和经营权合称为土地承包经营权。土地承包经营权由承包权和经营权两部分构成，其中，承包权成立在先，经营权随着承包权的成立而产生。

在通常情况下，农村土地承包经营权是基于承包人与农村集体经济组织签订土地承包经营合同而取得，但在某些特定情况下可以另行取得。例如，《农村土地承包法》第 32 条第 2 款规定："林地承包的承包人死亡，其继承人可以在承包期内继续承包。"第 54 条规定："依照本章规定通过招标、拍卖、公开协商等方式取得土地经营权的，该承包人死亡，其应得的承包收益，依照继承法的规定继承；在承包期内，其继承人可以继续承包。"

农村土地承包经营从其前身家庭联产承包责任制开始已经实施多年，现已成为农村土地经营的主要模式。

三、土地承包权与经营权的分离制度

以"三权"分置为核心内容的现代农村土地承包经营制度，其突出之处在于从农村土地承包经营权中派生流转权，即许可和鼓励农村土地流转经营，扩展农村土地经营者的范畴，从而使土地经营权市场化。

根据党中央和国务院的"三权"分置改革政策，《民法典》第 339 条规定："土地承包经营权人可以自主决定依法采取出租、入股或者其他方式向他人流转土地经营权。"《农村土地承包法》第 9 条规定："承包方承包土地后，享有土地承包经营权，可以自己经营，也可以保留土地承包权，流转其承包地的土地经营权，由他人经营。"这些规定在法律层面明确了农村土地的承包权与经营权分离的制度，即农村集体土地由本集体经济组织成员承包经营，本集体经济组织成员取得承包经营权后，可以自己经营，也可以在保留土地承包权的基础上流转他人经营。以其他承包方式取得的土地承包经营权的,也可以依法流转经营。

第二节　农村土地承包经营的构成要素

农村土地承包经营,是指在农村土地承包人与农村集体组织订立承包合同,占有、使用农村集体土地从事农、林、牧、渔等农业生产项目或流转土地经营权并取得收益的经营活动。农村土地承包人由此产生的权利是土地承包经营权,包括承包权、经营权和流转权。农民享有的这"三权"是农村经济体制改革中形成的农业生产经营关系的新型用益物权。根据《民法典》《农村土地承包法》的有关规定,我国现代农村土地承包经营由以下四大要素构成:

一、客体要素

法律关系的客体,是指法律关系主体权利和义务指向的对象。法律关系的客体是多种多样的,物是其中之一。物是一个内容很大的概念,包括土地、森林、草原等自然物,也包括房屋、汽车等人造物,还包括知识性成果等非物质财富。农村土地承包经营法律关系的客体是农村集体所有的土地,即《民法典》第 330 条第 2 款和《农村土地承包法》第 2 条规定的"农民集体所有和国家所有由农民集体使用的耕地、林地、草地以及其他用于农业的土地"。为了方便阐述,以下统称"农村集体土地"。

因农村集体土地属于"物"的范畴,故《民法典》第 330 条将其作为农村土地承包经营的标的物进行了规定。该法典第 330 条第 2 款(原《物权法》第 124 条)规定,"农民集体所有和国家所有由农民集体使用的耕地、林地、草地以及其他用于农业的土地,依法实行土地承包经营制度"。第 331 条(原《物权法》第 125 条)规定,"土地承包经营权人依法对其承包经营的耕地、林地、草地等享有占有、使用和收益的权利,有权从事种植业、林业、畜牧业等农业生产"。由此可见,土地承包经营权属于用益物权,承包人对承包经营的土地享有占有、使用、收益权。

二、主体要素

法律关系的主体即法律关系的参加者，是指在法律关系中享受权利、承担义务的人。根据《农村土地承包法》的有关规定，农村土地承包经营的法律关系主体有以下几种情况：

家庭土地承包法律关系的主体具有特定性，其中，发包方只能是农村集体组织。《农村土地承包法》第13条第1款规定："农民集体所有的土地依法属于村农民集体所有的，由村集体经济组织或者村民委员会发包；已经分别属于村内两个以上农村集体经济组织的农民集体所有的，由村内各该农村集体经济组织或者村民小组发包。村集体经济组织或者村民委员会发包的，不得改变村内各集体经济组织农民集体所有的土地的所有权。"第2款规定："国家所有依法由农民集体使用的农村土地，由使用该土地的农村集体经济组织、村民委员会或者村民小组发包。"据此规定，在家庭土地承包经营中，农村集体土地的发包方只能是农村集体经济组织或村民委员会或村民小组（为了方便阐述，以下统称"农村集体组织"）。强调农村土地发包方特定性的意义在于排除其他组织，特别是基层乡镇政府发包村居集体土地，以防它们侵害村居集体土地所有权。在家庭承包方式中，承包方主体是本集体组织内部的农户，农户是家庭承包的法定主体，即由户主代表农户全体成员进行承包。

在其他方式的土地承包法律关系中，农村集体组织有权按照民主议定程序对不宜采取家庭方式承包的"四荒地"等土地，通过招标、拍卖、公开协商等方式向不特定的本集体组织内部的农户、成员或者本集体组织以外的组织、个人发包。由此可见，在其他方式的土地承包法律关系中，农村集体组织是固定的发包方，而对方是不特定的对象。不特定的对象只有通过招标、拍卖、公开协商等方式取得土地经营权后，才能成为特定的承包人。

在土地经营权流转法律关系中，双方主体情况与家庭方式承包、其他方式承包不同，承包方是流出方，而流入方（受让方）不具特定性，可以是本集体组织成员，也可以是非本集体组织的组织或者个人。

强调其他方式的承包人和土地经营权流入方属于不特定对象的意义在于进一步放活土地经营权，使土地经营权进一步市场化。

三、法律要素

农村土地承包经营行为在本质上是法律行为，在产生、变更、消灭法律关系时受《民法典》《农村土地承包法》等法律的规范和调整。关于农村土地承包经营法律要素的具体问题，将在后面的法律适用中再做具体分析。

四、合同要素

在家庭土地承包经营主体中，发包方虽是农村集体组织，家庭承包方虽是本农村集体经济组织内部的农户，两者虽然存在组织上的集体与个体之间的隶属关系，但是，两者在民事法律上是两个独立平等的主体，因此，双方签订的土地承包经营合同是平等主体之间设立土地承包经营的权利义务关系的协议。民事合同只要经双方自愿协商，意思表示一致，且不违反法律、行政法规禁止性规定，就为合法有效。

《农村土地承包法》第 22 条规定："发包方应当与承包方签订书面承包合同。"第 23 条规定："承包合同自成立之日起生效。承包方自承包合同生效时取得土地承包经营权。"《农村土地承包法》第 40 条规定："土地经营权流转，当事人双方应当签订书面流转合同。"从这些规定来看，农村土地承包经营权不是依照申请、审批等程序所产生的，而是通过签订合同的方式确定的，因此，合同是农村土地承包经营不可缺少的要素。

农村土地承包经营具备上述四大要素，也就构成了农村土地承包经营制度。

第三节　农村土地承包经营的法律特征

根据《农村土地承包法》的有关规定和对上述四大要素进行的深入分析，

农村土地承包经营除客体、主体有上述特点外，还有以下几个相互联系的法律特征：

一、合法性与自愿性

《民法典》第 8 条规定，民事主体从事民事活动不得违反法律。农村土地承包经营作为一种民事行为，亦应坚持合法原则。农村土地承包经营合法原则要求，发包方和承包方都应严格执行《民法典》《农村土地承包法》《村民委员会组织法》《土地管理法》等相关法律和法规、规章的规定，承包经营行为不违反法律、行政法规的禁止性规定。

在坚持合法原则的同时，农村土地承包经营还应坚持自愿原则。《民法典》第 5 条规定："民事主体从事民事活动，应当遵循自愿原则，按照自己的意思设立、变更、终止民事法律关系。"农村土地承包经营作为一种民事行为，亦应遵循自愿原则。就此，《农村土地承包法》第 19 条将"民主协商，公平合理"作为土地承包的原则之一进行规定，并规定"本集体经济组织成员依法平等地行使承包土地的权利，也可以自愿放弃承包土地的权利"。第 30 条规定，"承包期内，承包方可以自愿将承包地交回发包方。承包方自愿交回承包地的，可以获得合理补偿"。

农村土地承包经营的自愿原则排斥非法的强制性行为。《农村土地承包法》就此还作出禁止性规定。例如，《农村土地承包法》第 27 条规定，"承包期内，发包方不得收回承包地""不得以退出土地承包经营权作为农户进城落户的条件"；第 38 条规定，土地经营权流转应当遵循"依法、自愿、有偿，任何组织和个人不得强迫或者阻碍土地经营权流转"原则；第 57 条规定，"强迫或者阻碍承包方进行土地承包经营权的互换、转让或者土地经营权流转"的，应当承担停止侵害、赔偿损失等民事责任；第 58 条规定，"承包合同中违背承包方意愿或者违反法律、行政法规有关不得收回、调整承包地等强制性规定的约定无效"；第 60 条规定，"任何组织和个人强迫进行土地承包经营权互换、转让或者土地经营权流转的，该互换、转让或者流转无效"。

二、稳定性与长期性

农村土地承包经营的稳定性是农村土地承包经营立法的宗旨之一,即《农村土地承包法》第1条“保持农村土地承包关系稳定并长久不变”的规定。

为了长期稳定农村土地承包经营关系,法律规定的农村土地承包期限是很长的。《农村土地承包法》第21条第1款规定:“耕地的承包期为三十年。草地的承包期为三十年至五十年。林地的承包期为三十年至七十年。”第2款规定:“前款规定的耕地承包期届满后再延长三十年,草地、林地承包期届满后依照前款规定相应延长。”据此规定计算,耕地承包期30年加届满后再延长30年共计60年,林地承包期30年至70年加届满后再延长30年至70年共计60年至140年。

与此同时,《农村土地承包法》还规定了稳定性和长期性的保障措施。如第25条规定,承包合同生效后,发包方不得因承办人或者负责人的变动而变更或者解除,也不得因集体经济组织的分立或者合并而变更或者解除;如第26条规定,国家机关及其工作人员不得利用职权干涉农村土地承包或者变更、解除承包合同;如第27条规定,承包期内,发包方不得收回承包地;如第28条规定,承包期内,发包方不得调整承包地。这些规定的措施都能有效地保障农村土地承包经营权的稳定性,让农民兄弟安心从事农业生产经营活动,从而促进“三农”发展。

三、物权性与排他性

20世纪80年代初期,我国在农村开始实行家庭联产承包责任制,大大提高了农民生产的积极性,农业生产和农村经济蓬勃发展。但是,家庭联产承包责任制仅以合同形式进行确定,不足以保护农民经营土地的合法权益,如农村集体组织和农村干部违约收回、调整承包地,按照原《合同法》的规定只负违约责任,而不承担侵权责任。之后,原《物权法》将农村土地承包经营权确定为用益物权,在法律上明确了土地承包者享有土地的占有权、使用权、收益权和对承包经营权的处分权，强化了农村土地承包经营的物权性。《民法典》更加彰显了农村土地承包经营权的用益物权属性，该法典第 331 条明确规定："土地承包经营权人依法对其承包经营的耕地、林地、草地等享有占有、使用和收益的权利，有权从事种植业、林业、畜牧业等农业生产。"

《农村土地承包法》第 24 条规定："国家对耕地、林地和草地等实行统一登记，登记机构应当向承包方颁发土地承包经营权证或者林权证等证书，并登记造册，确认土地承包经营权。"农户据此取得土地承包经营权证或者林权证等证书后，土地承包经营权便物权化，任何组织和个人不得侵犯，从而使土地承包经营权具有排他效力和支配效力，进一步稳定了农村土地承包经营关系。

物权上的排他性即排他效力，是指在同一物上不能同时并存两个以上内容及性质互不相容的物权。就农村土地承包经营的用益物权而言，同一块土地上不能同时并存两个以上土地承包经营权。农村集体组织已经将某块土地通过签订承包经营合同发包给某一农户经营，该农户经登记取得承包经营权证后，承包经营权受法律保护，并排除任何人的非法干涉；农村集体组织如果再将该块土地发包给本集体组织其他村民或者非本集体组织的组织、个人经营的，先前已经设定的承包经营权具有排除该土地上再设立与其内容及性质相互冲突的承包经营的效力。

第四节　农村土地承包经营的法律适用

法律适用，通常指国家司法机关根据法定职权和法定程序，运用法律处理案件、解决纠纷的活动，有时也泛指法律的实施和运用活动，因此，农村土地承包经营也有法律适用的问题。

一、关于《民法典》与《农村土地承包法》的衔接问题

在十多年来，我国不断地深化以"三权"分置为主要内容的农村土地制度改革，据此，农村土地承包经营的相关法律，如原《农村土地承包法》《物权法》

《民法总则》的有关规定都随之进行修改和完善，后又出台了《民法典》，就农村土地承包经营的一些问题再次进行完善。那么，原《农村土地承包法》修订后和原《物权法》《民法总则》等法律废止后，如何适用新《农村土地承包法》以及如何与《民法典》的有关规定衔接就值得分析。

《民法典》是民商法律体系中的一部基本法。《民法典》吸收了《农村土地承包法》中一些与物权相关的主要内容，在肯定了土地承包经营权相关物权的归属、权能、权利变动规则和法律效果等的同时，对《农村土地承包法》有关土地承包经营权的规定进行提升，进一步明晰了承包地流转的权利义务关系和法律效果。

《民法典》实施后，农村土地承包经营在适用该法典时需要注意以下几个事情：

一是《民法典》并不废止《农村土地承包法》，其中“第二编物权”“第十一章土地承包经营权”第330条至第343条的规定，是为了落实党中央农村承包地“三权”分置改革的要求，在《农村土地承包法》的基础上，对农村集体产权相关制度和土地承包经营权的相关规定做了完善，对土地经营权的定性、“三权”分置的落实、“放活经营权”的措施等重大问题作出明确的规定。

二是现行的《农村土地承包法》仍为有效，但其有关规定与《民法典》有关规定不一致，或者《农村土地承包法》没有规定而《民法典》有明确规定的，根据“新法优于旧法”适用的规则，从2021年1月1日起应当适用《民法典》的有关规定。

三是原《婚姻法》《继承法》《民法通则》《担保法》《合同法》《物权法》《侵权责任法》《民法总则》因《民法典》实施而同时废止，故在没有溯及力的情况下，自2021年1月1日起，有关农村土地承包经营的问题不再适用上述已经废止的法律。

二、关于《民法典》完善农村土地承包经营的几个问题

《民法典》虽然废止了原《民法总则》《物权法》，但在农村土地承包经营方

面也吸收这两部法律的一些内容，同时移植并修改了《农村土地承包法》的少部分内容入典。《民法典》实施后，农村土地承包经营的主要法律依据是《民法典》和《农村土地承包法》。这里将《民法典》与《农村土地承包法》以及原《民法总则》《物权法》进行比较，简要介绍和分析《民法典》几个修改、完善的重要条款。

1.《民法典》第332条规定的有关问题

原《民法总则》第126条规定："耕地的承包期为三十年。草地的承包期为三十年至五十年。林地的承包期为三十年至七十年；特殊林木的林地承包期，经国务院林业行政主管部门批准可以延长。"现《民法典》第332条规定："耕地的承包期为三十年。草地的承包期为三十年至五十年。林地的承包期为三十年至七十年。前款规定的承包期限届满，由土地承包经营权人依照农村土地承包的法律规定继续承包。"

《民法典》这条规定，删除了原《民法总则》第126条"特殊林木的林地承包期，经国务院林业行政主管部门批准可以延长"的规定，增加了"前款规定的承包期限届满，由土地承包经营权人依照农村土地承包的法律规定继续承包"。这里的"农村土地承包的法律规定"是指《农村土地承包法》第21条"耕地的承包期为三十年。草地的承包期为三十年至五十年。林地的承包期为三十年至七十年。前款规定的耕地承包期届满后再延长三十年，草地、林地承包期届满后依照前款规定相应延长"的规定。也就是说，特殊林木的林地承包期届满，依照《农村土地承包法》第21条规定继续承包即可，无须另经国务院林业行政主管部门批准延长。

2.《民法典》第334条规定的有关问题

原《民法总则》第128条规定："土地承包经营权人依照农村土地承包法的规定，有权将土地承包经营权采取转包、互换、转让等方式流转。流转的期限不得超过承包期的剩余期限。未经依法批准，不得将承包地用于非农建设。"《民法典》第334条规定："土地承包经营权人依照法律规定，有权将土地承包经营权互换、转让。未经依法批准，不得将承包地用于非农建设。"两者比较有以下两处改变：

一是《民法典》这条规定将原《民法总则》第 128 条中的“农村土地承包法”改为“法律”。这一改变的主要原因是，土地承包经营权互换、转让不只是适用《农村土地承包法》的有关规定，还应适用《民法典》本条规定和其他有关法律规定，故改为“依照法律规定”。

二是《民法典》这条规定删除了原《民法总则》第 128 条中的“转包”“等方式流转”“流转的期限不得超过承包期的剩余期限”的规定。《农村土地承包法》贯彻“三权”分置的理念，分别设置了“土地承包经营权”与“土地经营权”，据此，将土地承包经营权的转让、互换与土地经营权的出租、入股区分开来，并将互换、转让作为土地承包经营权的转移方式，而将出租、入股作为土地经营权的流转方式。再者，土地承包经营权进行互换、转让后，受让方可以与发包方确立新的承包关系，原承包方与发包方在该土地上的承包关系即行终止，此时土地承包经营权发生改变，而出租、入股等方式流转土地经营权，仅改换了土地经营权人，原土地承包关系并未发生改变，故两者有着本质差别。

由于《民法典》已经明确规定“承包期限届满，由土地承包经营权人依照农村土地承包的法律规定继续承包”，故没有必要在土地经营权流转上再设置“流转的期限不得超过承包期的剩余期限”的限制性规定，故予以删除。

在土地承包经营权互换、转让两种转移方式上，《民法典》第 334 条的规定与《农村土地承包法》第四节“土地承包经营权的保护和互换、转让”是一致的，故在采用这两种方式转移土地承包经营权时，还应结合适用《农村土地承包法》第四节中的有关规定。

3.《民法典》第 339 条规定的有关问题

《农村土地承包法》第 2 章“家庭承包”第 36 条规定：“承包方可以自主决定依法采取出租(转包)、入股或者其他方式向他人流转土地经营权，并向发包方备案。”《民法典》第 339 条规定：“土地承包经营权人可以自主决定依法采取出租、入股或者其他方式向他人流转土地经营权。”这两条比较有以下三个变化：

一是《民法典》这条规定将《农村土地承包法》第 36 条中的“承包方”改变

为“土地承包经营权人”。“承包方”一词倾向于承包合同上的主体称呼，而“土地承包经营权人”更能体现“承包方”已经取得承包经营权，除此之外，两者没有多大区别。

二是《民法典》这条规定删除了《农村土地承包法》第 36 条中“（转包）”一词。我们认为，《民法典》并不禁止转包，转包仍可作为一种流转方式适用，可以归入“其他方式”。农业农村部《农村土地经营权流转管理办法》（自 2021 年 3 月 1 日起施行）沿用《农村土地承包法》第 36 条规定，在第 14 条中规定“承包方可以采取出租（转包）、入股或者其他符合有关法律和国家政策规定的方式流转土地经营权”。

三是《民法典》这条规定删除了《农村土地承包法》第 36 条中“并向发包方备案”的规定，即不再将“并向发包方备案”作为承包方应当履行的强制性义务。

4.《民法典》第 341 条规定的有关问题

《农村土地承包法》第 41 条规定：“土地经营权流转期限为五年以上的，当事人可以向登记机构申请土地经营权登记。未经登记，不得对抗善意第三人。”《民法典》第 341 条规定：“流转期限为五年以上的土地经营权，自流转合同生效时设立。当事人可以向登记机构申请土地经营权登记；未经登记，不得对抗善意第三人。”两者比较，《民法典》增加了“自流转合同生效时设立”的规定，即明确了流转期限为 5 年以上的土地经营权流转合同的设立时间。根据《民法典》上述规定，在流转土地经营权时，流转双方可以通过平等协商自愿选择是设定物权还是设定债权：流转期限 5 年以上的土地经营权为物权，自流转合同生效时设立，但不登记的，不得对抗善意第三人；流转期限 5 年以下的土地经营权则为债权，如采取出租、入股方式流动土地经营权，就具有鲜明的债权特征，但土地经营的债权性质仅此而已，且不因这些特定情况而否定土地承包经营权、土地经营权在总体上的用益物权。

5.《民法典》第 342 条规定的有关问题

《民法典》第 342 条规定：“通过招标、拍卖、公开协商等方式承包农村土地，经依法登记取得权属证书的，可以依法采取出租、入股、抵押或者其他方式流转土地经营权。”这与《农村土地承包法》第53条规定是一致的。但与原《民法总则》第133条“通过招标、拍卖、公开协商等方式承包荒地等农村土地，依照农村土地承包法等法律和国务院的有关规定，其土地承包经营权可以转让、入股、抵押或者以其他方式流转”的规定比较，有以下三个变化：

一是《民法典》这条规定删去了原《民法总则》第133条中的“荒地等”，将“四荒地”承包经营纳入“其他方式”；

二是《民法典》这条规定将原《民法总则》第133条中的“转让”改为“出租”；

三是《民法典》这条规定将原《民法总则》第133条中“依照农村土地承包法等法律和国务院的有关规定”改为“经依法登记取得权属证书的”。

上述改变就是说，采取其他方式承包农村土地进行流转不限于荒地，也可以是农用地；采取其他方式承包农村土地经依法登记取得权属证书后，可以依法采取出租、入股、抵押或者其他方式流转土地经营权，而不再需要执行“依照农村土地承包法等法律和国务院的有关规定”。

6.《民法典》第399条规定的有关问题

原《物权法》第184条规定，“耕地、宅基地、自留地、自留山等集体所有的土地使用权”不得抵押。而《民法典》第399条规定，“宅基地、自留地、自留山等集体所有土地的使用权”不得抵押。《民法典》这条规定删除了原《物权法》第184条中的“耕地”，即许可耕地使用权（耕地经营权中的一种权能）抵押，说明“三权”分置后的耕地经营权可以入市。

三、关于农村土地承包经营适用其他法律的问题

《农村土地承包法》是专门规范农村土地承包经营的法律，故当事人实施农村土地承包经营行为，有关行政机关对农村土地承包经营进行监督管理，应当适用《民法典》和《农村土地承包法》。但是，农村土地承包经营单凭《民法典》和《农村土地承包法》是不能解决所有问题的，还需与其他相关法律衔接适

用,如在农村集体组织行使发包权和农村集体经济组织成员承包资格权方面,应当执行《村民委员会组织法》的有关规定;又如,涉及农村土地行政管理的问题,应当适用《土地管理法》。只有将《农村土地承包法》与《民法典》以及其他相关法律有效衔接,才能达到农村土地承包经营合法化和规范化的目的。

四、关于农村土地承包经营适用司法解释的问题

2005 年 9 月 1 日,最高人民法院根据当时的《民法通则》《合同法》《农村土地承包法》出台了《最高人民法院关于审理涉及农村土地承包纠纷案件适用法律问题的解释》(以下简称原《最高院土地承包纠纷解释》)。后因《农村土地承包法》《土地管理法》等有关法律的修订和《民法典》的出台以及有关法律的废止,2020 年 12 月 23 日,最高人民法院审判委员会第 1823 次会议修订了原《最高院土地承包纠纷解释》,形成了新的《最高人民法院关于审理涉及农村土地承包纠纷案件适用法律问题的解释》(自 2021 年 1 月 1 日起施行,以下简称《最高院土地承包纠纷解释》)。《民法典》施行后,法院应当适用原《最高院土地承包纠纷解释》处理农村土地承包纠纷案件。

第五节　农村土地承包经营的基本原则

农村土地承包经营有基本原则、承包原则、流转原则,其中,基本原则是理解和解释土地承包经营法律条文的基准,居于承包原则、流转原则的上位,承包原则和流转原则是在基本原则框架下的具体应用原则。

因农村土地承包经营属于民事法律行为,其基本原则是基于民法基本原则而确定的,又因土地承包经营带有很强的自治管理和行政管理的双重属性,故其基本原则有自身的特点。根据《农村土地承包法》的有关规定,除合法性、自愿性、稳定性外,农村土地承包经营应当坚持以下几条基本原则:

一、所有权不变原则

《农村土地承包法》第 4 条规定,“农村土地承包后,土地的所有权性质不

变。承包地不得买卖”。第13条规定,“村集体经济组织或者村民委员会发包的,不得改变村内各集体经济组织农民集体所有的土地的所有权”。农户承包经营的客体虽是农村集体土地,但因农村土地属于农民集体所有,所以承包经营与房屋租赁一样,只是取得土地的使用权,而不能取得土地的所有权。

所有权不变作为农村土地承包经营的基本原则,始终贯穿于农村土地承包经营的全过程,因此,无论是家庭方式承包,还是其他方式承包,或者土地经营权流转,都不改变土地为农民集体所有的性质。

在我国农村,不少农民有着根深蒂固的私有制观念,将集体组织分给的承包地认为是自家的“祖宗业”,有的抗拒政府征收征用承包地,有的擅自出卖承包地,这些观念和行为都是违法的,承包人和经营者如果买卖承包地,则是对农村集体土地所有权的侵害。

二、公开、公平、公正原则

农村土地的承包、经营和流转虽为民事活动,但因其具有很强的自治管理和行政管理的性能,所以,《农村土地承包法》第7条在坚持公平原则的同时,吸收了《村民委员会组织法》规定的村务公开原则和行政机关行政行为公开、公正的原则。但农村土地承包经营的公开、公平、公正原则,主要是对农村集体组织而言的,目的是保障农民承包经营土地的法定权益不受侵犯,保证农村土地承包经营制度有效地贯彻实施。

1. 关于公开原则

农村土地承包经营的公开原则主要有以下三个内容:

一是公开承包经营信息。农村集体组织在按照规定统一进行土地承包时,应当采取张贴公告、有线广播、村民微信群、召开村民会议、接受村民咨询等方式,向全体村民公布有关信息,让村民知晓土地承包经营的基本情况,从而满足村民的知情权。

二是公开承包经营程序和方案。在组织统一发包土地时,农村集体组织应当按照《农村土地承包法》第19条、第20条的规定,通过村民会议选举方式公开产生承包工作小组,承包工作小组依照法律、法规的规定拟订并公布承包方案,依法召开村民会议或者村民代表会议讨论通过承包方案,公开组织实施承包方案。

三是公开承包结果。农村集体组织与农户签订承包合同后,应当及时公布每户承包土地的具体名称、坐落、面积、质量等级等,接受村民监督。

2. 关于公平原则

这里的公平原则主要是指本集体经济组织的成员和农户依法平等地享有和行使承包经营权,又称平等原则。《农村土地承包法》第 19 条规定,“按照规定统一组织承包时,本集体经济组织成员依法平等地行使承包土地的权利”。这里的平等原则有以下两个基本要求:

一是农村集体经济组织与其成员在承包经营活动中的主体平等,农村集体组织作为发包方不得对其成员滥用权力,不得单方对部分成员作出不公平的限制等。

二是土地承包经营的权利义务在法定范围内的平等,农村集体组织不得利用发包方的权利和优势在承包合同中对承包方农户及成员的权利进行不合理的限制,或者通过承包合同给承包方增加不合理的负担,或者干涉承包方农户的生产经营自主权,确保每位成员和农户依法平等地享有和行使承包经营本集体土地的权利,从而实现公平原则。

3. 关于公正原则

这里的公正原则要求,农村集体组织应当严格按照法定的条件和程序办事,公平合理地对待每位成员和每家农户的集体土地承包经营权,村干部不得暗箱操作,不得厚此薄彼,不得搞亲疏关系,不得在土地承包经营中为自己或者他人牟取私利。实现公正原则离不开公开、公平原则,只有做到公开、公平才能实现公正,确保全体成员平等地享有承包经营权。如对不宜采取家庭承包方式的荒地采取其他方式承包的,农村集体组织应当采取公开招标、拍卖和协商的方式来确定承包方。

此外,根据《农村土地承包法》第 48 条“不宜采取家庭承包方式的荒山、荒沟、荒丘、荒滩等农村土地，通过招标、拍卖、公开协商等方式承包的，适用本章规定”的规定，农村集体组织以其他方式发包土地的，亦应坚持公开、公平、公正原则。

三、承包经营权保护原则

《农村土地承包法》第5条第1款规定：“农村集体经济组织成员有权依法承包由本集体经济组织发包的农村土地。”这款规定赋予了农村集体经济组织成员对本集体土地的承包资格权。第2款规定：“任何组织和个人不得剥夺和非法限制农村集体经济组织成员承包土地的权利。”这款对农村集体经济组织成员承包资格权进一步作出保护的规定。

农村集体土地是农民的基本生产资料，也是农民基本生活保障，故在家庭承包中每个具有农村集体经济组织成员资格的村民，只要一出生，不论男女老少都享有平等的土地承包资格权，农村集体组织在发包时应当按照每户所有成员的人数来确定承包土地的份额，将土地发包到农户，即“按人分地、按户承包”。农村集体组织即使采取其他方式发包荒地，本集体经济组织成员在同等条件下也有优先承包权。

由于本集体经济组织成员具有法定的土地承包资格权，故任何组织和个人，包括当地政府、本集体组织，都不得剥夺和非法限制农村集体经济组织成员承包土地的权利。为保护农村集体经济组织成员的土地承包经营权不受侵害，《农村土地承包法》第56条规定：“任何组织和个人侵害土地承包经营权、土地经营权的，应当承担民事责任。”第65条还规定：“国家机关及其工作人员有利用职权干涉农村土地承包经营，变更、解除承包经营合同，干涉承包经营当事人依法享有的生产经营自主权，强迫、阻碍承包经营当事人进行土地承包经营权互换、转让或者土地经营权流转等侵害土地承包经营权、土地经营权的行为，给承包经营当事人造成损失的，应当承担损害赔偿等责任；情节严重的，由上级机关或者所在单位给予直接责任人员处分；构成犯罪的，依法追究刑事责任。”

四、男女平等原则

《宪法》第 48 条规定："中华人民共和国妇女在政治的、经济的、文化的、社会的和家庭的生活等各方面享有同男子平等的权利。国家保护妇女的权利和利益，实行男女同工同酬，培养和选拔妇女干部。"然而，在农村还存在许多男女不平等的问题，其中利益冲突最为突出的是农村妇女的土地权益受到侵害问题。例如，妇女出嫁但户口仍在本村，在本村仍有集体经济组织成员资格的情况下，本村集体组织在组织统一承包时排除其承包经营土地资格；又如，外地妇女入嫁本村并已迁入户口，而本村集体组织在组织统一承包时拒绝其承包经营土地。针对这些实际情况，《农村土地承包法》第 6 条特意规定："农村土地承包，妇女与男子享有平等的权利。承包中应当保护妇女的合法权益，任何组织和个人不得剥夺、侵害妇女应当享有的土地承包经营权。"第 57 条还规定，发包方"剥夺、侵害妇女依法享有的土地承包经营权"的应当承担民事责任，从而使《宪法》规定的男女平等原则在农村土地承包经营中得以贯彻实施，有效地维护农村妇女平等享有承包经营土地的权利。

但这里的男女平等原则是对家庭土地承包而言的，农村集体组织采取其他方式发包"四荒地"等土地，采取招标、拍卖、公开协商等方式即可，无须强调男女平等原则。

五、土地资源保护原则

土地资源是人们赖以生存的物质基础，而我国人口庞大、人均耕地少，耕地便显得十分珍贵，但利用耕地进行非农建设的情况有增无减，耕地保护面临严峻的形势。国家在立法时对土地资源保护十分重视。《土地管理法》第 3 条规定，"十分珍惜、合理利用土地和切实保护耕地是我国的基本国策"；第 17 条规定，"落实国土空间开发保护要求，严格土地用途管制""严格保护永久基本农田，严格控制非农业建设占用农用地"；第 13 条第 3 款规定，"承包经营土地的单位和个人，有保护和按照承包合同约定的用途合理利用土地的义务"。

《农村土地承包法》从农村土地承包经营角度对土地资源保护也作出不少规定。例如,第 11 条规定,“农村土地承包经营应当遵守法律、法规,保护土地资源的合理开发和可持续利用。未经依法批准不得将承包地用于非农建设”“国家鼓励增加对土地的投入,培肥地力,提高农业生产能力”;第 14 条规定,发包方有“制止承包方损害承包地和农业资源的行为”的权利;第 18 条规定承包方有承担“依法保护和合理利用土地,不得给土地造成永久性损害”的义务。这些规定与上述《土地管理法》的有关规定是一致的,目的都是保护土地资源不受破坏。

在农村土地承包经营活动中,发包方农村集体组织与承包方以及只有坚持和实践上述基本原则,才能正确处理好国家、集体、个人三者的利益关系,才能有效地保护各方土地经营的合法权益。

第二章　农村土地家庭承包方式

我国农村土地承包分家庭承包和除家庭承包外的其他承包两种方式。家庭承包是指农村集体组织将土地发包给由本集体经济组织内部的农户从事农业生产经营的一种承包方式。家庭承包是农村集体土地承包经营的主要方式。这一章先分析农村土地家庭承包方式的有关法律问题。

第一节　家庭土地承包的主要特点

根据《农村土地承包法》的有关规定,家庭承包方式与其他承包方式比较,具有以下几个特点:

一、承包主体恒定性

《农村土地承包法》第3条规定,“农村土地承包采取农村集体经济组织内部的家庭承包方式”,第13条规定农村集体土地“由村集体经济组织或者村民委员会发包”,第16条规定,“家庭承包的承包方是本集体经济组织的农户”。据此,农村集体组织是家庭土地承包的恒定发包方,本集体经济组织的农户是家庭土地承包的恒定承包方。这个问题前面已经阐明,这里不再重复。

二、成员承包法定性

《农村土地承包法》第5条第1款规定,“农村集体经济组织成员有权依法承包由本集体经济组织发包的农村土地”;第2款规定,“任何组织和个人不得剥夺和非法限制农村集体经济组织成员承包土地的权利”。由此可见，农村集体经济组织内部成员对本集体组织的土地，在家庭承包方式中具有法定的承包资格权，且不受任何组织和个人非法剥夺和限制。

而农村集体经济组织内部成员在其他承包方式中只有优先承包权，而无法定承包资格权。根据《农村土地承包法》第 49 ~ 51 条的规定，农村集体经济组织对“不宜采取家庭承包方式的荒山、荒沟、荒丘、荒滩等农村土地”采取其他方式承包的，本集体经济组织成员在同等条件下享有优先承包权，但因其他方式承包需经招标、拍卖、公开协商等方式才能形成承包合同，故本集体经济组织内部成员可以参与承包并有优先承包权，但这是约定承包而不是法定承包。

三、成员承包平等性

《农村土地承包法》第 19 条第 1 款第 1 项规定“本集体经济组织成员依法平等地行使承包土地的权利”，这是农村集体组织成员承包土地应当坚持资格平等的规定。这里的资格平等有以下三个内容：

一是每位农村集体经济组织成员，不论男女老少都有平等地依法承包本集体经济组织土地的权利，本集体经济组织不得以任何借口非法剥夺或限制个别和部分成员的承包资格权。

二是本集体经济组织成员平等地享有土地承包面积和等级，如无特殊情况，不得我多你少，或者你好我差，以防在承包面积和等级上出现不公平现象。

三是本集体经济组织内部农户的法定权利义务应当基本一致，体现法定权利义务人人平等，如无特殊情况，不得对个别和部分成员另设非法定的义务，也不得另设非法定的权利。而其他方式的土地承包，除法律明确规定应当享有的权利和必须承担的义务外，不受上述成员平等、面积平等的限制，具体权利义务由土地承包合同自行约定。

四、农户承包自愿性

在农村集体组织统一组织土地承包时，本村集体经济组织成员虽有法定承包资格权，但是否行使法定承包资格权则由其自行决定，所以这种法定承包资格权对农户和成员不具强制性。《农村土地承包法》第 19 条第 1 款第 1 项规定，本集体经济组织成员"可以自愿放弃承包土地的权利"。这就是说，家庭承包实行自愿原则，本集体经济组织的农户和成员要求承包的，其承包权不受非法剥夺和限制，但若自愿放弃承包权的，亦应许可，发包方不得强迫其承包。

五、承包土地无偿性

农村集体土地原本属于农村集体经济组织全体成员共有，农村集体经济组织成员基于这一共有权而获得的家庭承包经营这一用益物权，本质上是对自己权利的使用。所以，国家取消了家庭土地承包费，让农户无偿承包经营集体土地，承包方无须支付任何对价，因此，家庭承包经营合同中也不存在承包费问题。而其他方式承包则为有偿承包，承包合同中应有"价款"约定，承包方应当按约支付对价。

第二节　家庭土地发包方的主体资格

民事法律关系中的主体资格是民事主体享有民事权利和承担民事义务的能力。民事权利能力是指民事主体依法享有民事权利和承担民事义务的资格；民事行为能力是指民事主体以自己的行为享有民事权利和承担民事义务的资格。家庭承包作为一种民事行为，发包方与承包地都应具备主体资格，不具备主体资格的单位和个人不能成为家庭承包合同的当事人。

我们在前面分析家庭承包特点时已经说明，家庭承包中的双方主体具有恒定性，即农村集体组织是恒定的发包方，农村集体经济组织内部农户是恒定的承包方。这里继续分析家庭承包中发包方的主体资格的具体问题。

一、关于本集体组织

《农村土地承包法》第 13 条规定："农民集体所有的土地依法属于村农民

集体所有的，由村集体经济组织或者村民委员会发包；已经分别属于村内两个以上农村集体经济组织的农民集体所有的，由村内各该农村集体经济组织或者村民小组发包。国家所有依法由农民集体使用的农村土地，由使用该土地的农村集体经济组织、村民委员会或者村民小组发包。”据此规定，农村土地的发包方是农村集体经济组织、村民委员会或者村民小组。因每位村民都有自己的农村集体经济组织、村民委员会或者村民小组，且只能在其所在的上述组织进行家庭承包，故我们将农村集体经济组织成员所在的组织称为“本集体组织”。这里的“本”涉及家庭土地承包主体资格的界限问题，也就是说，只有本集体组织与其内部农户两者之间才能产生家庭土地承包的法律关系；本集体组织与非村集体组织成员之间不能发生家庭土地承包的法律关系，否则，双方主体都不适格，由此订立的家庭土地承包合同无效。

二、农村集体经济组织的发包主体资格

农村集体经济组织，是原人民公社、生产大队、生产队建制经过改革、改造、改组形成的农村合作经济组织，包括经济联合社、经济合作社、股份合作经济社、股份合作经济联合总社等。《民法典》第 99 条规定：“农村集体经济组织依法取得法人资格。”依法设立的农村集体经济组织是我国农村集体经济制度的主要组织形式，有自己的名称、组织机构和场所，拥有独立的财产和自主进行生产经营的能力，并能在一定的财产范围内独立承担民事责任，符合民事主体的资格条件，因此具有民事权利能力和民事行为能力。农村集体经济组织是“家庭承包、统分结合的双层经营机制”中“统”的功能的承担者，其重要职能之一是管理和发包本集体土地，使集体土地资产得到合理利用和有效保护。因此，农村集体经济组织具有家庭土地承包中的发包方主体资格。

三、村民委员会的发包主体资格

根据《农村土地承包法》第 13 条的规定，农民集体所有的土地依法属于村农民集体所有的，由村集体经济组织或者村民委员会发包。也就是说，村集体

经济组织与村民委员会都具有农村土地的发包主体资格。但是,村集体经济组织与村民委员会的职能是不同的。村民委员会是村民自我管理、自我教育、自我服务的基层群众性自治组织,具有一定的行政性质,故有行政村与自然村之分。农村集体经济组织是指拥有一个自然村或行政村名下的财产所有权,并享有对该财产占有、使用、处置的特别法人,属于一种经济组织,可以从事营利性活动。

《民法典》第 101 条第 2 款规定:“未设立村集体经济组织的,村民委员会可以依法代行村集体经济组织的职能。”《最高人民法院关于适用〈中华人民共和国民法典〉有关担保制度的解释》(自 2021 年 1 月 1 日起施行)第 5 条第 2 款规定:“居民委员会、村民委员会提供担保的,人民法院应当认定担保合同无效,但是依法代行村集体经济组织职能的村民委员会,依照村民委员会组织法规定的讨论决定程序对外提供担保的除外。”由此可见,在村集体经济组织健全的情况下,一般不宜由村民委员会作为发包方发包土地,如果未建立村集体经济组织,或者村集体经济组织处于瘫痪状态不能行使职能的,才可以由村民委员会作为发包方发包土地。

四、村民小组的发包主体资格

《村民委员会组织法》第 3 条规定:“村民委员会可以根据村民居住状况、集体土地所有权关系等分设若干村民小组。”第 28 条第 3 款规定:“属于村民小组的集体所有的土地、企业和其他财产的经营管理以及公益事项的办理,由村民小组会议依照有关法律的规定讨论决定,所做决定及实施情况应当及时向本村民小组的村民公布。”《土地管理法》第 11 条规定,“农民集体所有的土地依法属于村农民集体所有的,由村集体经济组织或者村民委员会经营、管理;已经分别属于村内两个以上农村集体经济组织的农民集体所有的,由村内各该农村集体经济组织或者村民小组经营、管理;已经属于乡(镇)农民集体所有的,由乡(镇)农村集体经济组织经营、管理”。《农村土地承包法》第 13 条也规定:“农民集体所有的土地依法属于村农民集体所有的,由村集体经济组织或者村民委员会发包;已经分别属于村内两个以上农村集体经济组织的农民集体所有的,由村内各该农村集体经济组织或者村民小组发包。”根据上述规定,村民小组对集体土地有经营权和管理权,故应由村民小组发包土地,村民小组也是家庭承包中的发包主体。

村民小组是村民委员会下设立的直接管辖农户和村民的自治组织,不具法人资格,过去我们把村民小组归类于“其他组织”。

《最高人民法院关于村民小组诉讼权利如何行使的复函》(〔2006〕民立他字第 23 号)指出:村民小组可以作为民事诉讼当事人,以村民小组为当事人的诉讼,应以小组长作为主要负责人提起;小组长以村民小组的名义起诉和行使诉讼权利应当参照《村民委员会组织法》第 17 条履行民主议定程序。村民小组既然可为民事诉讼当事人,也就说明其具有一定的民事主体资格,现在可以根据《民法典》第 102 条将其归类于“非法人组织”。

第三节　家庭土地承包方的主体资格

《民法典》第 55 条规定,“农村集体经济组织的成员,依法取得农村土地承包经营权,从事家庭承包经营的,为农村承包经营户”。《农村土地承包法》第 16 条规定,“家庭承包的承包方是本集体经济组织的农户”。其中,“农村承包经营户”是指已经依法取得土地经营承包权的农户,而“农户”的概念要大一些,农户即使未取得土地承包经营权也是农户,即使已经成为“农村承包经营户”也还是农户。

一、农村集体经济组织成员资格的取得方式

农户是由户内家庭成员组成的,农户作为家庭承包方式中的承包方主体,首先要解决农村集体经济组织的成员资格问题。

在农村土地承包中,人们经常提及农民、村民这两个名词,那么,农民、村民有无家庭承包主体资格?

从职业角度看，农民是指长时期从事农业生产的人，长时期从事农业生产的农民一般都有某一农村集体经济组织的成员资格，但在某些特别情况下不一定都有家庭承包主体资格，如城镇户籍人员在农村长期从事农业生产，因其不具有农村集体经济组织的成员资格而不能以农户的名义通过家庭承包方式取得土地承包经营权。

村民是指居住在农村的公民。村民通常是相对行政村而言的，凡有本行政村户籍的村民都是本行政村村民。从严格意义上讲，村民与集体经济组织成员是有区别的，也就是说，户籍在本行政村的村民不一定是本农村集体经济组织的成员，居住在农村的公民也不一定都是农民，还有其他社会成员。例如，离退休干部将户籍迁回原籍并在原籍行政村居住养老，该离退休干部因户籍已经迁回原籍，属于原籍行政村村民，但其户籍属于城镇居民，故不属于该村集体经济组织成员。又如，外村村民长期定居并生活在本村但户口尚未迁入本村的人员，可以认为其是本村村民，但不一定因此就可以认定其是本村集体经济组织成员。

《农村土地承包法》规定的享有家庭承包主体资格权的是集体经济组织成员，因此，农民、村民有无家庭承包主体资格权，首先取决于其是不是本集体经济组织的成员，属于本集体经济组织成员的，才在本集体组织享有家庭承包资格权，如无本集体经济组织成员资格的，则没有本村集体经济组织的家庭承包主体资格权。

农村集体经济组织成员，通常是指拥有土地共有权、使用权、承包经营权、集体资产管理与处置的参与权、集体收益分配权等项完整权利，并承担完全义务的农村居民。农村集体经济组织成员资格的取得有以下两种方式：

一是原始取得。原始取得是指具有血缘关系的家庭成员一直在特定农村集体组织而取得成员资格的方式。原始取得的主要表现是人口的自然繁衍，如新生人口出生时父母双方或一方具有某村集体组织成员资格，当然随父母取得同一农村集体经济组织的成员资格。

二是加入取得。加入取得是指原非本集体经济组织成员，但基于一定的法律关系和事实而取得本集体经济组织成员资格的方式。如因婚姻、收养而取得本村集体经济组织的成员资格,又如因移民进入本村集体经济组织而取得成员资格,等等。

二、农村集体经济组织成员资格的具体认定标准

现行法律、行政法规和部门规章没有明确规定农村集体经济组织成员资格的具体条件要求和认定标准,在此情况下,许多农村集体组织在发包土地时,单纯以登记的常住户口为准认定成员资格,即常住户口登记在本村集体组织的,就认定为其本集体经济组织成员,常住户口登记在其他农村集体经济组织的,就认定其为非本农集体经济组织成员,这种做法过于简单,由此造成不少的成员资格权纠纷和土地承包资格权的纠纷。

有些地方法院就此类纠纷作出了一些规定,如江西省高级人民法院的《农村土地承包纠纷案件审判工作指引》(赣高法〔2019〕1 号)、重庆市高级人民法院《关于当前民事审判若干法律问题的指导意见》第 45 条规定。综合地方法院有关规定,农村集体经济组织成员资格的认定标准,通常是以形成较为固定的生产、生活,并依法登记所在地常住户口为形式要件,以是否需要本集体组织的土地为基本生活保障为实质要件,作为认定取得和丧失农村集体经济组织成员资格的标准。

综合多地法院的有关规定,司法实践中认定具有本集体经济组织的成员资格的具体认定标准如下:

(1)出生时,父母双方或一方是本集体组织成员且本人户籍登记在集体组织所在地的;

(2)因婚姻(包括女方迁入男方或男方入赘迁入女方)或收养将户籍迁入本集体组织所在地,且进入本集体组织的农户生产、居住生活的;

(3)因国防建设、移民等政策性原因迁入本集体组织的;

(4)将户籍从其他农村集体组织迁入本集体组织时,已经经过村民会议或村民代表会议讨论同意其享有本集体经济组织成员资格,或虽未按程序召开村

民大会或村民代表大会,但已经取得本集体组织的土地承包经营权,在本集体组织承包土地生产、居住生活的;

(5)经民主议定程序召开的村民大会或村民代表大会决定同意,符合村规民约等可以取得本集体经济组织成员资格的其他情形的;

(6)农村集体组织女性成员婚后未将户籍迁出至男方所在地,仍在原集体组织承包土地生产、居住生活,且未在男方所在集体组织分配承包土地、享受土地补偿费用分配或男方系城镇职工、居民的,仍为原农村集体经济组织成员;

(7)离婚、丧偶妇女将户籍迁回本集体组织,并在本集体组织承包土地生产、居住生活的;

(8)虽然将户籍迁出本集体组织,但仍在本集体组织生产、居住生活,且以承包土地为其基本生活保障的;

(9)具有本集体经济组织成员资格,因在大中专院校学习、服义务兵或初级以下士官兵役、服刑将户籍迁出或注销,后又回本集体组织的;

(10)法律或国家政策明确规定可以取得集体经济组织成员资格的其他情形。

三、本集体经济组织成员资格的丧失

本集体经济组织成员的资格丧失,主要有以下几种情形:

(1)本集体经济组织成员死亡;

(2)已经取得其他集体经济组织成员资格;

(3)将户籍迁出本集体经济组织所在地,或取得非农业户籍,已纳入国家公务员序列或者城镇企业职工、居民社会保障体系,且将承包土地交回本集体经济组织或转让给其他成员;

(4)经民主议定程序召开的村民大会或村民代表大会决定确认,符合村规民约等应认定丧失本集体经济组织成员资格的其他情形,且不违反法律规定和国家政策的。

地方法院上述认定标准,经司法实践证明是符合农村实际的,也是合理的。

但地方法院的认定标准只适用于诉讼程序，属于事后救济范畴，不能代替行政规范，而农村集体组织成员资格的认定和丧失的条件和标准，首先应有行政规范进行规定，不能只是依靠司法救济，因此，我们建议国家有关部委，参照地方法院上述认定标准，专门为农村集体组织成员资格的认定和丧失的条件和标准作出具体规定，从而预防和减少这类纠纷。

四、关于胎儿的成员资格问题

胎儿是否与农户成员一样享有家庭土地承包份额，是农村土地承包中经常遇到的一个问题。因家庭承包的法定期限很长，最少也有30年，等到下轮承包时，胎儿出生后都30岁以上了，因此，为考虑胎儿今后的生计，一些村民对此反应激烈，但现行法律对此没有明确规定，各地做法也不相同，有的农村集体组织以胎儿未出生、无户口为由，拒绝承认成员待遇，不给予土地承包份额，而有的农村集体组织经民主议定程序同意，承认胎儿的成员待遇，统一给予土地承包份额。

《民法典》第16条规定："涉及遗产继承、接受赠与等胎儿利益保护的，胎儿视为具有民事权利能力。但是，胎儿娩出时为死体的，其民事权利能力自始不存在。"这条规定虽然只对胎儿的继承权、受赠权而言，但可以肯定的是，胎儿具有一定是民事权利能力，胎儿的民事利益应受法律保护。农村胎儿虽未出生，但出生成为村民后，同样依赖土地作为基本生活资料和生活保障而生存。据此，我们认为，农村集体组织在拟制土地承包方案时，应有胎儿承包份额的内容，然后提交民主议定程序讨论通过。但在土地承包方案经民主议定程序讨论通过后至下轮土地承包前，一般不再考虑这段时间的怀孕胎儿的承包份额。在土地承包合同签订前，胎儿娩出为死体的，因其民事权利能力自始不存在，故不能取得土地承包份额。

五、关于农村集体经济组织成员资格的确认程序

非本集体组织户籍的人员加入本农村集体经济组织为成员，关键要看农村

集体民主议定程序的决定。《村民委员会组织法》第22条规定,“召开村民会议,应当有本村十八周岁以上村民的过半数,或者本村三分之二以上的户的代表参加,村民会议所作决定应当经到会人员的过半数通过”。第26条规定,“村民代表会议有三分之二以上的组成人员参加方可召开,所作决定应当经到会人员的过半数同意”。第28条规定,“召开村民小组会议,应当有本村民小组十八周岁以上的村民三分之二以上,或者本村民小组三分之二以上的户的代表参加,所作决定应当经到会人员的过半数同意”。《农村土地承包法》第19条第1款第3项规定,“承包方案应当按照本法第十二条的规定,依法经本集体经济组织成员的村民会议三分之二以上成员或者三分之二以上村民代表的同意”。农村集体组织对非本集体组织户籍的人员加入本集体经济组织为成员的,应当依照上述规定的民主议定程序进行确认。经民主议定程序同意加入的,方可为本农村集体经济组织成员,然后才能获得家庭土地承包资格权。

六、关于农户作为家庭承包方的问题

根据《农村土地承包法》第16条第1款“家庭承包的承包方是本集体经济组织的农户”的规定,家庭承包是以农户为单位的,只有农户才是家庭承包中的承包主体,故农户是家庭承包合同上法定的承包方。

农户通常是从事农业生产劳动的人员常住户口登记在同一户口簿上的家庭。农户户口簿上登记有户主和家庭成员。农户的法律地位不是其他组织,更不是法人,由于农户是由户内家庭成员构成,故仍属公民范畴。农户中的“户主”是该户家庭成员对外联系的代表,故户主可代表其户内的家庭成员与本集体组织签订家庭承包经营合同。

在签订家庭承包合同时,如果户主死亡或者难以确定的,可以根据《最高院土地承包纠纷解释》第4条的规定,除农户只有一人外,由有关权证上记载的户主为农户代表人;证书上记载的户主死亡,或者丧失民事行为能力,或者因其他原因无法签订合同的,由农户成员推选代表人签订合同;如果不能推荐代表的,应由该户的全部具有民事行为能力和责任能力的家庭成员参与签订合同。

第四节 家庭土地承包程序

家庭土地承包程序是农村集体组织按照法律规定向本集体组织内部农户发包土地所遵循的步骤、方式和顺序的过程。《农村土地承包法》第19条规定“承包程序合法”为家庭土地承包的基本原则之一，第20条还特地规定了家庭土地承包的操作程序。这里根据《农村土地承包法》的有关规定，分析家庭土地承包的操作程序，对即将开始的第二轮土地延长承包具有指导意义。

一、选举产生承包工作小组

农村土地承包涉及每位农民和每家农户的切身利益和生活保障，应当说是农村的头等大事。农村土地承包是一项复杂繁重的工作，如土地丈量统计、成员资格审查、承包方案拟订、承包合同签订，需要有一个组织来做具体工作。同时，农村土地承包既要遵循法律规范，又要体现农村集体经济组织成员的意志，保证公平合理地进行。因此，《农村土地承包法》第20条规定，应由本集体经济组织成员的村民会议选举产生承包工作小组，具体负责土地承包工作。

这里的“选举产生”排除村党支部、村民委员会、村集体经济组织的直接指定，如果直接指定承包工作小组负责人和成员，则是违法行为。但是，村党支部、村民委员会、村集体经济组织可以根据多数村民的意见推荐承包工作小组成员的候选人。候选人要根据工作的实际需要确定，适当吸收村党组织和村集体组织一定数量的负责人和成员参与，以加强对土地承包工作的领导和监督。承包工作小组成员的选举办法，应当执行《村民委员会组织法》的有关规定，选举产生承包工作小组成员以及组长、副组长，然后向全体集体经济组织成员公布。

二、拟订并公布土地承包方案

土地承包方案是农村集体组织发包土地的纲领性文件，也是签订土地承包经营合同的重要依据。对土地承包方案,《农村土地承包法》第 20 条设计了三道操作程序,即承包工作小组拟订、村民会议通过、集体组织组织实施。

承包工作小组产生后的主要任务就是拟订土地承包方案。承包工作小组拟订土地承包方案需要注意以下三个事情:

一是应先对本集体经济组织的土地状况和成员情况进行核对、调查和分析,通过走访、召开座谈会等方式听取村民的意见和建议,在充分掌握客观情况和村民意志的基础上,开始拟订土地承包方案,切忌照抄他村或者上级的文本而不切合本村实际。

二是充分理解和掌握《农村土地承包法》《土地管理法》等法律、行政法规的有关规定,依照法律、法规的规定拟订土地承包方案。例如,承包方案不得有违法剥夺或非法限制本集体经济组织成员的土地承包经营权,不得有歧视妇女的内容,不得违反《土地管理法》有关耕地保护和土地利用总体规划的规定。

三是承包工作小组拟订土地承包方案后,应当报送本村党支部、村民委员会和集体经济组织征求意见,同时通过网络、公告、座谈会等方式充分征求村民的意见,经修订,报经本村集体组织审核后,向全体村民公布。

三、召开村民会议讨论通过

《农村土地承包法》第 19 条第 3 项的规定,土地承包方案必须由本集体经济组织的村民会议 2/3 以上的成员或者 2/3 以上村民代表同意。承包工作小组据此规定将拟定的土地承包方案提交村民会议讨论获得通过的,该土地承包方案便生产法律效力;土地承包方案不能获得通过的,则不产生法律效力,而应根据村民的意见修订后,再提交讨论通过。土地承包方案经村民会议或村民代表通过后,承包工作小组应当及时予以公布。

四、组织实施土地承包方案

土地承包方案经村民会议或村民代表通过并公布后,本集体组织应当依照其规定的时间和内容组织实施。组织实施是贯彻落实“农村土地承包经营制度”的实质性阶段。在这个阶段，应当做好确定每家农户的成员人数和承包土地面积、土地划块标界初定到户，邀请农户现场校对，做好签订合同的前期准备等一系列工作。组织实施土地承包方案应当公开进行，接受村民监督，不得搞暗箱操作，不得损害承包户的合法承包权益。

土地承包工作准备就绪后，农村集体组织作为发包方应当依照《农村土地承包法》和土地承包方案的规定，及时与农户签订土地承包经营合同。

第五节　家庭土地承包经营合同

家庭土地承包经营合同，是指农村集体组织作为发包方与其农户作为承包方为承包经营农村集体土地而设立、变更、终止法律关系的协议。农村集体组织与其农户订立土地承包经营合同，是落实农村土地承包经营制度和设立农村土地承包经营权的一个非常重要环节。

一、家庭土地承包经营合同的形式

因农村集体组织不是行政机关而是自治组织，其与农户在法律主体上处于平等关系，故土地承包经营合同是一种民事合同，两者应当适用合同法律的规范签订合同。《民法典》第 469 条(原《合同法》第 10 条)规定:“当事人订立合同，可以采用书面形式、口头形式或者其他形式。”《农村土地承包法》第 22 条第 1 款规定:“发包方应当与承包方签订书面承包合同。”由此可见，家庭土地承包经营合同是要式合同，即应当按照法律、法规和规章的规定采用书面形式订立合同。

但是，上述规定中的应当“签订书面承包合同”只是规范性规定，而不是强制性规定，因此，农村集体组织与个别农户采取口头形式形成土地经营承包合同，虽不规范，但并不必然无效，而应审查农户承包经营土地是否符合实质性条件而定，如农户与本集体组织依口头合同取得的承包地在其法定承包权范围内，并与本集体组织其他农户同等，且已实际占有经营的，应当认定该口头合同有效，但若承包地面积超出本集体组织承包方案规定的面积，或者承包地等级显然优于其他农户的，超出部分或者优于部分应作无效处理。但反过来说，家庭土地承包经营合同确实不宜采取口头形式，主要有以下两个理由：

一是根据《民法典》第 332 条和《农村土地承包法》第 24 条规定，家庭承包合同成立生效后，承包方申请登记，登记机构应当向土地承包经营权人发放土地承包经营权证、林权证等证书，并登记造册，确认土地承包经营权。而在申请登记取证时，发包方和承包方必须提交书面的家庭土地承包经营合同，若无书面合同，则无法办理登记手续，进而不能取得土地承包经营权证或者林权证等证书。

二是口头合同存在许多缺陷，特别是双方发生承包纠纷时，农村集体组织说一套，而农户另说一套，因没有“白纸黑字”为依据，往往难以判断是非。

家庭土地承包经营采取口头合同的纠正办法较为简单，双方口头约定的内容合法的，只要按其口头约定订立书面合同即可；如有非法之处，只要纠正至合法状态即可订立书面合同。

二、家庭土地承包经营合同的基本内容

根据《农村土地承包法》第 22 条第 2 款的规定，发包方与承包方签订的书面承包合同，一般包括以下条款：

1. 发包方、承包方的名称，发包方负责人和承包方代表的姓名、住所

在家庭承包中，发包方和承包方是合同的双方主体，双方主体是合同不能缺少的内容，且应在承包合同首部予以明确。《农村土地承包法》第 22 条规定“发包方、承包方的名称，发包方负责人和承包方代表的姓名、住所”的表述有些简单。我们认为，家庭土地承包经营合同应对发包方和承包方做具体明确的表述，特别是承包方农户。在同一农村集体组织中，常见村民同姓同名，有的音同字不同，搞不好容易混淆，因此，在合同中应当清楚、准确、具体地表述农户代表的姓名、性别、年龄、民族、住所、职业、身份证号、联系电话等内容。

此外，因承包方是农户而非农户成员，故应由户主作为家庭的代表出面签

订合同,也可由户内成员推荐代表在合同上签名;如果因家庭纠纷或者其他原因不能确定户主或者不能推荐代表的,可由户内全体成年成员作为承包方在合同上签名。

2. 承包土地的名称、坐落、面积、质量等级

这是家庭土地承包经营合同对标的物的具体内容的描述和确定。标的物是所有合同的核心内容,每个合同必须具体明确。就农村土地承包合同而言,该土地的名称和坐落必须按照农集体组织确定的标准名称和地址进行表述,四至界限必须分明,面积数量多少必须确定,哪个质量等级必须注明,以防今后发生标的纠纷。

3. 承包期限和起止日期

承包期限是承包土地的时间界限。承包期限是承包合同内容之一,应当在合同中明确的起止日期。土地承包期限应当执行《民法典》第 332 条(《农村土地承包法》第 21 条)的规定,即"耕地的承包期为三十年""草地的承包期为三十年至五十年""林地的承包期为三十年至七十年"。需要注意的是,这些规定期限虽然是法定的承包期限,但对农户而言不是强制性执行期限。个别农户由于某些原因提出承包期限短于法定期限的,如只要求承包耕地 10 年,根据《农村土地承包法》自愿承包原则,农户可以放弃部分承包期限,而农村集体组织不可强制其执行法定期限 30 年。但是,农户要求超过上述法定期限订立承包合同的,则不予许可,除非本轮土地承包到期后继续承包。

4. 承包土地的用途

家庭土地承包经营的标的物主要是农民集体所有的耕地、林地、草地,以及其他为农业生产所利用的土地,因此,农业用途是农村土地承包合同的必需内容之一,即农户通过承包取得并占有的土地只能由于农业生产。农村土地承包合同约定非农业用途,属于违反《农村土地承包法》《土地管理法》规定的行为,该约定内容无效。

《农村土地承包法》第 18 条规定,承包方负有"维持土地的农业用途,未经依法批准不得用于非农建设"义务。也就是说,在承包经营合同订立后,也不

得改变承包地的农业用途。在农村，一些农民由于根深蒂固的私有制观念影响，认为承包地是自家的“祖宗业”，未经审批就在承包地上填土建设住宅，这不仅是承包合同的违约行为，更是违反土地管理法律占有土地建设住宅的违法行为。根据《农村土地承包法》第 63 条的规定，土地承包经营权人违法将承包地用于非农建设的，由县级以上地方人民政府有关主管部门依法予以处罚；承包方给承包地造成永久性损害的，发包方有权制止，并有权要求赔偿由此造成的损失。此外，根据《土地管理法》第 77 条的规定，承包户未经批准非法占用土地建住宅的，由县级以上政府土地行政主管部门责令退还非法占用的土地，限期拆除在非法占用的土地上新建的房屋。

5. 发包方和承包方的权利和义务

农村土地承包经营合同中的权利义务大致有两类：一类是法定权利义务，即法律规定的权利义务。土地承包经营合同不可缺少法定权利义务，如果未将法定权利义务载入承包合同，法定权利义务在承包合同履行中亦应得以执行。另一类是双方约定的权利义务。土地承包合同自行约定的权利义务只要不违反法律、行政法规的禁止性规定，就对双方产生法律效力。

发包方法定权利。根据《农村土地承包法》第 14 条的规定，发包方农村集体组织享有下列权利：(1)发包本集体所有的或者国家所有依法由本集体使用的农村土地；(2)监督承包方依照承包合同约定的用途合理利用和保护土地；(3)制止承包方损害承包地和农业资源的行为；(4)法律、行政法规规定的其他权利。

发包方法定义务。根据《农村土地承包法》第 15 条的规定，发包方承担下列义务：(1)维护承包方的土地承包经营权，不得非法变更、解除承包合同；(2)尊重承包方的生产经营自主权，不得干涉承包方依法进行正常的生产经营活动；(3)依照承包合同约定为承包方提供生产、技术、信息等服务；(4)执行县、乡(镇)土地利用总体规划，组织本集体经济组织内的农业基础设施建设；(5)法律、行政法规规定的其他义务。

承包方法定权利。根据《农村土地承包法》第 17 条的规定，承包方享有下列权利:(1)依法享有承包地使用、收益的权利,有权自主组织生产经营和处置产品;(2)依法互换、转让土地承包经营权;(3)依法流转土地经营权;(4)承包地被依法征收、征用、占用的,有权依法获得相应的补偿;(5)法律、行政法规规定的其他权利。

承包方法定义务。根据《农村土地承包法》第 18 条的规定,承包方承担下列义务:(1)维持土地的农业用途,未经依法批准不得用于非农建设;(2)依法保护和合理利用土地,不得给土地造成永久性损害;(3)法律、行政法规规定的其他义务。

当然,在具体承包合同中不一定照抄照搬上述规定的权利义务,只要体现上述精神即可,同时,在不违背上述规定的情况下,发包方与承包方还可以另行约定具体的权利义务,使家庭土地承包经营合同更加切合实际。

6. 违约责任

这个问题将在后面有关章节中做专门阐述。

三、家庭土地承包经营合同依法成立的法律效应

这里的法律效应是指家庭土地承包经营合同依法成立后所产生的一系列法律效果。发包方与承包方一旦依法签订家庭土地承包经营合同,就能产生以下几个法律效应:

1. 土地承包经营合同生效

《农村土地承包法》第 23 条规定,“承包合同自成立之日起生效”。据此,在家庭承包中,发包方与承包方在符合规定条件的情况下订立的土地承包经营合同,因法律、行政法规没有规定另须办理批准手续才能生效,也没有规定须经办理登记手续才能生效,故应自依法成立时生效。

2. 取得土地承包经营权

《民法典》第 333 条规定,“土地承包经营权自土地承包经营权合同生效时设立”。《农村土地承包法》第 23 条规定,“承包方自承包合同生效时取得土地承包经营权”。也就是说,家庭土地承包经营合同一旦依法成立生效,无须再

行办理批准手续，也不以办理物权登记为条件，承包方农户即可取得土地承包经营权，发包方应当照约定期限向承包方交付承包地，由承包方经营承包地。

3. 取得土地承包经营权证

家庭土地承包经营合同依法成立生效后，根据《农村土地承包法》第 24 条第 1 款规定，“登记机构应当向承包方颁发土地承包经营权证或者林权证等证书，并登记造册，确认土地承包经营权”。需要注意的是，这里的“确认”是行政确认，而不是行政许可，也就是说，登记机构对家庭土地承包经营合同进行审查后，认为不存在违法、无效情形的，就应给承包方农户颁发土地承包经营权证书。

土地承包经营权证书是农户土地承包经营权的法定凭证，如农户之间或者农户与本集体组织发生土地承包经营权纠纷，应当按照土地承包经营权证书记载的内容进行判断，又如农户需要银行贷款，可以提供土地承包经营权证书进行抵押。

第六节　家庭土地承包经营合同的变更和解除

为了保持农村土地承包关系稳定并长久不变，维护农户土地承包经营权益，保护农户法定承包经营权不受非法侵害，《农村土地承包法》禁止农村集体组织单方变更、解除家庭土地承包经营合同。如该法第 15 条、第 25 条、第 26 条规定，家庭土地承包合同生效后，发包方不得单方变更、解除家庭土地承包经营合同，不得因承办人或者负责人的变动而变更或者解除，也不得因集体组织的分立或者合并而变更或者解除，国家机关及其工作人员不得利用职权干涉农村土地承包或者变更、解除家庭土地承包合同。需要注意的是，这些禁止性规定仅对发包方农村集体组织违背承包方意志而单方实施变更、解除而言的，那么，发包方与承包方可否合意变更、解除承包合同？

《民法典》第 543 条和第 562 条规定，经当事人协商一致，可以变更合同、解除合同。家庭土地承包经营合同是民事合同，在履行过程中也可以适用这两条规定进行合意变更或者解除。

一、家庭土地承包经营合同的内容变更

合同变更,是指有效成立的合同在尚未履行或未履行完毕之前,由于一定法律事实的出现而使合同内容发生改变。合同变更有广义与狭义之分。

广义上的合同变更是指合同主体变更,即合同债权或合同债务的转让。合同主体变更后由新的债权人或新的债务人替代原债权人或原债务人,而合同内容并无变化。在家庭承包中,承包方农户经发包方本村集体组织同意,将全部或者部分的土地承包经营权转让给本集体组织的其他农户的,就属于广义上的合同变更,这种变更属于《农村土地承包方》第34条规定的情形。

狭义上的合同变更是指合同内容的变更,即合同约定的权利义务发生变化。合同已经约定的内容通常不许单方变更,但可合意变更。民法上的合意是指当事人双方意见一致即"意思表示一致"。

这里先分析家庭土地承包合同狭义上的合意变更,即发包方与承包方协商一致变更承包合同的权利义务的内容。家庭土地承包经营合同中的权利义务内容大致分为两类:一类是法定权利义务,法定权利义务在通常情况下是不可合意变更的,如家庭土地承包经营合同约定的农业用途,不可合意变更为非农建设;另一类是双方自行约定的权利义务,这类合同内容在合法的前提下是可以合意变更的。

从实践来看,家庭土地承包经营合同内容的变更主要是承包土地期限和承包土地面积的变更。譬如,农户与本集体组织签订耕地承包合同约定承包期为30年,后该农户准备将全家户口迁入城镇不再经营承包地,便向发包方提出将约定30年的承包期变更为5年。又如,农户与本集体组织签订土地承包合同约定承包20亩耕地,后由于主要劳动力进城工作而无法耕种20亩土地,便向发包方提出减至承包5亩耕地。

根据《农村土地承包法》自愿承包原则的规定,家庭土地承包经营合同订立后,承包方或者发包方向对方提出变更合同内容,经双方协商一致,是可以变

更承包合同有关内容的，并可就变更内容达成书面协议，然后凭变更协议办理变更登记手续。但合意变更不得违反《民法典》《农村土地承包法》《土地管理法》以及有关法律和行政法规的禁止性规定，不得损害农村集体组织和第三人的利益，否则变更内容无效。

家庭土地承包经营合同合法变更后，由变更后的合同代替原合同，发包方和承包方都应按变更后的合同内容行使权利并承担义务，但未变更的内容继续有效，应当继续履行。

二、家庭土地承包经营合同的解除

合同解除，是指合同当事人一方或者双方依照法律规定或者当事人的约定，依法终止合同效力的行为。合同解除分为合意解除和法定解除两种方式。《农村土地承包法》禁止发包方单方解除家庭土地承包经营合同，但并不排除合意解除和法定解除，也不限制承包方行使解除权。

1. 家庭土地承包经营合同合意解除的事由

从实践来看，家庭土地承包经营合同的合意解除主要有以下几种事由：

一是家庭土地承包经营合同签订后，承包方自愿放弃土地承包经营权，将承包地交回发包方。《农村土地承包法》第 30 条规定："承包期内，承包方可以自愿将承包地交回发包方。承包方自愿交回承包地的，可以获得合理补偿，但是应当提前半年以书面形式通知发包方。承包方在承包期内交回承包地的，在承包期内不得再要求承包土地。"承包方据此规定自愿将承包地交回发包方的，双方应当解除家庭土地承包经营合同，此后，承包方在承包期内不得再要求承包土地，但其户内的本村集体组织成员的资格权不因此消灭，在下一轮土地承包时仍然依法享有土地承包经营权。

二是发包方与承包方在签订家庭土地承包经营合同中约定的解除条件已经成熟。譬如，家庭土地承包经营合同中约定，承包方 3 年内全家户口迁出本村的，本合同自行解除，承包地交还发包方。届时，该承包户全家真的户口迁出本村，不再经营承包地的，该承包合同约定的"承包方 3 年内全家户口迁出本村”的条件成熟，该合同可以解除；但若该承包户在3年内全家或者部分成员未户口迁出本村的，解除条件未成就，发包方不能单方解除该合同。但是，农户在本集体组织仍有土地承包资格的情况下要求继续履行的，即使土地承包经营合同约定的解除条件已经成熟，发包方也不能单方解除该合同。

三是农户进城落户。《农村土地承包法》第27条规定，进城农户的土地承包经营权应受保护，发包方不得以退出土地承包经营权作为农户进城落户的条件。据此，发包方不得单方解除进城落户农户的土地承包经营合同。但农户全家进城落户后难以履行承包合同的，发包方可以与其协商，通过合意方式解除家庭土地承包经营合同；承包方主动提出解除家庭土地承包经营合同的，发包方应当同意其解除。

四是承包方丧失劳动能力，无力继续经营承包地，本人自愿放弃土地承包经营权的，也可以解除家庭土地承包经营合同。

2. 家庭土地承包合同法定解除的事由

法定解除是根据法律规定或者基于法律规定的原因而解除合同。在符合法律规定的情况下，发包方或承包方有权单方解除家庭土地承包经营合同。从实践来看，家庭土地承包经营合同的法定解除主要有以下几种事由：

一是由于国家建设需要，承包方所承包的土地全部被依法征用或者批准占用的，家庭土地承包经营合同应当解除。

二是由于洪涝、地震等不可抗拒的原因，全部承包地遭受严重破坏，承包方无法经营承包地，无法继续履行家庭土地承包经营合同的，承包方可以通过行使解除权的方式消灭该合同的效力。

三是承包方在承包期内实施严重违法行为或者违约行为，如闲置荒芜承包的耕地2年以上的，发包方有权单方决定解除承包合同，并收回所发包的耕地。又如，承包方随意改变家庭土地承包经营合同约定的农业用途，经发包方劝阻无效的，发包方可以单方行使解除权。

在没有法律依据的情况下，发包方未经承包方同意单方提出解除，该解除行为无效。《民法典》第577条规定，发包方单方违法解除的，家庭土地承包经营合同应当继续履行，由此造成承包方损失的，发包方应当采取补救措施，或者赔偿损失等违约责任。

3. 家庭土地承包经营合同解除的法律效应

家庭土地承包经营合同因解除的事由不同，解除合同所产生的法律效应也有所不同。

（1）发包方与承包方合意解除家庭土地承包经营合同的，该合同终止履行，有关损失是否补偿、如何补偿、补偿多少，均由双方协商确定。《农村土地承包法》第 27 条第 4 款规定，承包方与发包方在承包期内合意交回承包地或收回承包地，承包方在承包地上投入而提高土地生产能力的，有权获得相应的补偿。就此补偿，可由双方自行约定。

（2）因国家建设需要征收、征用承包地而解除家庭土地承包经营合同的，根据《民法典》第 338 条规定，土地承包经营权人有权依据《民法典》第 243 条的规定获得相应补偿。根据《民法典》第 243 条的规定，征收农村集体土地的，应当依法及时足额支付土地补偿费和青苗等的补偿费用，并安排被征地农民的社会保障费用，保障被征地农民的生活，维护被征地农民的合法权益。

（3）承包方实施违法行为，农村集体组织依法决定收回承包地而解除家庭土地承包经营合同，承包方由此造成的损失，由承包方自行承受，农村集体组织不予赔偿。

（4）承包地因不可抗拒遭受严重破坏而无法经营的，双方互不追责，但承包户因此失去生活保障的，农村集体组织应当利用《农村土地承包法》第 29 条规定的“依法预留的机动地”、“通过依法开垦等方式增加的”土地、“依法收回和承包方依法、自愿交回的”土地进行适当调整。

家庭土地承包经营合同被依法解除后，该合同终止，土地承包经营关系消灭。

第七节　家庭承包地的调整和收回

为了保持农村土地承包关系稳定并长久不变，我国农村土地承包法律禁止发包方在承包期内调整、收回家庭承包地,但在漫长的承包期内难免发生主客观情况变化,故《民法典》和《农村土地承包法》又许可发包方在某些特定情况下可以调整、收回家庭承包地。

一、关于家庭承包地的调整问题

1.“大稳定、小调整”的政策和法律

1997年8月27日,中共中央办公厅、国务院办公厅下发了《关于进一步稳定和完善农村土地承包关系的通知》指出,“‘大稳定、小调整’是指坚持上述第二条原则的前提下,根据实际需要,在个别农户之间小范围适当调整。做好‘小调整’工作还应坚持以下几条原则:一是‘小调整’只限于人地矛盾突出的个别农户,不能对所有农户进行普遍调整;二是不得利用‘小调整’提高承包费,增加农民负担;三是‘小调整’的方案要经村民大会或村民代表大会三分之二以上成员同意,并报乡(镇)人民政府和县(市、区)人民政府主管部门审批;四是绝不能用行政命令的办法硬性规定在全村范围内几年重新调整一次承包地”。

《民法典》第336条第1款和《农村土地承包法》第28条第1款都规定,发包方在承包期内不得调整承包地。这是考虑家庭承包“大稳定”所需的规定。国家实行“大稳定”政策,目的是让绝大多数农户的承包土地保持长期稳定,而不能将承包地打乱重新发包。在土地承包期间,农村集体组织如果强制调整农户之间的承包地,既是违约行为又是违法行为。

但是,《民法典》第336条第2款又规定:“因自然灾害严重毁损承包地等特殊情形,需要适当调整承包的耕地和草地的,应当依照农村土地承包的法律规定办理。”这里的“农村土地承包的法律规定”是指《农村土地承包法》第28条第2款“承包期内,因自然灾害严重毁损承包地等特殊情形对个别农户之间承包的耕地和草地需要适当调整的,必须经本集体经济组织成员的村民会议三分之二以上成员或者三分之二以上村民代表的同意,并报乡(镇)人民政府和县级人民政府农业农村、林业和草原等主管部门批准。承包合同中约定不得调整的,按照其约定”的规定。这是家庭土地承包“小调整”的法律规定。也就是说,在坚持大稳定的前提下,出现某些特殊情况,为保障个别失地农民最基本生活来源,可以根据实际需要适当调整承包地。

2. 关于小调整的主体关系和适用方法问题

家庭承包地的小调整涉及两种主体关系,且不同主体关系的调整方法也有所不同:

一是由农村集体组织对个别农户之间的承包地进行调整。农户之间承包地的小调整,一般只适用于下一轮土地承包。在下一轮土地承包时,在人地矛盾突出的情况下,农村集体组织可以经民主议定程序通过,对农户之间的承包地进行小调整。在当轮土地承包中,发包方不得在承包期间依职权对农户之间的承包地进行调整,否则将侵害被调整方的土地承包经营权和土地承包合同权益。但农户双方自愿调整的,可以通过承包地转让方式,经农村集体组织同意,调整部分承包地。

二是农村集体组织利用其他未承包的土地对个别农户进行调整。

《农村土地承包法》第 29 条规定,下列土地应当用于调整承包土地或者承包给新增人口:(1)集体经济组织依法预留的机动地;(2)通过依法开垦等方式增加的土地;(3)发包方依法收回和承包方依法、自愿交回的土地。据此,农村集体组织如果有上述三种土地的,则不受下一轮土地承包的限制,即可进行小调整。

3. 关于小调整的范围问题

《农村土地承包法》第 28 条第 2 款规定的小调整范围仅限于耕地和草地,不包括林地。因林地承包期和经营期都很长,而投入多、收益慢、风险大,且不像耕地那样具有很强的基本生活保障功能,故林地即使有“特殊情形”也不宜进行小调整,除非农户双方自愿调整。

小调整的合法事由是《农村土地承包法》第 28 条第 2 款规定的“因自然灾害严重毁损承包地等特殊情形”。这里的“特殊情形”,除“自然灾害严重毁损承包地”外,小调整范围通常还包括:(1)承包地被国家征收、征用,承包方自愿将安置补偿费交集体经济组织，要求继续承包土地；(2)兴办乡村公共设施、公益事业或者实施乡村建设规划占用承包地；(3)个别农户人地矛盾突出，有些地方政府规定，人均承包地面积不足本集体组织人均承包地面积1/2的，可以进行小调整。

4. 关于小调整的程序问题

《农村土地承包法》第28条第2款规定，小调整“必须经本集体经济组织成员的村民会议三分之二以上成员或者三分之二以上村民代表的同意，并报乡(镇)人民政府和县级人民政府农业农村、林业和草原等主管部门批准”。据此规定，小调整必须经民主议定程序通过，未经民主议定程序通过，不得进行小调整。同时必须报乡镇政府和县级政府相关主管部门批准；未经批准，即使已经民主议定程序通过，也不得进行小调整。乡镇政府和县级政府相关主管部门批准小调整后，农村集体组织应当与承包方重新签订承包合同或者调整合同。

5. 关于约定小调整的问题

《农村土地承包法》第28条第2款规定，“承包合同中约定不得调整的，按照其约定”。从反角度看，由于特殊原因，发包方与承包方在家庭土地承包经营合同中约定小调整的是否有效？当前的主流观点是，因法律禁止约定调整，故即使出现特殊情形也不得按约调整。

我们认为，《农村土地承包法》第58条“承包合同中违背承包方意愿或者违反法律、行政法规有关不得收回、调整承包地等强制性规定的约定无效”的规定，是对发包方单方违背承包方意愿或者双方违反法律、行政法规禁止性规定而言的，并不排除承包方与发包方在自愿前提下约定小调整。约定小调整不违反法律、行政法规的禁止性规定的，无须经民主议定程序通过即可有效。

6. 关于农户之间自行调整承包地的问题

在农村集体组织内部，个别农户之间自行协商约定调整承包地，并不影响其他农户的承包经营权，也不影响农村集体组织权益的，可不受上述规定的管束，也无须经民主议定程序通过，农村集体组织应当许可并支持其自行调整。譬如，甲户承包地多而劳动力少，而乙户承包地少而劳动力多，双方经协商，甲户自愿将部分承包地交由乙户经营，并要求农村集体组织予以调整的，农村集体组织应当予以调整，经调整后，除代耕外应以转让承包地方式进行处理。

二、关于家庭承包地的收回问题

《民法典》第 337 条规定："承包期内发包人不得收回承包地。法律另有规定的，依照其规定。"《农村土地承包法》第 27 条规定："承包期内，发包方不得收回承包地。"这两条都禁止发包人在承包期内收回承包地，但两者比较，《民法典》第 337 条增加了"法律另有规定的，依照其规定"的规定。这就说明，发包方在家庭承包期内不得单方强制收回承包地，但禁止发包人收回承包地不是绝对的，当法律另有可以或者应当收回承包地的规定情形时，发包人就有权收回承包地。

1. 关于承包方自愿交回承包地的问题

《农村土地承包法》第 30 条规定："承包期内，承包方可以自愿将承包地交回发包方。承包方自愿交回承包地的，可以获得合理补偿，但是应当提前半年以书面形式通知发包方。承包方在承包期内交回承包地的，在承包期内不得再要求承包土地。"在家庭土地承包期内，承包方无能力经营承包地或者进城落户不再经营承包地等，依照上述规定将承包地交回发包方的，是其自愿放弃承包经营权的行为，发包方不得以承包方中途退出承包为由追究承包方的违约责任，更不得拒绝收回承包方自愿交回的承包地。

在处理承包方自愿交回承包地的问题上，需要特别注意《农村土地承包法》第 27 条关于农户进城落户的特别规定。国家为保护进城农户的土地承包经营权，发包方不得以退出土地承包经营权作为农户进城落户的条件。也就是说，农户即使已经进城落户，按照承包合同约定仍有土地承包经营权。但为防止进城落户农户的承包地闲置和荒芜，发包方可以对其进行引导，按照自愿有偿原则，在本集体组织内转让其土地承包经营权，或者依法流转土地经营权，或者劝导其将承包地交回发包方。进城落户农户愿意将承包地交由发包方收回的，承包方对其在承包地上投入而提高土地生产能力的，应当给予相应的补偿。

实践中还需注意的是,《最高院土地承包纠纷解释》第 10 条的规定。该条规定:“承包方交回承包地不符合农村土地承包法第三十条规定程序的,不得认定其为自愿交回。”也就是说,承包方未“提前半年以书面形式通知发包方”的,不能认定承包方为自愿交回承包地,在此情形下,发包方以承包方自愿交回承包地为由收回承包地的,承包方一旦诉至法院,法院就会认为发包方收回承包地不符合《农村土地承包法》第 30 条规定的自愿程序,并根据《农村土地承包法》第 27 条“承包期内,发包方不得收回承包地”的规定,认定发包方收回承包地违法。

2. 关于农户成员全部转为非农业户口的承包地收回问题

2009 年《农村土地承包法》第 26 条第 3 款规定:“承包期内,承包方全家迁入设区的市,转为非农业户口的,应当将承包的耕地和草地交回发包方。承包方不交回的,发包方可以收回承包的耕地和草地。”当时作出这一规定的主要理由是,承包方全家迁入设区的市转为非农业户口,因丧失本集体组织成员资格又无法自行经营承包地,故应将原承包地交回发包方,承包方不交回的,发包方有权强制收回承包地。现行《农村土地承包法》取消了这一规定,国家不再强制“农转非”承包户交回承包地,而应与农民进城落户一样,采取引导、劝导的方式,在其自愿的基础上,依法转让承包经营权,或者交出承包地由发包方收回。但农户成员全部转为非农业户口,丧失了本集体组织成员资格和承包资格,该原农户不能参加下一轮土地承包,原承包地应当予以收回。

3. 关于合同约定收回承包地的问题

《农村土地承包法》第 58 条规定:“承包合同中违背承包方意愿或者违反法律、行政法规有关不得收回、调整承包地等强制性规定的约定无效。”但这一规定仅对“违背承包方意愿,或者违反法律、行政法规”而言。承包方自愿与发包方在家庭土地承包经营合同中约定,在一定条件下交回承包地,或者由发包方收回承包地,属于承包方自愿放弃承包经营权的行为,所以,在约定条件成就时,发包方可以收回承包地。但在约定条件成就时,因农户具有法定的承包经营权,故其在承包期内要求继续承包经营的,亦应许可,且不可追究其违约责任。

4. 关于合同被依法解除或被确认无效的承包地收回问题

家庭土地承包经营合同解除有三种情况：一是承包方与发包方经协商一致解除；二是因发包方实施严重违法违约行为，经法定程序（如经诉讼程序）被依法强制解除；三是因不符合法律规定的要件取得家庭土地承包经营权无效而解除。家庭土地承包经营合同经依法解除后，该合同尚未履行的，应终止履行，原承包方应当向发包方返还承包地，原发包方也有权收回承包地。

发包方与承包方已经签订的家庭土地承包经营合同，因不符合法律规定的要件而不能产生法律效力的，属于无效合同，譬如，承包方冒充本集体组织农户，致使发包方与其签订家庭土地承包经营合同，因该农户不具备本集体组织土地承包资格，故已经签订的家庭土地承包经营合同应当作无效处理。家庭土地承包经营合同被依法确认无效后，承包人取得的承包地应当返还给发包方，发包方也有权收回承包地。

5. 关于绝户及继承的承包地收回问题

农户全部成员死亡，因家庭土地承包经营主体和成员土地承包资格权全部灭失，该户外的继承人又不可继承土地承包经营权，故应由发包方收回其承包地，但在承包地上有收益遗产的，如承包地上未收割的稻谷，又如未收取的土地经营权流转价款，则应由户外的继承人按照《民法典》的有关规定继承。

三、发包方违法收回、调整承包地的处理

发包方违法收回、调整承包地主要表现为以下两类情况：

一是合同约定违法。发包方在订立家庭上地承包经营合同时利用自身优势，违反法律、行政法规有关不得收回、调整承包地等强制性规定，在违背承包方意愿的情况下，强行在合同中约定发包方有权收回、调整承包地。这种约定侵害了农户法定承包经营权，属于违反《农村土地承包法》的无效约定，但除此约定内容无效外，家庭土地承包经营合同的其他合法内容仍应有效，双方应当继续履行。

二是履行违法违约。发包方违反《民法典》《农村土地承包法》规定，在家庭承包期内收回承和调整承包地，既是违法行为又是违约行为，应当依照《最高院土地承包纠纷解释》第6条规定进行处理。

《最高院土地承包纠纷解释》第6条规定，因发包方违法收回、调整承包地，或者因发包方收回承包方弃耕、撂荒的承包地产生的纠纷，按照下列情形，分别处理：

(1)发包方未将承包地另行发包，承包方请求返还承包地的，应予支持；

(2)发包方已将承包地另行发包给第三人，承包方以发包方和第三人为共同被告，请求确认其所签订的承包合同无效、返还承包地并赔偿损失的，应予支持；但第三人请求受益方补偿其在承包地上的合理投入的，应予支持。属于承包方弃耕、撂荒情形的，对其赔偿损失的诉讼请求，不予支持。

第八节　土地承包经营权的互换和转让

2009年《农村土地承包法》规定，以家庭承包方式取得的土地承包经营权进行互换、转让、转包、出租、入股等均为流转方式，现行的《农村土地承包法》将互换、转让从流转方式中分离出来作为农村集体组织内部土地承包经营权的转移方式，而出租、入股或者以其他方式向他人流转土地经营权的，才为流转方式。

一、关于土地承包经营权的互换和转让

《民法典》第334条规定："土地承包经营权人依照法律规定，有权将土地承包经营权互换、转让。"这里的"法律规定"是指《农村土地承包法》第33条和第34条的规定。《农村土地承包法》第33条规定："承包方之间为方便耕种或者各自需要，可以对属于同一集体经济组织的土地的土地承包经营权进行互换，并向发包方备案。"《农村土地承包法》第34条规定："经发包方同意，承包方可以将全部或者部分的土地承包经营权转让给本集体经济组织的其他农户，

由该农户同发包方确立新的承包关系,原承包方与发包方在该土地上的承包关系即行终止。”需要注意的是,《农村土地承包法》规定“可以”将土地承包经营权进行互换、转让,而《民法典》规定“有权”将土地承包经营权互换、转让。这里的“有权”,显然强化了土地承包经营权人互换、转让的自主权利,赋予土地承包经营权人更为充足的自主权。据此,土地承包经营权人行使互换权不再负有“向发包方备案”的法定义务,土地承包经营权人行使转让权不再受“经发包方同意”的限制。

二、土地承包经营权的互换

土地承包经营权互换,是指农村集体经济组织内部的承包户之间相互交换承包地经营的行为。这种“互换”有两个主要内容,一是承包地互换,二是经营权互换,但在土地承包经营权互换中,承包地和该承包地上的经营权应当一并互换。

1. 土地承包经营权互换的条件要求

根据《农村土地承包法》第 33 条的规定,土地承包经营权互换有以下两个条件要求:

一是限于“同一集体经济组织的土地承包经营权”互换。因农村集体组织土地以家庭方式发包时,只有本集体组织的农户才有资格承包,故互换土地承包经营权的双方农户和承包地都应在本集体组织内部进行。例如,以乡(镇)农民集体所有的土地发包的,土地承包经营权的互换应在同一个乡(镇)集体经济组织内部;以村农民集体所有的土地发包的,土地承包经营权的互换应在村集体经济组织内部;以村民小组农民集体所有的土地发包的,土地承包经营权的互换应在小组集体经济组织内部进行。本集体组织农户如果与非本集体组织的农户互换承包地,则不能产生与发包方确立新的承包关系,也不能产生原承包方与发包方在该土地上的承包关系即行终止的法律效果。

二是目的是“方便耕种或者各自需要”。“方便耕种”是一种常见的正当互换目的,如甲农户的承包地在乙农户房屋周边,而乙农户的承包地在甲农户房屋周边，两者距离较远，甲农户与乙农户互换承包地，当然有利于耕种。这里的“各自需要”不能乱需要，而应指在“农业用途”基本相同情况下的各自需要，也就是说，土地承包经营权互换只是土地承包经营权人的改变，并不改变土地用途，双方互换后仍应按照家庭土地承包经营合同约定的土地用途使用和经营承包地，否则不得互换。例如，承包合同约定耕地用于种植粮食作物，双方互换不能约定或者约定后将种植粮食作物的耕地挖成鱼塘用于养鱼。又如，甲承包户因建设住宅需要与乙承包户互换承包地，虽然也是土地互换，但不是土地承包经营权互换。

2. 互换是承包户自主自愿行为

《民法典》第334条赋予承包户之间互换土地承包经营权的权利，故是否互换完全由承包户之间自主自愿决定，无须取得发包方的同意。《农村土地承包法》第57条规定，发包方不得强迫或者阻碍承包方进行土地承包经营权的互换，否则承担民事责任：第60条规定，任何组织和个人强迫进行土地承包经营权互换的，该互换无效；第65条规定，国家机关及其工作人员有利用职权强迫、阻碍承包经营当事人进行土地承包经营权互换侵害土地承包经营权的行为，给承包经营当事人造成损失的，应当承担损害赔偿等责任。

本集体组织农户之间互换土地承包经营权，应当在原家庭土地承包经营合同约定的范围内进行自愿协商，经协商一致后签订互换协议，互换协议应当明确约定互换承包地的名称、坐落、面积、质量等级等，土地用途和有关权利和义务应当与原土地承包经营合同基本保持一致。

3. 土地承包经营权互换的法律效应

承包户之间签订的互换协议，如无违反法律、行政法规强制性规定，也不侵害发包方和其他农户权益的，该协议自成立之日起生效，双方应当按约履行互换义务，一方应当按约将自己的承包地交付对方经营，另一方同样应当按约将其承包地交付对方经营。双方互换完毕，各自丧失原承包地上的承包经营权，同时获得对方相关承包地上的承包经营权。互换协议约定的承包地及经营权交接完毕后，该地上的经营主体同时发生变更。互换协议到期后，双方相互返还承包地。

三、土地承包经营权的转让

土地承包经营权转让，是指农户将全部或者部分的土地承包经营权转移给本集体经济组织的其他农户经营，并由发包方确立新的承包关系的行为。《农村土地承包法》第 34 条规定："经发包方同意，承包方可以将全部或者部分的土地承包经营权转让给本集体经济组织的其他农户，由该农户同发包方确立新的转让承包关系，原承包方与发包方在该土地上的承包关系即行终止。"《民法典》第 334 条取消了"经发包方同意"，故"经发包方同意"不再是"转让"的前置条件。

1. 转让与互换的区别

土地承包经营权的转让与互换有许多相同之处，如两者都只能在同一集体组织内部进行，出让方与受让方自愿协商约定，任何单位和个人都不得强迫或者阻碍土地承包经营权人进行转让或互换等。但两者毕竟是两个不同的转移方式，有以下三个主要区别：

一是互换以"承包方之间为方便耕种或者各自需要"为目的，而转让无此目的制约，本集体组织内部农户之间只要双方自愿，就可以内部转让土地承包经营权。

二是互换只是更换承包地及经营权而未丧失土地承包经营权，而农户转让土地承包经营权后，由受让方农户同发包方确立新的承包关系，原承包方与发包方在该土地上的承包关系即行终止，于是原承包方丧失了相应的土地承包经营权。

2. 转让与转包的区别

这里的转包，是指土地承包经营权人（承包方、转包人）通过发包方式将部分或全部土地经营权在一定期限内转移给他人（转承包人）行使的一种流转方式。《民法典》虽然未提及土地经营权转包，但转包作为土地经营权的一种流转方式存在是不可予以排除的，可以列入出租、入股之外的其他流转方式。

土地经营权的转包与土地承包经营权的转让有本质的区别：

一是转让是土地承包经营权的一种转移方式，其中，承包人是出让人，而转包是土地经营权的一种流转方式，其中，土地承包经营合同中的承包人是转包人，而转包合同中承包人是转承包人。

二是转让要求出让方和受让方都必须是同一集体组织的农户，而在转包关系中，只要求发包方是本集体组织的承包户，而转承包方不受同一集体组织的限制，可以是本集体组织的农户，也可以是非本集体组织的组织或个人，但本集体组织内部的组织、农户或者成员在同等条件下有优先转承包权。

三是法律效应不同。在转包法律关系中，原承包方农户与发包方集体组织的承包关系不变，也就是说，转包不改变承包方与发包方已经依法成立的家庭土地承包关系，转包期限届满后，原承包方仍享有该土地承包经营权；转让则不同，原承包方转让土地承包经营权后，由受让方与发包方重新签订承包合同，原有的承包关系不复存在，然后受让方取得土地承包经营权，而原承包方（出让方）自出让之日起不再享有已经出让的土地承包经营权。

四、土地承包经营权互换和转让的登记

土地承包经营权的互换、转让登记，是指经互换、转让土地承包经营权的当事人申请，有关登记部门将土地承包经营权互换、转让的事项记载于不动产登记簿上的行为。《民法典》第 335 条（《农村土地承包法》第 35 条）规定："土地承包经营权互换、转让的，当事人可以向登记机构申请登记；未经登记，不得对抗善意第三人。"据此规定，土地承包经营权互换、转让是否登记，由当事人自行决定，要求登记的，应当向有关登记部门提出申请，由有关登记部门予以办理登记变更手续；当事人不申请变更登记的，互换协议和转让协议虽也自合同依法成立之日起生效，但未经登记不得对抗善意第三人。

土地承包经营权互换、转让一经登记，便产生国家公示的公信力，这种公信力具有对抗善意第三人的效力。譬如，承包户张三将承包地转让给同村李四后，又将这块承包地转让给同村王五。张三与李四的土地承包经营权转让，如

果已经办理变更登记，李四由此取得的土地承包经营权可以对抗王五，王五即使善意与张三签订转让协议，也不能取得该土地承包经营权。张三与李四的土地承包经营权转让即使在先，如果未办理变更登记，张三与王五的土地承包经营权转让即使在后，但已办理变更登记的，李四也不能取得该土地承包经营权。

当事人申请互换、转让登记，应当提交变更登记申请书和互换协议或转让协议及相关资料，登记部门收到申请后，经审查符合变更登记规定的，应当给予办理变更注册登记，更换或者更改土地承包经营权证书，并发放给当事人。

第九节　第三轮农村土地承包

在将来几年里，全国不少地方第二轮土地承包陆续到期，根据“保持农村土地承包关系稳定并长久不变”的立法精神，第三轮土地承包即将开始，为此，国家已经提前作出“延长承包”的决策。2020 年中央一号文件《关于全面抓好“三农”领域重点工作确保如期实现全面小康的意见》第 27 条明确要求：“开展第二轮土地承包到期后再延长 30 年试点，在试点基础上研究制定延包的具体办法。鼓励发展多种形式适度规模经营，健全面向小农户的农业社会化服务体系。全面推开农村集体产权制度改革试点，有序开展集体成员身份确认、集体资产折股量化、股份合作制改革、集体经济组织登记赋码等工作。探索拓宽农村集体经济发展路径，强化集体资产管理。继续深化供销合作社综合改革，提高为农服务能力。加快推进农垦、国有林区林场、集体林权制度、草原承包经营制度、农业水价等改革。”为贯彻落实中央上述精神，农业农村部已经组织部分地区选择先行到期的村组，开展第二轮土地承包到期后再延长 30 年试点，对延长承包的具体办法、程序、配套政策等进行探索，在积累实践经验的基础上，开展第三轮农村土地承包。

第三轮土地承包将是我国农村的重大事情，故这里就此的相关问题做一些预先分析。

一、关于第三轮土地承包的起始时间问题

1978 年党的十一届三中全会决定，在农村推行联产计酬责任制改革即家庭联产承包责任制，在保留集体经济必要的统一经营的同时，将农村集体土地和其他生产资料承包给本集体农户，承包户根据承包合同规定的权限独立自主经营。家庭联产承包责任制实际上是第一轮农村土地承包。

当时，国家政策和法律规定，第一轮农村土地承包期限为 15 年，从 1978 年开始至 1993 年到期，第二轮农村土地承包期 30 年到 2023 年到期，第三轮农村土地承包 30 年至 2053 年到期。但由于历史原因，各地实际启动第一轮农村土地承包的时间有所不同，因而各地第二轮农村土地承包合同到期时间也有所不同，有的在 2023 年前后到期，有的在 2027 年前后到期，随之，第三轮农村土地承包的开始时间也有所不同，但均应以第二轮农村土地承包合同约定的到期时间为准开始延长承包。第三轮农村土地承包仍应执行《国务院批转农业部关于稳定和完善土地承包关系意见的通知》(国发[1995]7 号)“发包方与农户签订的合同，到期一批，续订一批，把土地承包期再延长 30 年”的规定直接延长承包期。

二、关于“第三轮土地承包”的名称问题

习近平总书记在中国共产党第十九次全国代表大会上的报告《决胜全面建成小康社会 夺取新时代中国特色社会主义伟大胜利》(2017 年 10 月 18 日)中指出“保持土地承包关系稳定并长久不变，第二轮土地承包到期后再延长三十年”，2020 年中央一号文件《关于全面抓好“三农”领域重点工作确保如期实现全面小康的意见》指出“开展第二轮土地承包到期后再延长 30 年试点”，《农村土地承包法》第 21 条第 2 款规定，“前款规定的耕地承包期届满后再延长三十年，草地、林地承包期届满后依照前款规定相应延长”。上述政策和法律都表述为“延长承包”。《民法典》第 332 条第 2 款规定：“前款规定的承包期限届满，由土地承包经营权人依照农村土地承包的法律规定继续承包。”这条规定

表述的是“继续承包”。据此,有人认为,所谓的第三轮农村土地承包应当称为“第二轮农村土地继续承包”或者“第二轮农村土地延长承包”,这种观点将“延长承包”“继续承包”纳入第二轮农村土地承包的范围。

“延长承包”与“继续承包”虽然表述有所不同,但在实质上没有多大区别,均指在第二轮土地承包期限届满后以法定期限为基本依据再行承包。我们主张以“第三轮农村土地承包”定名为妥,主要有四个理由:

一是《民法典》和《农村土地承包法》规定每轮土地承包期,如耕地为30年,如果将耕地“延长承包”“继续承包”30年也纳入第二轮农村土地承包期限,第二轮农村土地承包期限就会出现60年的情况,这不符合上述法律规定。

二是第二轮农村土地承包合同到期后依法应当终止,故第二轮农村土地承包结束,而“延长承包”“继续承包”时应当依法重新订立家庭土地承包经营合同,重新领取农村土地经营权证。

三是第三轮农村土地承包不一定是第二轮农村土地承包的翻版,而应在第二轮农村土地承包的基础上,根据成员人数、农户变化等实际情况,对承包地段、承包面积等进行“小调整”,因此,具体到户的承包经营合同内容将会发生变化。

四是既然有“第二轮农村土地承包”,也就应有“第三轮农村土地承包”。

因此,应将“延长承包”“继续承包”称为“第三轮农村土地承包”为妥,从而区别第二轮农村土地承包。

三、关于第三轮农村土地承包的法律适用问题

一些关心土地承包的村居乡镇干部提问,第三轮农村土地承包是否适用和如何适用《农村土地承包法》《民法典》的问题。

笔者认为,除《农村土地承包法》第21条第2款“延长承包”和《民法典》第332条第2款“继续承包”的特别规定适用于第三轮农村土地承包外,这两个法律没有规定仅适用于第二轮农村土地承包或者第三轮农村土地承包。第三轮农村土地承包试点已经开始,正式开始也为期不远,在此期间,为顺利推进第三

轮农村土地承包的工作进展，最高人民法院有可能作出有关司法解释，农业农村部也有可能制定一些规范性文件，但《农村土地承包法》和《民法典》不可能因第三轮农村土地承包进行修订，故应执行现行的《农村土地承包法》和《民法典》有关规定。也就是说，第三轮农村土地承包的法律适用已经确定不变。

四、关于第三轮农村土地承包的方式和期限问题

《民法典》《农村土地承包法》规定的“延长承包”“继续承包”，仅适用于家庭承包方式，而不适用于其他承包方式，主要理由是：《民法典》《农村土地承包法》规定的耕地承包期30年、草地承包期30年至50年、林地承包期30年至70年的承包期限是专门为家庭承包设置的，故只有家庭承包才适用这些法定承包期限。农村集体组织采取其他方式发包“四荒地”即农用地，法律没有强制性的承包期限规定，其承包期限完全由双方当事人自行约定，约定承包期限届满后，农村集体组织应当再次按照民主议定程序通过其他承包方式方案，并仍应通过招标、拍卖、公开协商等方式再行发包，或者经民主议定程序通过后与承包方协议延长承包期。

根据《农村土地承包法》第21条第2款“耕地承包期届满后再延长三十年”的规定，在第三轮农村土地的家庭承包方式中，耕地承包延长30年属于法定承包期限，除承包户主动要求缩短这个期限外，农村集体组织以及任何个人或者单位都无权缩短这个法定期限。但《农村土地承包法》第21条第2款规定，“草地、林地承包期届满后依照前款规定相应延长”中“相应延长”，主要是指草地在30年至50年的基础上继续承包，林地在30年至70年的基础上继续承包。但笔者认为，该条没有规定具体年限是有讲究的，原因是，草地、林地法定承包期限原本就很长，如果再按上述法定期限延长承包，有的两轮承包下总共承包期将有可能超过上百年，而上百年承包权益在将来怎么确保在当前是难以确定的，上述法律对草地、林地继续承包的相应期限只规定“相应延长”而未作出具体规定，故在第三轮农村土地承包中，农村集体组织应当根据上述规定的承包期限，结合当地实际情况确定继续承包期限，而不宜机械地执行上述

期限。

五、关于第三轮土地承包的承包地调整问题

第三轮土地承包的主要目的是“保持农村土地承包关系稳定并长久不变”即“大稳定”，因此，第二轮土地承包办法基本合理、农户基本满意的，在第三轮土地承包时应当尽量保持原承包办法和承包地面积不变，并可直接延长承包期。但从第二轮土地承包到第三轮土地承包，如耕地，至少需要经过30年的漫长时间。在这30年时间内，农户人口往往会发生很大的变化，如因生死婚嫁等原因，有的人口增加而有的人口减少，两者往往相差较大。譬如，第二轮土地承包时家庭成员4位，到第三轮土地承包时因父母死亡、姐妹出嫁，而兄弟未能成家，家庭成员只剩下2位，但有的家庭在第二轮土地承包时家庭成员同样4位，到第三轮土地承包时，因儿子结婚生子，家庭成员增加到8位，两者之间相差6位家庭成员。在这些情况下，第三轮土地承包如果仍然坚持“增人不增地、减人不减地”的政策，而不予调整承包地，对人口增加较多的农户影响很大，生产资料和生活水平往往不能得到保障，这些农户与本集体组织之间容易产生矛盾，进而影响农村社会稳定，故应允许第三轮土地承包时按照《农村土地承包法》第28条第2款规定，经民主议定程序进行小调整，从而体现《农村土地承包法》第7条规定的公平原则。

六、关于农户进城落户收回原承包地的问题

《农村土地承包法》第27条第2款规定，在承包期内，“国家保护进城农户的土地承包经营权。不得以退出土地承包经营权作为农户进城落户的条件”。据此，在第二轮土地承包期内，承包户内成员全部进城落户的，发包方不得违反家庭土地承包经营合同的约定强制其退出承包地。但是，在第二轮土地承包期间，承包户内成员全部进城落户，在第三轮土地承包时，不能再适用这条规定保护进城农户的土地承包经营权，主要理由：一是第二轮土地承包合同到期自行终止后，不再存在第二轮土地承包期内进城落户农户“退出土地承包经营权”

的事由;二是农户全部成员进城落户,该户在原集体组织中不再存在,该户成员也丧失了原集体组织的成员资格,同时也就丧失延长承包权,故在第三轮土地承包时不应再保留其土地承包经营权,而应由其原集体组织收回其原承包地。农户成员部分进城落户的,进城落户的农户成员因丧失原集体组织的成员资格,在第三轮土地承包时,应当对该户的原承包地进行相应的调整处理。但在第三轮土地承包期内,农村集体组织成员的户口迁移与土地承包资格权的关系处理,应当与第二轮土地承包时的政策基本保持一致。

七、关于第三轮土地承包的合同问题

因第二轮土地承包合同到期后应作终止处理,故不论第三轮土地承包对第二轮承包地是否进行调整,农村集体组织在第三轮土地承包时应当与农户重新签订家庭土地承包经营合同。从这个角度看,将“延长承包”“继续承包”定名为第三轮土地承包也是有道理的。

第三轮土地承包合同应当以第二轮土地承包合同为基础,同时应当根据《农村土地承包法》的规定,坚持农村土地集体所有和土地权属关系不变、集体土地的农业用途不变、土地承包关系长期不变等原则。但第三轮土地承包不一定是第二轮土地承包合同的翻版,如有小调整情形、如有承包地块变动情形、如有人口变动情形等,都应在延长承包合同中再行约定并载明。

第三章　农村土地其他承包方式

农村土地其他承包方式是相对家庭承包方式而言的，是指家庭承包方式之外所采取的招标、拍卖、公开协商等承包方式。这一章分析农村土地其他承包方式的有关法律问题。

第一节　农村土地其他承包方式概述

《农村土地承包法》第 3 条第 2 款规定："农村土地承包采取农村集体经济组织内部的家庭承包方式，不宜采取家庭承包方式的荒山、荒沟、荒丘、荒滩等农村土地，可以采取招标、拍卖、公开协商等方式承包。"据此规定，家庭承包是农村集体土地承包经营制度的基本方式，而其他方式为补充方式。

一、其他承包方式的标的物

根据《农村土地承包法》第 3 条第 2 款的规定，其他承包方式的标的物主要是荒山、荒沟、荒丘、荒滩，同时也可以是在采取家庭承包后有多余农用地的。

"四荒地"虽然处置闲置状态，但"四荒地"不一定都采取其他方式承包。在农用地少的地方，农村集体组织成员或者农户要求采取家庭方式承包，本集体组织通过民主议定程序决定家庭方式承包的，"四荒地"应当采取家庭方式承包。因此，《农村土地承包法》第 3 条第 2 款规定，"四荒地"只有在不宜采取家庭承包方式的情况下才可以适用其他方式承包。

农用地一般都应采取家庭方式承包，但若不宜采取家庭方式承包或者采取家庭方式承包后有多余的，也可以适用其他方式承包。

许可农村集体组织将多余农用地通过招标、拍卖、公开协商等方式有偿发包,至少有三个好处:一是有利于多余农用地的资源得到充分配置,并能有效地解决弃耕抛荒的问题;二是有利于调节农村集体组织之间人地多少的不平衡问题;三是有利于农村集体组织增加收入。

二、其他承包方式中的承包方主体

农村集体组织采取其他方式发包“四荒地”等土地,承包方主体可以是其内部的组织、农户和成员,也可以是非本集体组织的组织和个人。因其他承包方式的标的物主要是“不宜采取家庭承包方式”的“四荒地”,且“四荒地”本身是处于闲置状态的非农用地,对外开放承包并不影响本集体组织内部成员的农业生产需求和基本生存条件,故承包方的对象主要是本集体组织以外的组织和个人。但在其他承包方式下,承包方不论是内部成员还是外部的组织或个人,都非根据法定权利承包土地,而是采取招标、拍卖、公开协商等方式的约定承包,故承包人取得的经营权不是法定经营权,而是约定经营权。此外,本集体组织以外的组织、个人参与其他方式承包,根据《农村土地承包法》第 52 条第 2 款的规定,应当具备相应的资信和经营能力。

三、其他承包方式的主要程序

农村集体组织决定采取其他方式发包土地,根据《农村土地承包法》第 52 条规定,首先应当拟制其他承包方式方案,该方案经本集体经济组织成员的村民会议 2/3 以上成员或者 2/3 以上村民代表的同意后,并报乡镇政府批准,然后通过招标、拍卖、公开协商等方式确定承包人,最后与承包人订立土地承包经营合同。关于招标、拍卖、公开协商的具体问题,下一节将做专题分析。

四、其他承包方式的承包期限

《民法典》第 332 条和《农村土地承包法》第 21 条规定的承包期限仅适用于家庭承包方式,而不适用于其他承包方式。采取其他方式发包土地经营权的,承包期限的长短应当根据民主议定程序通过并经乡镇政府批准的其他承包方式方案确定的期限,由发包方与承包方在承包合同中约定。

此外,采取其他方式承包的经营期限,不存在法定延长的问题,承包人在其他土地承包合同中约定的期限即将到期时,如需继续承包的,应当另行参与发包方公开发包的招标、拍卖、公开协商等活动进行竞争,但可主张在同等条件下的优先承包。

五、农村集体组织内部成员的优先承包权

在家庭承包方式中,因《农村土地承包法》第 19 条第 1 款第 1 项规定"本集体经济组织成员依法平等地行使承包土地的权利",故不存在本集体组织内部农户或成员之间谁有优先承包权的问题,而《农村土地承包法》第 51 条规定,"以其他方式承包农村土地,在同等条件下,本集体经济组织成员有权优先承包"。关于本集体经济组织成员优先承包权的具体问题,后面将作专题分析。

第二节　其他承包方式的公开承包

《农村土地承包法》第 50 条第 1 款规定:"荒山、荒沟、荒丘、荒滩等可以直接通过招标、拍卖、公开协商等方式实行承包经营,也可以将土地经营权折股分给本集体经济组织成员后,再实行承包经营或者股份合作经营。"据此,我们可以将其他承包方式分为公开承包方式和股制承包方式。

一、土地经营权公开招标承包

土地经营权公开承包方式即"直接通过招标、拍卖、公开协商等方式"。

公开招标,是指招标人以招标公告的方式邀请不特定的法人或者其他组织投标。土地经营权公开招标,即农村集体组织发出"四荒地"等土地经营权招标公告,邀请不特定的组织或者个人参加承包投标的行为。投标是相对招标而

言的,投标是投标人响应招标、参加投标竞争的行为。

土地经营权采取公开招标方式承包的,本集体组织成员可以竞包者身份参与投标,本集体组织以外的组织或者个人也可以作为竞包者参与投标。但是,农村集体组织经民主议定程序决定,“四荒地”等土地经营权只对本集体组织内部的组织、农户或成员招投标承包的,非本集体组织的组织和个人不能参与投标。至于土地经营权公开招标承包的具体操作,应当执行《招标投标法》的有关规定。

二、土地经营权公开拍卖承包

这里的公开拍卖,是指农村集体组织(拍卖方)以公开竞争的方式,将集体所有的土地经营权依照拍卖程序发包给出价最高竞包者从事农业开发、经营的行为。按理说,农村集体组织是可以自行组织拍卖的,但绝大多数农村集体组织缺乏拍卖知识和能力,也难以防范腐败,故地方政府和有关部门都要求其委托有关拍卖机构进行拍卖。

《农村土地承包法》对“四荒地”等土地经营权拍卖没有具体规定,实践中应当执行《拍卖法》的规定,但因“四荒地”等土地受土地及其承包法律规范的制约,有些地方政府作出一些特别规定,如:

(1)“四荒地”等土地经营权拍卖应当遵循“统一规划、定向开发、分期(块)实施、平等竞争”的原则;

(2)拍卖“四荒地”等土地经营权应当在乡镇农村合作经济经营机构的监督下进行;

(3)“四荒地”等土地经营权拍卖年限最低不得少于10年,开发治理期限一般为3年;

(4)承包“四荒地”用于发展种植业、林果业、养殖业生产,不得从事其他非农业建设;

(5)拍卖方案应报乡镇政府及有关机构审查同意,拍卖底价应经价格评估机构评定。

在拍卖程序上,有些地方政府规定:

(1)由农村集体组织或者受托的拍卖机构发布土地经营权拍卖公告,拍卖公告应当明确所拍卖"四荒地"等土地的位置、面积、地质情况、拍卖时间、地点、期限、开发治理要求和其他有关事项。

(2)竞买者在公开拍卖日期前要提供关证件、资信和经营能力的证明等资料,到指定地点登记并缴纳保证金,领取竞包牌号。

(3)召开拍卖会议,经过公开报价、平等竞争,由应价高者竞得。

(4)由农村集体组织作为发包方与竞得者作为承包方签订承包合同。

三、土地经营权公开协商承包

在通常情况下,农村集体组织应当首选公开招标方式或者公开拍卖方式发包"四荒地"等土地经营权,只有在公开招标、公开拍卖不成,或者不宜公开拍卖、公开招标(如"四荒地"面积小,采取公开招标方式或者公开拍卖方式成本过高)的情况下,才可采取公开协商方式。

法律强调"公开协商"的意义在于,防止农村集体组织负责人"暗箱操作"侵害集体利益和村民利益,同时要求农村集体组织在协商承包时,应当按照民主议定程序的决定进行,接受乡镇政府及其有关机构的领导和监督,邀请村监会成员、村民代表等参与协商;通过协商形成的权利义务、承包期限、承包面积和承包费等主要内容,应当向村民公布,然后再与承包方签订承包合同。

四、其他方式的承包经营合同

根据《农村土地承包法》第 49 条"以其他方式承包农村土地的,应当签订承包合同,承包方取得土地经营权"的规定,以其他方式承包"四荒地"等土地经营权的,与家庭方式承包一样都应签订承包合同。因其他方式承包经营合同与家庭承包合同都是农村土地承包经营合同,故这两种合同的形式和内容有许多相似的地方,如《农村土地承包法》第 22 条规定的家庭承包合同的六个条款

(发包方、承包方的名称,发包方负责人和承包方代表的姓名、住所,承包土地的名称、坐落、面积、质量等级,承包期限和起止日期,承包土地的用途,发包方和承包方的权利和义务),同样适用于其他方式承包经营合同,也就是说,其他方式的土地承包合同基本上都应有这些条款。

但家庭承包方式较为单一,其合同形式和内容也较为统一,而其他方式承包的成因较多,故有些合同的内容与家庭承包合同不同,家庭承包合同的上述内容也不能涵盖其他方式承包经营合同的全部内容,如家庭承包合同不存在承包方交付承包费的条款,而其他方式承包经营合同,根据《农村土地承包法》第49条"以招标、拍卖方式承包的,承包费通过公开竞标、竞价确定;以公开协商等方式承包的,承包费由双方议定"的规定,应当将公开竞标、竞价确定的承包费或者经公开协商约定的承包费记载于合同之中,并应明确约定承包费的交付方式、交付期限以及逾期交付的违约责任。

根据《农村土地承包法》第50条第1款的规定,订立其他方式承包经营合同的成因主要是公开招标、公开拍卖和公开协商,这些成因也应简要地记载在相关承包合同之中,从而分别说明其他方式土地承包合同是公开招标或者公开拍卖或者公开协商的结果。

五、公开承包的法律效应

承包人通过公开承包方式与发包方农村集体组织依法订立其他方式土地承包经营合同后,按照约定取得承包经营权,此后,根据《农村土地承包法》第53条和第54条的规定,可以申请承包经营权登记,经依法登记后取得权属证书,然后可以自行经营,也可以依法采取出租、入股、抵押或者其他方式流转土地经营权。承包人如果在承包期内死亡的,继承人有权依照继承法的规定继承土地经营权继续承包经营;承包人如果在承包期届满后死亡的,其应得的承包收益属于遗产,继承人有权依照继承法的规定进行继承。

第三节　其他承包方式的股制承包入股

这里的“股制”即土地股份制承包经营。股制承包经营包括家庭承包的土地经营权入股经营,也包括“四荒地”等土地折股分配后入股经营。这里根据《农村土地承包法》第50条第1款“将土地经营权折股分给本集体经济组织成员后再实行承包经营或者股份合作经营”的规定,专题分析“四荒地”等土地股制承包经营的问题。

一、土地折股分配承包

“四荒地”等土地折股分配承包,是指农村集体组织先将“四荒地”等土地按股分配到内部农户或者成员,再实行承包经营的一种承包方式。折股分配的特点是量化。折股量化是以农村集体组织通过全面丈量土地、清产核资和资产评估,然后以净资产量化给符合条件的村民配置股权。折股量化的主要表现形式是,按照成员人数确定股份量数分配“四荒地”等土地。在实践中,各地量化折股的具体做法不一,有些地方在按照农村家庭组织内部成员人数平均1股的同时,考虑部分成员的特殊贡献及家庭困难等因素设有贡献股、救助股,有些地方还设有人口股和劳龄股等。

二、土地入股经营

土地入股经营,是指土地经营权人将土地经营权量化为股权,以此入股组成股份公司、合作社或农场等(以下简称土地股份合作组织)并从事农业生产的经营方式。这里的土地入股经营,专指农村集体组织的农户或成员将折股分配取得的“四荒地”等土地承包经营权投入土地股份合作组织作为股权,由股份合作组织统一管理和经营的一种股制经营方式。农村集体经济组织的农户或成员通过折股量化取得“四荒地”等土地承包经营股权后,可按依法、自愿、有偿的原则投入土地股份合作组织,由土地股份合作组织统一管理和经营。土地股份合作组织属于农村集体经济组织内部的一种产业化经营组织，主要吸收农户及成员的土地承包经营权并转化为股权，然后统一进行自营或者流转经营，并采取“保底收益＋按股分红”等方式，经营收入在扣除必要的集体积累以后，按股分配给股东，从而达到农村土地产业化、集约化、规模化经营的目的。

三、土地入股合作合同

土地入股合作合同，虽在承包合同的基础上形成，但不再是承包合同而是入股合同，具有承包经营权流转性质，故原则上应当适用《农村土地承包法》第40条规定订立入股合作合同。但因土地流转方式较多，故土地入股合作合同应有自己的特性，用以区别其他方式的流转合同。

根据《农村土地承包法》第40条规定和实践情况来看，土地入股合作合同一般应有如下条款：

(1)双方当事人，即入股方农户或成员与受股方(也有称“受让方”)土地股份合作组织的基本情况；

(2)入股“四荒地”等土地的名称、坐落、面积等的基本情况；

(3)入股“四荒地”等土地的农业用途；

(4)入股“四荒地”等土地承包经营权折合股份数或折合金额数；

(5)“四荒地”等土地股份合作期限，最长不得超过剩余的承包期限；

(6)交付“四荒地”等土地的时间；

(7)股份分红及支付时间和方式；

(8)依法约定的权利和义务；

(9)违约责任。

土地入股合作合同与其他土地承包合同一样，自合同依法成立之日起生效。

需要注意的是，承包人将通过折股承包取得的“四荒地”等土地经营权入股后，不能再采取其他方式行使流转权，即入股方不能再采取出租、抵押等方式流转“四荒地”等土地经营权，而受股方土地股份合作组织则可根据多数股东的同意，采取出租、转包、抵押等方式流转“四荒地”等土地经营权。

第四章　农村土地经营权流转

农村土地经营权流转，是指在承包方与发包方承包关系保持不变的前提下，承包方依法在一定期限内将土地经营权部分或者全部交由他人自主开展农业生产经营的行为。农村土地流转经营是农村土地承包经营制度改革的重点，也是现代农村土地经营制度的一大亮点。这一章分析农村土地经营权流转的有关问题。

第一节　农村土地经营权流转概述

一、土地经营权流转的法律依据

《农村土地承包法》第 9 条规定："承包方承包土地后，享有土地承包经营权，可以自己经营，也可以保留土地承包权，流转其承包地的土地经营权，由他人经营。"第 36 条规定："承包方可以自主决定依法采取出租（转包）、入股或者其他方式向他人流转土地经营权，并向发包方备案。"第 53 条规定："通过招标、拍卖、公开协商等方式承包农村土地，经依法登记取得权属证书的，可以依法采取出租、入股、抵押或者其他方式流转土地经营权。"《民法典》第 339 条规定："土地承包经营权人可以自主决定依法采取出租、入股或者其他方式向他人流转土地经营权。"第 342 条规定："通过招标、拍卖、公开协商等方式承包农村土地，经依法登记取得权属证书的，可以依法采取出租、入股、抵押或者其他方式流转土地经营权。"

根据上述规定，农村土地承包人以家庭承包方式或者以其他承包方式取得的土地经营权都可以自主依法流转。为了充分保护土地经营权自主流转,《农村土地承包法》还特意规定“任何组织和个人不得强迫或者阻碍土地经营权流转”“流转的收益归承包方所有,任何组织和个人不得擅自截留、扣缴”。

在土地经营权流转的法律适用上,需要注意是否“向发包方备案”的问题。《农村土地承包法》第36条规定,承包方向他人流转土地经营权的,应当向发包方备案。而《民法典》第339条没有规定“并向发包方备案”,也就是说,土地承包人流转土地经营权不再必须向发包方农村集体组织备案。但是,《农村土地经营权流转管理办法》第36条仍然根据《农村土地承包法》第36条规定,规定“承包方可以自主决定依法采取出租(转包)、入股或者其他方式向他人流转土地经营权,并向发包方备案”。

我们认为,《民法典》第339条不再规定“向发包方备案”,目的是以防发包方以“备案”为由妨碍承包方行使土地经营的流转权,体现进一步放活土地经营权的精神。但是,这里的备案仅为承包方(流出方)向发包方农村集体组织提供流转合同和有关情况,以便发包方存案以备查考之用,并不非法干涉承包方自行流转土地经营权,再者,发包方作为农村集体土地的所有者,对承包方流转承包地应有知情权和监督权。为方便发包方依法行使这些权利,承包方在流转合同订立后,仍应报请发包方备案。

二、农村土地流转权的法律特征

根据《农村土地承包法》的有关规定,农村土地流转权有以下几个法律特征:

1. 流转权为土地承包经营权的法定派生权

根据《农村土地承包法》第9条“承包方承包土地后,享有土地承包经营权,可以自己经营,也可以保留土地承包权,流转其承包地的土地经营权,由他人经营”之规定,农村土地流转权派生于承包经营权,承包人只有通过承包方式依法取得农村土地经营权后,才有条件作为流转权人行使流转经营权,如果未经法定程序取得承包经营权,则无条件流转土地经营权。流转权虽是承包经营权的派生权,但这种派生权是《农村土地承包法》赋予的,所以也是法定权利,任何单位和个人都不得非法干涉。

2. 流转权为承包人的专属权

土地经营流转权属于民事权利。民事权利根据有无移转性,可分为专属权与非专属权。土地承包经营权属于非专属权,可以依法进行流动转移,而土地经营流转权属于承包人独自享有的专属权,土地经营权是否流转由承包人自行决定,任何单位和个人都不得强迫承包人流转土地经营权,也不得非法侵害土地经营流转权。我们将土地经营流转权定性为承包人的专属权,有利于对承包人土地经营流转权的保护。

3. 流转权的标的物为土地经营权

根据《农村土地承包法》第 44 条"承包方流转土地经营权的,其与发包方的承包关系不变"之规定,在家庭土地承包经营权流转过程中,土地承包权与土地经营权是分离的,土地经营权可以流转,而农户法定的承包权是不得流转的,所以,土地流转经营是流转土地经营权,而不包括法定承包权。

在土地经营权流转过程中,虽然承包人需将所承包地交付给受让方占有和经营,但流转的标的物也仅为土地经营权,而不是土地承包权和土地所有权,所以,流出方与流入方订立的土地经营权流转合同,应当明确约定标的物为土地经营权。土地经营权流转合同如果没有约定标的物或者约定标的物不明确而发生纠纷的,都应以流转土地经营权进行认定。

4. 流转权仍为用益物权

土地经营权为用益物权,即承包人对所承包经营的农村集体土地享有占有、使用、收益的权利。流转权作为土地承包经营权的派生权利,在流转过程中因标的物为土地经营权,故流入方受让流入的土地经营权仍为用益物权,即通过流入而占有、使用、收益的权利,因此,土地经营权的流入方也就取得基本相同的用益物权。

三、土地承包经营权与流转权的区别

流转权虽是家庭土地承包经营权、其他土地承包经营权的派生权,承包经营与流转经营的标的物虽都是经营权，但流转经营权与承包经营权毕竟是两个不同的权利，两者的主要区别有：

1. 性质不同

因农村集体组织成员对本集体土地具有法定的承包资格权，故其承包经营权是当然的权利，并不依赖于本集体组织是否同意发包问题。而土地经营权流转对流入方而言是协议权利，只有与承包人协商一致并签订流转合同，流入方才可取得经营权。

2. 主体不同

家庭土地承包经营的双方当事人是农村集体组织与其农户，农村集体组织是发包方，农户是承包方，而流转经营的双方当事人是承包人（流出方）与受让人（流入方）。农村集体组织对本集体农户的土地流转经营有一定的监督权，但不是流转经营法律关系中的一方当事人。

3. 标的不同

家庭承包经营法律关系的标的是集体土地的承包权和经营权，而流转经营法律关系的标的仅为土地经营权。承包人如果采取转包方式流转土地经营权，虽也能产生流入方的承包权，但这种承包权是转承包权；承包人如果采取出租方式流转土地经营权，承租人取得的租赁权。这与承包人与农村集体组织之间形成的承包经营权是有本质区别的。

4. 方式不同

在家庭承包方式中，农户取得承包经营权的唯一方式是承包，而流转经营权取得的方式有出租、转包、入股等方式。

第二节 土地经营权的流转原则

我国政策和法律允许且鼓励土地经营权流转，但并不等于放任自流，而是有原则规范的。

一、土地经营权流转的原则

为规范土地经营权有序流转,《农村土地承包法》在规定农村土地承包基本原则的基础上,第 38 条还规定了土地经营权流转的五个原则:(1)依法、自愿、有偿,任何组织和个人不得强迫或者阻碍土地经营权流转;(2)不得改变土地所有权的性质和土地的农业用途,不得破坏农业综合生产能力和农业生态环境;(3)流转期限不得超过承包期的剩余期限;(4)受让方须有农业经营能力或者资质;(5)在同等条件下,本集体经济组织成员享有优先权。《农村土地经营权流转管理办法》第 2 条规定:"土地经营权流转应当坚持农村土地农民集体所有、农户家庭承包经营的基本制度,保持农村土地承包关系稳定并长久不变,遵循依法、自愿、有偿原则,任何组织和个人不得强迫或者阻碍承包方流转土地经营权。"

在上述流转原则中,有的与土地承包经营基本原则相同,如"依法、自愿""不得强迫或者阻碍土地经营权流转""不得改变土地所有权的性质和土地的农业用途""不得破坏农业综合生产能力和农业生态环境""本集体经济组织成员享有优先权",这些原则在前面已经做了阐述。这里分析土地经营权流转的几个特有原则问题。

二、土地经营权流转的有偿原则问题

民事活动中的有偿原则,是指民事主体在民事活动中,当事人按照价值规律的要求,取得他人财产利益或者得到他人劳务,应当向对方支付相应代价的交换准则。《民法典》没有规定"等价有偿"原则,主要原因是,许多民事活动,如婚姻、继承、赠与等不存在"等价有偿"问题,另外,"等价有偿"可为"公平原则"吸收,在公平交易中可以体现"等价有偿",因此"等价有偿"无须另作民事活动的基本准则加以规定,但在商品交易和财产交易中,强调"等价有偿"仍有原则上的意义。因此,《农村土地经营权流转管理办法》第 2 条规定,土地经营权流转实行有偿原则。

农村集体组织采取家庭承包方式发包土地是无偿承包的，不能向内部农户收取承包费。但“采取招标、拍卖、公开协商等方式”发包土地，除个别特殊情形外，不论承包方是内部成员还是外部组织或个人都应有偿承包，故采取其他方式承包土地所订立的合同，应有承包费的约定，承包方应当按约支付承包款。

我国的政策和法律许可、鼓励、保护土地经营权流转，主要目的是防止承包地的闲置荒芜，提高农村集体土地的利用率，更好地发展农业生产，然后是为了农民获得租金、转让费等收益，所以，《农村土地承包法》第10条规定，国家保护承包方有偿流转土地经营权；第38条规定，土地经营权流转应当遵循有偿原则。

但是，《农村土地承包法》第10条、第38条规定的有偿流转并非强制性规定，承包经营权流转有偿还是无偿，应当由流出方与流入方在自愿原则下自行协商约定，任何组织和个人，特别农村集体组织不得强迫有偿流转，也不得认为无偿流转无效。在农村经济发达地区和农民进城较多地区，农村土地弃耕抛荒情况相当普通，严重影响农村经济发展和粮食生产安全，对此，不少地方政府一方面不得不采取农业补贴措施，鼓励农民耕种土地，另一方面不得不采取惩罚措施，迫使农民恢复耕种。在这种情况下，自愿无偿流转经营也就具有一定的必然性，因此，无偿流转并不违法，反而能够解决部分弃耕抛荒的问题。

三、流转期限不得超过承包期的剩余期限问题

土地经营权流转期限由流出方与流入方自行约定，但《农村土地承包法》第38条规定，“流转期限不得超过承包期的剩余期限”。流转权是土地经营权的派生权利，依附于土地承包经营权而产生，因此，流出方与流入方约定流转期限应当短于承包期限，或者与承包期限保持一致，而不得超过承包期。上述规定中的“不得”是禁止性规定，故流转期限如果超过承包期限，因基础合同（承包合同）承包期限届满应当终止，故超过承包期限的流转期限就会处于无权源状态，故应做无效处理。

但《民法典》实施后，这一情况有所变化。《民法典》第332条第2款规定，

“前款规定的承包期限届满，由土地承包经营权人依照农村土地承包的法律规定继续承包”。据此规定，当事人自愿约定的流转期限，如果超出第二轮土地承包期限，因承包人在第二轮土地承包期届满后有权“继续承包”，这可使超出的流转期限在“继续承包”中得以延续，故不能在第二轮土地承包期届满前就认定超出的流转期限无效，而应视流出方在第二轮土地承包期届满时是否“继续承包”再作处理。流出方得以“继续承包”的，超出的流转期限可在“继续承包”中延续有效，一方当事人不履行此期限上的义务，应当做违约处理。但是，“继续承包”仅为法律赋予农户及其成员的权利，而是否要求“继续承包”则由农户及其成员自行决定，届时，原承包人农户放弃“继续承包”，致使超出的流转期限无法进行的，流出方农户应当承担违约责任。

此外，在“继续承包”中如遇“小调整”，原承包地的面积、地段、登记等情况发生变化而与流转合同不一致的，可由流出方与流入方协商在“超出的流转期限”继续履行流转合同还是解除流转合同，如果协商解除流转合同，致使超出的流转期限不能继续进行而造成流入方损失的，流出方应当承担相应的赔偿责任。如果双方不愿协商或者协商不成的，可做情势变更处理。

这里需要注意的是，上述“继续承包”是对家庭承包方式而言的，如果以其他方式承包的，因承包方式没有法定继续承包权，故应对“超出的流转期限”作无效处理。

四、流入方的农业经营能力或者资质的问题

土地经营权既可流向个人也可以流向单位，既可流向本集体组织成员，也可以流向非本集体组织的个人，但《农村土地承包法》规定，受让方（流入方）须有农业经营能力或者资质。

至于农业经营能力、农业经营资质问题，现行法律、法规和规章尚无具体标准的规定。我们认为，从单位角度看，经依法登记设立的从事种植、养殖、采集、渔猎等农牧业生产经营的企业，如国营农场、农民合作社，都具有相应的农业经营能力或者资质；从个人角度看，农村集体组织的农户、成员、家庭农场、专业大

户等,亦应具有农业经营能力。这些组织和个人均有资格受让农村土地经营权从事农业生产经营活动。

关于本集体经济组织成员的流转优先权问题,后面再做具体分析。

第三节　土地经营权的流转方式

2009年《农村土地承包法》从广义上规定流转方式,包括互换、转让、出租、转包、入股等。2019年《农村土地承包法》贯彻了“三权”分置理念,分别设置了“土地承包经营权”与“土地经营权”,将土地承包经营权的转让、互换与土地经营权的出租、入股等区分开来,并将互换、转让作为土地承包经营权的转移方式,而将出租、入股等作为土地经营权的流转方式。《民法典》也从狭义上规定土地经营权的流转方式。

关于“入股”流转方式的问题,前面已经阐明。这里分析其他几种流转方式的问题。

一、土地经营权出租

土地经营权出租,是指出承包方将部分或者全部土地经营权,租赁给他人从事农业生产经营的一种流转方式。在土地经营权出租中,承包方是出租方即流出方,包括家庭承包方式中的农户承包方,也包括其他承包方式中的承包方,还包括转租中的转租方;承租人是流入方,包括转承租人,承租人可以是本集体组织的农户和成员,也可以是本集体组织以外的组织和个人。

土地经营权出租适用《农村土地承包法》的有关规定,而其租赁合同则应适用《民法典》中“租赁合同”的规定。《民法典》第703条(原《合同法》第212条)规定:“租赁合同是出租人将租赁物交付承租人使用、收益,承租人支付租金的合同。”据此,土地经营权租赁合同的核心内容是,出租人将土地经营权交付给承租人经营,由承租人获取收益,而承租人应当按约向出租人支付租金,出租人由此获得租金收益。

二、家庭土地经营权入股

土地经营权入股,是指承包方将部分或者全部土地经营权作价出资,成为公司、合作经济组织等股东或者成员,并用于农业生产经营的一种流转方式。土地经营权入股有两种情况,一是前面所述的股制承包入股,二是农户将家庭承包的土地经营权入股(以下简称家庭承包经营权入股)。

为了稳妥开展土地经营权入股,发展农业产业化经营,农业农村部、国家发展改革委、财政部、中国人民银行、国家税务总局、国家市场监督管理总局于2018年12月19日下发了《关于开展土地经营权入股发展农业产业化经营试点的指导意见》。据此意见,土地经营权入股是盘活土地经营权的一种流转方式,是深化农村土地制度改革的一种重要措施,能使农民凭着承包权带来“不劳而获”的收益,同时也给农业经营组织获得土地经营资源的途径,从而实现国家推进农业生产集约化、规模化、专业化经营的进程。

家庭承包经营权入股与其他流转方式一样,农户以土地经营权为股份,通过评估作价投入农业经营组织成为股东,农业经营组织将入股的土地经营权作为财产进行统一经营,农户在农业经营组织获取的利润中按股取得收益。但家庭承包经营权入股应当坚持“四不变”原则:一是农村土地集体所有权不变,二是农户承包权不变,三是承包方与发包方的承包关系不变,四是承包方与发包方享有的权利和承担的义务不变。

家庭承包经营权入股的收益与出租、转包不同,土地经营权出租、转包的收益可以预见且较为稳定,而家庭承包经营权入股后成为农业经营组织的股东是有风险的,其收益可能比出租、转包多,但在农业经营组织经营不善或者经营项目失败而没有收入或者亏损的情况下,入股农户就不能获得收益。

为了降低家庭承包入股风险,《农村土地经营权流转管理办法》第16条规定:“承包方自愿将土地经营权入股公司发展农业产业化经营的,可以采取优先股等方式降低承包方风险。公司解散时入股土地应当退回原承包方。”在实践中,不少地方在采取优先股方式的同时,还采取先租后股、回购等方式。优先股是享有优先权的股权，股东对农业生产组织的资产、利润分配等享有优先权，但优先股的股东对农业经营组织的事务无表决权，也没有选举和被选举权，且优先股的股东不能退股，只能通过优先股的赎回条款赎回土地经营权。先租后股是让土地经营权人先向农业经营组织出租土地，在具有稳定良好的经济效益之后再入股。

三、土地经营权转包

《农村土地承包法》《农村土地经营权流转管理办法》都有土地经营权可以采取转包方式进行流转的规定。而《民法典》第339条规定，土地经营权可以采取出租、入股或者其他方式，没有规定转包方式。我们认为，《民法典》没有规定转包，但也未禁止转包，故转包可以作为其他流转方式来看待。

土地经营权转包，是指承包方将部分或全部土地经营权转包给他人从事农业生产经营的一种流转方式。土地经营权转包是在家庭承包和其他方式承包的基础上进行的，承包合同是转包合同的基础合同，所以，在土地经营权转包的法律关系中，原承包人是转包人，接受转包的是转承包人。转承包人既可以是转包人的同一集体组织的成员，也可以是本集体组织以外的组织或个人。

土地经营权的转包与转让是不同的，两者有以下两个主要区别：

一是转让是土地承包经营权的一种转移方式，而土地经营权转包是土地经营权的一种流转方式。

二是土地承包经营权一旦转让，出让方与受让方就确立了新的承包关系，原承包方与发包方即行终止土地承包关系，由受让方取得土地承包经营权；而土地经营权转包是转包人在取得承包经营权的基础上仅将经营权转包给他人，承包方与发包方农村集体组织的承包关系不变，转包人仍然保留承包权。

四、土地经营权反租倒包

为了连片集中经营土地或者集中承包地发包给农业经营组织，农村集体组织在农户自愿的前提下，可以采取反租、倒包农户的土地经营权。

反租是农村集体组织反过来作为承租人把已经发包给本农村集体组织农户的承包地租过来的倒流方式。倒包是农村集体组织倒过来作为转承包人把已经发包给本农村集体组织农户的承包地转包过来的倒流方式。

在反租、倒包法律关系中,双方当事人虽然也是原发包方农村集体组织和原承包方本集体组织农户,但反租、倒包不是土地承包经营权转让方式,也不是承包地收回、调整方式,而是流转方式。在反租、倒包法律关系中,原发包人农村集体组织反过来是承租人或者转承包人,而原承包人反过来是出租人或者转包人。因此,反租和倒包适用《农村土地承包法》的流转规定,而不适用转让、收回和调整的规定,如反租和倒包只转移土地经营权而原承包关系不变,如本集体组织应当按约向原承包方成员支付租金或者转包费等。至于农村集体组织再把土地承包转租或发包给农业经营组织,那是再流转问题。

五、土地经营权委托流转

这里的委托流转,是指承包方(流出方、委托方)委托本农村集体组织、中介组织或者他人代其流转土地经营权的行为。委托流转本身不是土地经营权的流转方式,而是促进流转的一种方法。

承包方不方便流转或者难以流转土地经营权的,可以自愿委托发包方本集体组织或者依法设立的具有农业服务资质的中介组织进行流转,如委托农民专业合作社、乡镇农业服务中心、农业服务有限公司等流转土地经营权。但委托流转中的"委托"应当执行《民法典》的有关委托代理的规定。《农村土地经营权流转管理办法》第 18 条规定:"承包方委托发包方、中介组织或者他人流转土地经营权的,流转合同应当由承包方或者其书面委托的受托人签订。"

土地经营权委托流转,首先由承包方出具书面流转委托书,委托书应载明委托的事项、权限和期限等,并由委托人和受托人签字或盖章。任何组织和个人不得在没有承包方书面委托的情况下流转承包人的土地经营权,否则,除承包方事后予以追认外,将会侵害承包户的土地经营权。

接受承包人委托的本集体组织中介服务组织或者他人,在土地经营权委托流转过程中，与受让人商定流转事项后，应由承包方与受让人签订流转合同，在特别授权的情况下，也可由接受委托的本农村集体组织、中介服务组织或者他人作为代理人与受让人签订流转合同，由此产生的权利义务和法律后果均归属于委托方承包人。

六、土地经营权再流转

《农村土地承包法》第 46 条规定："经承包方书面同意，并向本集体经济组织备案，受让方可以再流转土地经营权。"《农村土地经营权流转管理办法》第 21 条也规定："发包方对承包方流转土地经营权、受让方再流转土地经营权以及承包方、受让方利用土地经营权融资担保的，应当办理备案，并报告乡（镇）人民政府农村土地承包管理部门。"这里的再流转是将已经流转的土地经营权再次进行流转，如承租人承租土地经营权后再出租给他人经营，如受让人通过转包方式受让土地经营权后再转包给他人经营。

根据上述规定，再流转土地经营权需要注意以下两个问题：

一是需经承包方书面同意的问题。《民法典》第 716 条规定，"承租人经出租人同意，可以将租赁物转租给第三人"。承租人经出租人同意是转租的前提条件。在再流转土地经营权时，如果未经流出方同意，流入方擅自再流转的，流出方可以解除合同。流转合同一旦被依法解除，再流转合同便失去基础合同而归于失效。

二是是否需要报请发包方集体经济组织备案问题。《民法典》第 339 条没有土地经营权流转"向发包方备案"的规定。在法律没有规定的情况下，司法解释和部门规章是有权作出规定的，故在《民法典》施行后，《农村土地经营权流转管理办法》第 21 条仍规定，土地经营权流转和再流转应当向发包方备案，并报告乡（镇）人民政府农村土地承包管理部门。由此可见，土地经营人流转当事人仍负有向发包方备案的义务。

第四节　土地经营权流转合同

流转合同是流出方与流入方为流转土地经营权而设立、变更、终止法律关系的协议。土地经营权流转合同是一种民事合同,故在适用《农村土地承包法》的同时也适用《民法典》的有关合同规范。

一、土地经营权流转合同的共性内容

《农村土地承包法》第 40 条规定的“流转合同”是以土地经营权流转的共性进行规范的,然而不同流转方式各有其特性的具体流转合同,如土地经营权的出租合同、转包合同、入股合作合同等各有不同特点,具体权利义务的内容也各有不同之处。《农村土地经营权流转管理办法》第 19 条第 2 款规定,土地经营权流转的各种具体合同示范文本,由农业农村部制定。

《农村土地承包法》第 40 条第 2 款在强调双方应当签订书面流转合同的同时,规定了一般土地经营权流转合同的八个条款,《农村土地经营权流转管理办法》在上述规定的基础上作出更为具体的规定。这里根据《农村土地经营权流转管理办法》第 19 条第 1 款规定,介绍和分析具有共性的流转合同应当具有的内容。

(一)双方当事人的姓名或者名称、住所、联系方式等

流出方和流入方是流转合同的双方主体,故应在流转合同首部予以明确。《农村土地承包法》第 40 条“双方当事人的姓名、住所”的表述有些简单。《农村土地经营权流转管理办法》第 19 条第 1 款第 1 项“双方当事人的姓名或者名称、住所、联系方式等”的规定较为详细。

我们认为,流出方和流入方均为自然人的,应当清楚准确地表述该自然人的姓名、性别、年龄、民族、住所、职业、身份证号、联系电话等内容。流出方和流入方双方或者一方是法人的,应当清楚准确地表述该法人的名称、地址、代码、法定代表人以及法定代表人的基本情况。流出方是农户的,因户主是家庭的代

表,故应由户主出面签订合同,且合同上应当表明其“户主”身份;为了防止家庭其他成员今后产生纠纷,也可征求家庭其他成年成员的意见,并请其在合同上签名捺指印。

(二)流转土地的名称、四至、面积、质量等级、土地类型、地块代码等

这是流转合同对标的物的具体内容的描述和确定。标的物是所有合同的核心内容,每个合同必须具体明确。就土地经营权流转合同而言,该土地的名称和坐落必须按照农村集体组织确定的标准名称和地址进行表述,四至界限必须分明,面积数量多少必须确定,哪个质量等级必须注明,以防今后发生标的纠纷。

(三)流转期限和起止日期

流转期限是流转的时间界限。流转期限是流转合同内容之一,如土地经营权租赁期限、转包期限等。流转期限作为时间界限,应当在合同中明确起止日期。流转合同没有约定流转期限,或者起止日期不明确,容易引起期限纠纷,而期限纠纷与价款有直接关系,故同时会引起价款纠纷。

(四)流转方式

如土地经营权出租的,应当订立土地经营权租赁合同,这种租赁合同,除明确流转合同的共性内容外,还应有租赁的权利义务内容。又如,土地经营权转包的,应当订立土地经营权转包合同,这种租赁合同,应有转包的权利义务内容。再如,土地经营权入股的,应当订立土地经营权股份合同,载明股份、股权、分红等内容。

(五)流转土地的用途

《农村土地承包法》第38条第2项规定,土地经营权流转“不得改变土地所有权的性质和土地的农业用途”。农村土地经营权流转限于农业用途,且此内容是流转合同的必需内容之一。土地流转合同不得约定改变土地的农业用途,否则是一种土地违法行为,相关约定内容无效;流入方也不得违反流转合同约定未经批准将土地用于非农建设,否则既是违法行为也是违约行为。

农业用途是一个较为广泛的概念,包括将土地直接用于种植业、林业、畜牧业、渔业等农业生产。这里涉及流转合同或者流入方在“农业用途”范围内可否改变农用地的分类用途问题,如用于耕种的土地在流转中可否改变为林业、渔业用途等?

农用地是指直接用于农业生产的土地,包括耕地、林地、草地、农田水利用地、养殖水面等。在通常情况下,流转土地用途应当与基础承包合同约定的用途基本保持一致,如土地承包合同约定土地用途为耕种的,流转合同亦应约定为耕种用途,而不能另行约定林业、渔业用途。如需改变土地用途,则应另行报请批准,并办理土地变更登记手续。流转合同未经批准擅自改变土地用途,或者流入方在流转经营中未经批准擅自改变土地用途,如在耕地上从事破坏性经营,造成耕地永久性损害的,既是违法行为又是违约行为,对此,除有关行政机关追究其违法责任外,流出方有权单方解除流转合同。

(六)双方当事人的权利和义务

1. 流出方的法定权利义务

流出方的法定权利。根据《农村土地承包法》的有关规定,流出方应有如下几个主要权利:

(1)依法享有承包土地的经营流转权;

(2)监督流入方依法合理利用和保护土地,有权制止流入方损害土地资源的行为;

(3)依照本合同约定获得全部流转收益;

(4)法律、行政规定的其他权利。

流出方的法定义务。流出方应当承担如下几个主要义务:

(1)继续履行原承包合同规定的法定义务;

(2)尊重流入方的生产经营自主权,不得干涉流入方依法进行正常的生产经营活动;

(3)依照合同约定为流入方提供必要帮助或服务。

2. 流入方的法定权利义务

流入方的法定权利。根据《农村土地承包法》“土地经营权”的有关规定，流入方应有如下几个主要权利：

(1)依照法律和合同约定，享有流转土地的使用权，有权自主组织生产经营和处置产品；

(2)流转期内因投入而提高地力的，依照法律和本合同约定获得相应的补偿；

(3)法律、行政法规规定的其他权利。

流入方的法定义务。流入方应当承担如下几个主要义务：

(1)维持土地的农业用途，不得用于非农建设；

(2)依法保护和合理利用土地，不得给土地造成永久性损害；

(3)法律、行政法规规定的其他义务。

(七)流转价款或者股份分红，以及支付方式和支付时间

这里的价款，通常是指流出方将其土地经营权交付给流入方行使所收取的金钱款项。收取价款是流出方流出土地经营权应得的金钱收益，支付价款是流入方取得土地经营权应当付出的金钱代价。流转价款通常适用于土地经营权出租和转包，即租金或者转包费。土地经营权入股通常采取“按股分红”获取收益，不存在直接的价款问题。

价款支付方式主要有两种：一是一次性支付，即由流入方一次性向流出方付清流转合同约定的所有价款，这种支付方式既简单又明确，今后不易发生价款纠纷；二是分期付款，即约定由流入方分若干时间段和次数支付价款，直至付清为止。流出方与流入方约定采取其他方式支付价款，只要不为法律法规禁止，应当按照约定其他方式结算价款。

此外，土地经营权流转按照规定需要交纳税款、费用等，双方亦应在流转合同中明确约定由谁交纳，以防今后为此发生纠纷。

根据《农村土地承包法》第39条的规定，土地经营权流转的价款及交付方式，由流出方与流入方自愿协商确定，双方讨价还价难以协商确定的，农村集体

组织可以从中进行协调，但不得在一方不同意的情况下强迫当事人接受。土地经营权流转是承包方（流出方）处分其土地经营权的权利，故由此产生的价款、分红等收益归流出方所有，任何组织和个人不得擅自截留、扣缴，否则属于侵权或者侵贪的不法行为。

（八）合同到期后地上附着物及相关设施的处理

流转合同到期后，因流转地需要交还给流出方，故流入方在流转经营期间投入的地上附着物及相关设施应当进行适当处理。这种处理的基本原则是自愿协商，即流转合同有约定的按照约定进行处理，流转合同没有约定的，到期后双方也可以再协商处理。

流转合同没有约定，到期后双方也不能协商处理的，当事人可以向人民法院提起诉讼，由人民法院作出裁判。在通常情况下，人民法院对这类案件做如下处理：

（1）流转合同没有约定，也未经流出方同意，流入方擅自设置或建设的，由流入方自行迁移或者拆除，将相关流转地恢复原状交还流出方；

（2）经流出方同意，可将上述资产有偿归流出方所有，流出方给予适当经济补偿；

（3）流入方违法设置或建设的，应由有关行政机关进行处理，由此造成流出方损失的，流入方应当承担赔偿责任。

但是，流转合同到期后，流转地上的农作物尚未收成的，流入方对此收益权受法律保护，故许可流入方在收成后交还流转地，由此造成流出方损失的，流入方应当给予适当补偿。

（九）土地被依法征收、征用、占用时有关补偿费的归属

土地征收，是指国家为了公共利益需要，依照法律规定的程序和权限将农民集体土地转化为国家土地，并依法给予被征地的农村集体经济组织和被征地农民合理补偿和妥善安置的行政行为。土地征用，即国家因社会公共利益的需要，强制收取集体或个人所有的土地并依法给予一定补偿的行政行为。土地征收与土地征用有相似之处，如两者都是国家出于公共利益需要，都须经过法定

程序办理手续，都须依法给予合理的损失弥补等。但两者是两个不同的概念，主要区别是土地征收改变土地所有权，即将农民集体所有的土地转化为国家所有的土地，而土地征用只是改变使用权，被征用的土地所有权不变，被征用到期后，土地应当交还给农村集体组织。

土地占用即占有并使用土地，类似于租用或者借用，不改变土地所有权的性质。当事人经法定程序审批后占用土地的行为是合法行为，未经法定程序审批擅自占用土地的行为是非法行为。

土地被依法征收、征用、占用所产生的有关补偿费，主要是土地补偿费、地上附着物补偿费、青苗补偿费等。《农村土地承包法》第 17 条第 4 项规定，承包方享有"承包地被依法征收、征用、占用的，有权依法获得相应的补偿"的权利。但上述"有关补偿费"并非都为承包方所得，涉及农村集体组织、承包人、流入方三方的分配利益问题。

有关土地补偿费分配及其纠纷问题，后面将做专题分析。

（十）违约责任

这里的违约责任，是指流出方或者流入方不履行流转合同约定义务或者履行合同义务不符合合同约定而依法应当向守约方承担的民事责任。当事人约定违约责任，目的是希望守约而不是希望违约，但为了防止违约，使合同顺利得以履行，从而实现合同目的，因此双方在流转合同中约定违约责任是有必要的，以便守约方在违约方实际违约后追究其违约责任。

二、土地经营权流转合同的解除

合同解除是当事人一方或者双方依照法律规定或者合同约定解除合同效力的行为。合同解除分为合意解除和法定解除两种情况。

1. 流转合同合意解除

约定解除又称合意解除，是指双方当事人以条款形式在合同中约定在一定条件下对合同进行解除。流出方与流入方在流转合同中约定解除的条件，该约定如不违反法律、行政法规禁止性规定，则应按照约定进行解除。根据当事人意思自治原则,合同没有约定解除的,双方当事人在履行期间也可以自愿协商解除,如在流转期间,流入方自愿将流转地交回流出方,流出方予以接受,流转合同因此解除的,也属合意解除。

2. 流转合同法定解除

法定解除是根据法律规定的单方解除。在法定解除中,有的法律规定适用于所有合同的解除即一般法定解除,而有的仅适用于特定合同的解除即特别法定解除。《农村土地承包法》第42条规定的流转合同解除属于特别法定解除。该条首先规定“承包方不得单方解除土地经营权流转合同”,而后又规定受让方(流入方)有下列情形之一的,承包方(流出方)有权单方解除流转合同:

(1)擅自改变土地的农业用途;

(2)弃耕抛荒连续两年以上;

(3)给土地造成严重损害或者严重破坏土地生态环境;

(4)其他严重违约行为。如受让方严重拖欠承包费、租金等,经催讨仍不交付的,承包方可以解除流转合同,收回土地经营权,并可继续追究受让方的违约责任。

承包方(流出方)根据上述特别法定的情形解除流转合同后,尚未履行的,终止履行;已经履行的,根据履行情况和合同性质,流出方还可以要求流入方恢复土地原状、采取其他补救措施,并有权要求赔偿损失。

关于土地经营权流转合同的纠纷处理问题,后面将作专题分析。

第五节　土地经营权流转存在的问题与监管

自国家对农村土地实行“三权”分置制度以来,土地经营权流转已经实施多年,并取得了显著成效,在盘活农村土地资源的同时提高了农民收入,促进了农村经济发展和农村社会稳定,但在实践中也存在不少问题。这一节就土地经营权流转存在的问题和监管措施做一些分析和探讨。

一、土地经营权流转存在的主要问题

从近些年的实践来看,不少农村在土地经营权流转过程中普遍存在以下几个主要问题:

1. 土地经营权流转不规范

不少农民为了贪图方便,或者缺乏法律意识,或者出于与流入方的人际关系,或者认为承包地属于私有财产可以自由处置,在土地经营权流转时没有按照法律规范签订流转合同就将承包地交付他人经营管理,有的甚至连价款、期限都没有口头约定,更谈不上流转登记。这些不规范行为,严重破坏了法律规定的流转程序,严重削弱了土地经营权流转的法律效应,且因权利义务关系不明确而引起流转纠纷,影响农村经济发展和农村社会稳定。

2. 土地经营权流转渠道不畅

有些农民因进城工作无法经营承包地,有的因劳动力缺乏不能耕种全部或者部分承包地,需要流转土地经营权,但当前仍有不少农村未建立土地经营权的流转交易平台或中介服务机构,有的虽有建立但有名无实不起作用,由此造成土地经营权流转渠道不畅,农民只能凭非常有限的信息资源或者只能依靠流入方上门寻找进行流转。农民在急于流转而无正常渠道流转的情况下,也就随便把承包地扔给他人经营,有的甚至不管他人如何经营,只要承包地还在就行,结果不能得到应有的流转收益,又造成流转市场处于无序状态,不能达到土地经营权流转政策和立法的目的。

3. 以非法目的流转土地经营权

根据《农村土地承包法》的规定,承包地流转后仍应用于农业生产,但有些单位和个人借土地经营权流转的名义与流出方订立流转合同,实际上在搞“圈地”活动,准备将流转地用于非农业生产,如建设厂房、养殖场,后因不能取得有关建设用地审批手续,致使流转地闲置抛荒,严重损害了土地资源的效用;有的流入方经流出方同意后未经审批就擅自在流转地上建设住宅,不仅改变流转地的农业用途,而且严重破坏流转地的性质。

4. 农村集体组织和乡镇政府监督不力

农村集体组织和乡镇政府虽然不得非法干涉农民流转土地经营权，但根据《农村土地承包法》的有关规定，农村集体组织作为发包方负有监督承包方依照承包合同约定的用途合理利用和保护土地、制止承包方损害承包地和农业资源的行为的职责。但不少农村集体组织在完成发包任务后，任由承包方自由流转土地经营权，没有履行应尽的监督职责。

《农村土地承包法》第 12 条第 3 款规定，“乡（镇）人民政府负责本行政区域内农村土地承包经营及承包经营合同管理”。据此，乡镇政府在辖区内负有指导和管理土地经营权流转的职责，并应定期或不定期组织有关部门对流转地的经营、项目实施、风险防范等情况开展监督检查。但在实践中，有些乡镇政府没有认真履行职责，对土地经营权流转的监督检查不重视，即使有监督检查也往往被“形式主义”所代替，不能及时发现和纠正辖区内的土地经营权流转存在的问题，这是上述问题持续存在的原因之一。

二、土地经营权流转的监管措施

解决上述问题的关键问题在于，农业农村主管部门、乡镇政府和农村集体组织履行《农村土地承包法》《农村土地经营权流转管理办法》等规定的职责。

1. 采取措施规范土地经营权流转合同

《民法典》第 469 条虽然规定当事人可以采用口头形式或者其他形式成立合同，但采用口头形式或者其他形式成立合同的弊端显而易见。上述问题存在的主要原因之一是土地经营权无序流转和流转合同不规范，故应针对性地采取措施，规范流转程序和流转合同。

一是政府农业农村主管部门、乡镇政府应当对现行流转合同进行调查和检查，发现承包方流出土地经营权未订立书面流转合同的，应当督促双方订立书面流转合同；发现书面流转合同不规范的，可以督促双方订立补充合同进行完善；发现流转合同存在违法之处的，应当要求双方进行纠正。

二是乡镇政府和农村集体组织应当动员流入方尽可能依法办理土地经营

权流转登记，确保流入方的土地经营权不受他人侵害。

三是政府农业农村主管部门应当根据《民法典》和《农村土地承包法》的规定完善各种流转文本，并引导农村集体组织与农户结合实际情况，在"延长承包"时使流转合同达到规范化和合法化的基本要求。

2. 乡镇政府应当强化对土地经营权流转的监管职责

乡镇政府是农村最基层的国家行政机关，负有贯彻落实国家法律和政策，保护农村集体所有财产、农民私有合法财产、各种经济组织合法权益的职责。《农村土地承包法》第12条第3款规定："乡（镇）人民政府负责本行政区域内农村土地承包经营及承包经营合同管理。"第22条规定，乡（镇）政府农村土地承包管理部门对"流转合同中有违反法律法规的，应当及时予以纠正"。

《农村土地经营权流转管理办法》第27条规定，"乡（镇）人民政府农村土地承包管理部门应当依法开展土地经营权流转的指导和管理工作"。这些规定明确了乡镇政府及有关部门在辖区内指导和管理土地经营权流转的职责。乡镇政府及有关部门按照上述规定，在辖区内着力指导农村集体组织和村民依法流转土地经营权，采取措施加强流转合同管理，并定期或不定期组织有关部门对流转地的经营、项目实施、风险防范等情况定期开展监督检查，发现违法、违约以及不规范行为，及时予以纠正，这对解决上述问题和防控风险具有重要作用。

3. 充分发挥农村集体组织的监督职能

《民法典》实施后，土地经营权流转更为自由，通常无须本集体组织同意即可流转土地经营权，这给农村集体组织对承包方流转土地经营权的监督管理带来难度。但是，村民委员会具有自我管理、民主监督的职能，并负有依照法律规定管理好本村集体所有的土地，引导村民合理利用土地资源，保障集体经济组织和村民、承包经营户的合法财产权和其他合法权益的职责。而当前土地经营权流转中出现的各种问题，与农村集体组织不能充分发挥作用有关，特别是农村集体组织涣散的地方，土地经营权流转存在的问题更多，因此，乡镇政府应当采取措施，加强农村集体组织建设，使之充分发挥发包方的监督权利，以防土地经营权流转的违法、违约问题的发生，以及对已经发生的问题进行有效处置。

4. 采取保障措施防控风险

为了保障流转土地资源的安全和流转双方的合法权益，乡镇政府及有关部门可以引导双方当事人采取如下几种防控措施：

一是引导当事人在流转合同中明确约定具体的“违约责任”，如流入方破坏土地资源的具体赔偿责任，又如未按期交付承包费、租金等具体责任。

二是引导当事人在流转合同中约定担保，流入方如果到期未付价款，如果破坏土地资源未承担赔偿责任，如果违约未支付违约金的，流出方有权按照约定追究担保人的担保责任。

三是引导当事人在流转合同中约定由流入方进行农业保险，在农作物遭受自然灾害、意外事故、疫病等事故造成财产损失后能够获得赔偿保险金，使损失得以弥补，同时解决支付流转价款的困难问题。

三、土地经营权流转的行政干预

为了防止流入方实施违法行为给流出方造成合法利益的损失和对农村集体土地资源的破坏，地方基层政府及其农业农村主管部门有必要利用公权依法进行干预。

1. 行政监督检查

行政监督检查是行政主体或法定授权的组织依法对行政管理相对人遵守行政法律、法规和规章的情况进行的督促检查。除工商企业等社会资本流转土地经营权外，《农村土地承包法》和《农村土地经营权流转管理办法》虽然都没有行政监督检查的规定，但政府农业农村主管部门和乡镇政府完全可以结合《土地管理法》的规定，进行行政监督检查，通过检查、审查、调查、检验、鉴定、勘验等方法，检查土地经营权流转以及使用农村土地的行为是否合法，若发现违法行为，则应及时制止，并依法作出处理。

2. 行政处理

行政处理,是行政主体为了实现法律、法规和规章所确定的行政管理目标和任务,依行政相对人的申请或依职权处理涉及特定行政相对人某种权利义务的行政行为。因行政处理的分类多种多样,其措施也有所不同。就土地经营权流转而言,可以采取以下几种措施,对违法违章流转土地经营权以及使用承包地的行为作出行政处理:

一是土地经营权流入方撂荒耕地的,应当停止发放或者依法收回各类财政补贴;

二是土地经营权流入方违反产业规划的,应当停止享受相关农业生产扶持政策;

三是土地经营权的流入方出现流转农地失信行为的,由县级以上地方政府的市场监管部门通过企业信用信息公示系统向社会公示,并启动联合惩戒机制;

四是土地经营权流入方擅自改变流转农地的农业用途、严重损害破坏或污染农地等违法行为的,由县级以上地方政府相关行政主管部门责令限期整改,并依法追究相关责任,其中包括行政处罚。

第六节　工商企业等社会资本流转农村土地经营权

工商企业等社会资本的法人、非法人组织或者自然人,在具有农业经营能力或者资质的情况下,可以作为流入方受让农村土地经营权,采取企业化方式经营现代农业。但因工商企业等社会资本流转农村土地经营权对农村农业有着重大影响,故国家政策和法律对其有特别的规定要求。

一、社会资本流转土地经营权的政策和法律依据

2014 年中共中央办公厅、国务院办公厅印发的《关于引导农村土地经营权有序流转发展农业适度规模经营的意见》,2015 年原农业部、中央农办、原国土

资源部、原国家工商行政管理总局印发的《关于加强对工商资本租赁农地监管和风险防范的意见》,以及此后的《农村土地承包法》都要求根据“三权”分置政策,鼓励和引导工商企业等社会资本流转农村土地经营权,现工商企业等社会资本流入农村土地进行现代农业经营的越来越多,成为实施乡村振兴战略的重要力量和流入农村土地经营权的主要市场主体。但在实践中,也有不少不具有从事农业经营的资质和能力的工商企业等社会资本也吸收大量的流转地,生产经营效益很差,有的甚至将吸收的流转地用于违法建设,如建设旅游度假村、高尔夫球场、别墅、私人会所等,有的搞“圈地”而闲置耕地,这些行为在违反了农村土地管理秩序和流转秩序的同时,也侵害了农村集体组织和农民的土地权益。因此,在鼓励和引导工商企业等社会资本流转农村土地经营权的同时,有必要对其进行行政干预和风险防控。

《农村土地承包法》第 45 条第 1 款规定:“县级以上地方人民政府应当建立工商企业等社会资本通过流转取得土地经营权的资格审查、项目审核和风险防范制度。”第 2 款规定:“工商企业等社会资本通过流转取得土地经营权的,本集体经济组织可以收取适量管理费用。”第 3 款规定:“具体办法由国务院农业农村、林业和草原主管部门规定。”据此授权,农业农村部在 2021 年修订《农村土地经营权流转管理办法》时,强化地方政府的公权介入,设置了行政审查和行政监管措施,较为全面地规范了工商企业等社会资本流转经营农村土地的行为。

二、社会资本流转土地经营权的资格和项目的行政审查

根据《农村土地承包法》第 45 条“县级以上地方人民政府应当建立工商企业等社会资本通过流转取得土地经营权的资格审查”的规定,《农村土地经营权流转管理办法》第 29 条规定,县级以上地方政府对工商企业等社会资本流转土地经营权,依法建立分级资格审查和项目审核制度,并规定经营资格和项目按照以下程序进行行政审查:

一是当事人签订流转意向协议。受让主体(工商企业等社会资本方)与承

包方就流转面积、期限、价款等进行协商并签订流转意向协议书。涉及未承包到户集体土地等集体资源的，应当按照法定程序经本集体经济组织成员的村民会议 2/3 以上成员或者 2/3 以上村民代表的同意，并与集体经济组织签订流转意向协议书。

二是当事人提出申请。受让主体按照分级审查审核规定，分别向乡镇政府农村土地承包管理部门或者县级以上地方政府农业农村主管（农村经营管理）部门提出申请，并提交流转意向协议书、农业经营能力或者资质证明、流转项目规划等相关材料。

三是政府组织审查审核。县级以上地方政府或者乡镇政府应当依法组织相关职能部门、农村集体经济组织代表、农民代表、专家等就土地用途、受让主体农业经营能力，以及经营项目是否符合粮食生产等产业规划等进行审查审核，并于受理之日起 20 个工作日内作出审查审核意见。

四是正式签订流转合同。政府组织审查审核通过工商企业等社会资本流入土地经营权项目后，由流入方与流出方正式签订土地经营权流转合同。工商企业等社会资本方未按规定提交审查审核申请，或者审查审核未予通过的，不得开展土地经营权流转活动。

三、社会资本流转土地经营权的风险防控

《农村土地经营权流转管理办法》第 30 条第 1 款规定，“县级以上地方人民政府依法建立工商企业等社会资本通过流转取得土地经营权的风险防范制度”，第 3 款规定，“对整村（组）土地经营权流转面积较大、涉及农户较多、经营风险较高的项目，流转双方可以协商设立风险保障金”。有些地方政府还明确规定，工商企业等社会资本应当应“先付款、后用地”，当年流转费全额兑现，并交纳一定数额的风险保障金，风险保障金由乡镇政府农村土地承包管理部门或者县级政府农业农村主管部门统一管理，设立专户，任何单位和个人不得挪用。

风险保障金是承担风险责任的备用金。风险保障金的用途主要有两个方面：一是流入方在流转经营期间，流转经营项目遭受重大自然灾害或意外事故，

无力支付租金或者价款，导致流转合同不能继续履行的，应当启用风险保障金支付租金或者价款；二是流入方在流转经营期间损坏土地，或者合同到期后未按合同约定恢复土地耕作条件的，应当动用风险保障金作为复耕费用。

此外，我们认为，在设计风险保障金制度时，可以将流入方违约对流出方承担违约责任需要支付的违约金，列入风险保障金支付范围；流入方违法使用流转土地，行政机关依法处以罚款的，也可以将此类罚款列入风险保障金支付范围。

流转合同到期后，流入方无违法行为又无违约行为，无须使用风险保障金的，应当及时向流入方全额返还风险保障金。

四、社会资本流转土地经营权的行政监管

因工商企业等社会资本流转土地经营权比其他主体流转土地经营权，面积和规模要大，涉及农户要多，经营风险要高，容易发出较大的违法行为和农民群体纠纷，故政府有必要利用公权介入进行监管，为此，《农村土地经营权流转管理办法》第 30 条第 1 款规定："县级以上地方人民政府依法建立工商企业等社会资本通过流转取得土地经营权的风险防范制度，加强事中事后监管，及时查处纠正违法违规行为。"关于如何进行行政监管，前面已经阐述，这里不再重复。

五、农村集体组织提供服务与收取管理费用

工商企业等社会资本通过流转取得农村土地经营权的有关费用大致有两种：一是向承包方农户流入承包地的，按照流转合同约定支付租金或者价款；二是以招标、拍卖、协商等公开方式流入农村集体土地的，按照招标价、拍卖价或者商定价支付价款。除此之外，任何单位和个人，包括行政机关和农村集体组织不得向流入方收取任何费用，但根据《农村土地经营权流转管理办法》第 31 条规定，农村集体组织为工商企业等社会资本流转土地经营权提供服务的，可以收取适量管理费用。

农村集体组织提供服务收取管理费用的金额和方式,应由农村集体组织、承包方和工商企业等社会资本三方协商确定。农村集体经织收取的管理费用,纳入会计核算和财务管理,主要用于农田基本建设或者其他公益性支出。

这里需要注意的是,工商企业等社会资本适用《农村土地经营权流转管理办法》流转经营权的土地仅为耕地和其他用于农业的土地,至于工商企业等社会资本流转林地、草地经营权的,则应适用国家林业和草原局有关工商企业等社会资本流转林地经营权管理办法的规定。

第五章　农村土地承包经营纠纷的处理程序

农村土地承包经营因有许多历史遗留的问题，因有农村陈旧私有观念的影响，因有“三权”分置改革的新政策、新法律和新动作，加之涉及每位农民和每家农户的切身经济利益，故新旧交织的矛盾相当突出，由此产生了许多承包权、经营权和流转权纠纷，对此如果不予足够重视和积极解决，将会严重影响农村经济发展和农村社会稳定。农村土地承包经营纠纷及其解决有程序和实体两大类内容，这一章先分析纠纷处理程序问题。

第一节　农村土地承包经营纠纷的调解程序

调解，是指中立的第三方通过说服、疏导等方法，促使当事人在平等协商基础上自愿达成调解协议，促成双方化解纠纷的活动。土地承包经营纠纷包括承包、经营、流转等纠纷，这些纠纷都属于民事纠纷，民事纠纷是可以适用调解方式解决的。《农村土地经营权流转管理办法》第 33 条也规定：“土地经营权流转发生争议或者纠纷的，当事人可以协商解决，也可以请求村民委员会、乡（镇）人民政府等进行调解。”但土地承包经营纠纷的调解还应遵守《民事诉讼法》《农村土地承包经营纠纷调解仲裁法》《人民调解法》的有关规定。这里根据上述有关法律规定，分析农村土地承包经营纠纷的调解问题。

一、土地承包经营纠纷的调解原则

土地承包经营纠纷不论采取哪种方式调解，都与其他民事纠纷调解一样，应当遵循以下四个原则：

1. 自愿、平等原则

这里的“自愿”有两个意思:一是是否接受调解由当事人双方自愿决定,如果一方不愿意调解,任何单位和个人不得强迫其进行调解;二是调解内容必须为当事人双方自愿接受,一方当事人不同意某些调解内容的,调解主持人可以进行劝解,通过说服方式使其接受,但不得采取强迫、偏袒和压制的办法迫使当事人接受,否则有违自愿原则。这里的“平等”是指双方当事人在调解过程中的法律地位平等和权利义务平等,除非当事人自愿放弃,双方合法权益均应受到保护,一方违法行为和违约行为都应承担责任。

2. 遵守法律、政策原则

国家制定的土地管理法律和土地承包法律以及政策是土地承包经营的行为准则,当事人应当遵守执行,在纠纷调解中也必须得以遵循,所以,土地承包经营纠纷的调解应以国家法律、法规、规章和政策为标准和尺度,在合法的前提下处理当事人的权益问题,从而维护法律和政策的尊严。在法律和政策没有明确规定的情况下,可以依据社会主义道德、风俗习惯、传统等进行调解。

在合法性问题上,土地承包经营纠纷调解需要特别注意的是,当事人实施的某些违法行为是不可以“和稀泥”调解的。例如,农村集体组织违反法定的民主议定程序发包土地,这类承包合同应作无效处理,在相关民主议定程序未得到纠正之前,不能通过调解致使有效。又如,某村民不是本集体经济组织成员,没有家庭承包资格权,农村集体组织擅自向其发包土地,其他村民因此与其发生纠纷的,也不能通过调解方式允许其承包土地,否则,有损本集体经济组织全体成员的承包权益。再如,承包方在承包期内破坏土地资源,依法应当复垦的,也不能通过调解方式免除其复垦责任,至于复垦责任的承担方法则可通过协商调解确定,如向集体组织缴纳适当复垦费用,由集体组织负责复垦,而免除承包方的实际复垦责任。

3. 查明事实、分清是非原则

土地承包经营纠纷发生后,除当事人双方自行协商调解外,不论是村委会组织调解,还是乡镇政府组织调解,包括仲裁调解和法院调解,必须先查明事实、分清是非，然后遵循“以事实为根据，以法律为准绳”原则进行调解。如果事实不明，是非不清，一是难以促成双方达成一致意见，调解难以成功；二是即使达成调解协议，也有可能使一方当事人“蒙冤受屈”，其合法权益难以得到保护。

4. 尊重当事人选择仲裁、诉讼原则

人民调解和行政调解属于诉讼外的调解，这些诉讼外调解不是仲裁和诉讼的必经程序，因此，《农村土地承包法》第 55 条第 2 款规定：“当事人不愿协商、调解或者协商、调解不成的，可以向农村土地承包仲裁机构申请仲裁，也可以直接向人民法院起诉。”

当事人双方愿意接受调解并自愿达成调解协议的，纠纷得以解决，无须再申请仲裁或者提起诉讼。如果当事人不愿调解，或者调解不成，或者达成调解协议后反悔的，根据上述规定，当事人有权依法申请仲裁或者提起诉讼，而村民委员会和乡镇政府等不得予以限制，不得因未调解或者调解不成而阻止当事人申请仲裁或者提起诉讼。

二、土地承包经营纠纷的调解方式

《农村土地承包法》第 55 条规定的“双方当事人可以通过协商解决”属于自行协商，包括亲戚朋友劝导或者协调下的自行和解。这种自行协商和解，因没有公权的介入，故不是严格法律意义上的调解。农村土地承包经营纠纷有人民调解、行政调解、仲裁调解和法院调解四种方式。

1. 土地承包经营纠纷的人民调解

人民调解，是指人民调解委员会通过说服、疏导等方法，促使双方当事人在平等协商基础上自愿达成调解协议，解决民间纠纷的活动。人民调解委员会是村民委员会、居民委员会或者乡镇、街道按照《人民调解法》规定设立的调解民间纠纷的群众性组织，其中包括村居调解委员会和乡镇调解委员会。有些地方的乡镇政府还特地设立农村土地承包经营纠纷调解委员会，专门负责调解辖区内发生的土地承包经营纠纷案件。

根据《人民调解法》第17条和《农村土地承包法》第55条的规定，土地承包经营纠纷属于民间纠纷范围的，当事人可以向人民调解委员会申请调解，人民调解委员会也可以主动调解。

人民调解与仲裁调解、法院调解有所不同，仲裁调解、法院调解有着较为严格的程序规定，而人民调解的方法比较灵活，可以采取多种方式解决纠纷，如人民调解可以根据实际需要，在征得当事人的同意后，可以邀请当事人的亲属、邻里、朋友等参与调解，也可以邀请具有专门知识、特定经验的人员或者有关社会组织的人员参与调解，以提高调解效率，促成调解成功。

人民调解应当充分听取当事人的陈述，讲解有关法律、法规和国家政策，并进行耐心疏导，在平等协商、互谅互让的基础上提出解决纠纷的方案，帮助当事人自愿达成调解协议。若当事人不愿调解或者调解不成的，人民调解员应当终止调解，并告知当事人可以通过依法申请仲裁或者提起诉讼等途径维护自己的权利。

土地承包经营纠纷经人民调解委员会调解，双方当事人达成的调解协议具有法律约束力，双方当事人应当按照调解协议的约定履行。土地承包经营纠纷经人民调解委员会调解达成调解协议后，双方当事人认为有必要的强化法律效力的，可以自调解协议生效之日起30日内共同向人民法院申请司法确认，人民法院对调解协议进行审查后，认为调解协议内容合法，双方当事人无异议的，应当依法确认调解协议的效力。人民法院依法确认调解协议有效后，一方当事人拒绝履行或者未全部履行的，对方当事人可以向人民法院申请强制执行。人民法院依法确认调解协议无效的，当事人可以通过人民调解方式变更原调解协议或者达成新的调解协议。当事人之间就调解协议的履行或者调解协议的内容发生争议的，一方当事人可以向人民法院提起诉讼。

有些土地承包经营纠纷不属于民间纠纷范围的，则不宜由人民调解委员会调解。例如，承包方或发包方实施违法行为依法应由有关行政机关进行处理或者处罚的，因不属于民间纠纷范围，故人民调解委员会不能越俎代庖进行调解处理。此外，承包方农户与发包方本村集体组织发生承包合同纠纷，或者本村集体组织非法干涉承包方土地经营权形成的纠纷,一般不宜由本村村委会下设的调解委员会调解,而应由乡镇调解委员会或者乡镇政府出面调解为宜。

2. 土地承包经营纠纷的行政调解

这里的行政调解专指土地承包经营纠纷发生后,由行政机关受理并主持的调解。《农村土地承包法》第55条规定的因土地承包经营发生纠纷,双方当事人可以请求乡镇政府调解解决,指的就是行政调解。行政调解与人民调解在程序和内容上基本相同,有所不同的主要是主持调解的主体不同,人民调解是人民调解委员会主持下的调解,并由人民调解委员会指派调解员具体负责调解,而行政调解是在行政机关主持下的调解,由行政机关指派工作人员负责主持调解。

《农村土地承包法》第55条只规定当事人可以请求乡镇政府调解土地承包经营纠纷,但从《农村土地承包法》第12条第2款"县级以上地方人民政府农业农村、林业和草原等主管部门分别依照各自职责,负责本行政区域内农村土地承包经营及承包经营合同管理"的规定来看,地方政府的上述有关主管部门,在各自职责范围内也应负有调解土地承包经营纠纷的职责,当事人请求其调解的,也应予以受理进行调解。有关主管部门调解土地承包经营纠纷,相对乡镇政府调解,专业性更强,合法性把握更加准确。

行政调解与人民调解一样属于诉讼外调解,其所达成的协议虽然对当事人具有约束力,但不具有法律上的强制执行效力。现在值得分析的问题是,土地承包经营纠纷经行政调解后,可否与人民调解一样向人民法院申请司法确认。当前,在国家法律层面和司法解释上没有对此作出具体规定。我们认为,既然人民调解所达成的协议可以向人民法院申请司法确认,行政调解也应当像人民调解一样,许可当事人向人民法院申请司法确认。如连云港市中级人民法院与连云港市人民政府法制办公室联合发布的《关于明确行政调解协议司法确认程序的通知》规定:参照《最高人民法院关于人民调解协议司法确认程序的若干规定》,双方当事人可以自行政调解协议生效之日起30日内,以书面或者口头的形式共同向有管辖权的法院申请确认行政调解协议的效力。

3. 土地承包经营纠纷的仲裁调解

随着家庭承包经营制度的全面推行和不断完善，随着农村人口流动和劳动力不断加速转移，农村土地承包经营纠纷数量不断增多，纠纷形式日趋多样化，纠纷领域也不断扩大，这在一定程度上影响了农村经济发展和社会稳定，国家对此十分重视，专门制定颁布了《农村土地承包经营纠纷调解仲裁法》（第十一届全国人民代表大会常务委员会第九次会议于2009年6月27日通过，自2010年1月1日起施行，以下简称《农村土地承包经营纠纷调解仲裁法》）。

《农村土地承包经营纠纷调解仲裁法》第12条规定，在县和不设区的市、在设区的市或者其市辖区，可以根据解决农村土地承包经营纠纷的实际需要，在当地人民政府指导下设立农村土地承包仲裁委，农村土地承包仲裁委的日常工作由当地农村土地承包管理部门承担。

农村土地承包仲裁委解决农村土地承包经营纠纷的主要方式是作出裁决，但《农村土地承包经营纠纷调解仲裁法》第32条也强调和解。该条规定："当事人申请仲裁后，可以自行和解。达成和解协议的，可以请求仲裁庭根据和解协议作出裁决书，也可以撤回仲裁申请。"据此，当事人就农村土地承包经营纠纷申请仲裁后，仲裁庭应当征求双方当事人是否进行调解的意见，双方当事人同意当庭调解并达成和解协议的，或者经人民调解、行政调解，双方当事人达成和解协议的，可以请求仲裁庭根据和解协议作出裁决，也可以撤回仲裁申请；调解不成的，应当及时作出裁决。

农村土地承包仲裁委作出的调解书发生法律效力后，与法院作出的裁判文书一样具有强制执行效力，一方当事人逾期不履行的，另一方当事人可以向被申请人住所地或者财产所在地的基层人民法院申请执行。

4. 土地承包经营纠纷的法院调解

法院调解又称诉讼调解，是指在人民法院审判人员的主持下，对双方当事人就争议的实体权利、义务自愿协商，达成协议，解决纠纷的活动。农村土地承包经营纠纷经人民调解、行政调解达成调解后，双方当事人向人民法院申请确认调解协议的效力是司法确认行为。我们这里主要介绍和分析当事人就农村土地承包经营纠纷直接起诉案件的调解问题。

农村土地承包经营纠纷属于民事纠纷，当事人依法向人民法院提起诉讼的，人民法院适用《民事诉讼法》规定进行审理。《民事诉讼法》第 9 条规定："人民法院审理民事案件，应当根据自愿和合法的原则进行调解；调解不成的，应当及时判决。"该法还就调解活动、调解程序、调解书制作、调解协议的效力等作出了明确规定。根据该法规定，土地承包经营纠纷的法院调解有以下几个主要特点：

(1)法院调解贯穿于土地承包经营纠纷诉讼全过程。法院调解作为民事诉讼一项基本原则具有广泛适用的特征，除适用特别程序、督促程序、公示催告程序等案件外的所有民事争议案件，只要当事人自愿，在第一审普通程序、简易程序、第二审程序、审判监督程序和强制执行程序中都可以适用调解方式解决土地承包经营纠纷而了结案件。

(2)法院调解并非审理土地承包经营纠纷案件的必经程序。土地承包经营纠纷案件虽然在诉讼全过程都可以调解，但与人民调解、行政调解一样，法院调解也必须遵循自愿原则，如果当事人就土地承包经营纠纷不愿调解或者调解不成的，人民法院不得强迫当事人进行调解，而应及时作出判决。

(3)法院调解土地承包经营纠纷可以采取简便方式进行。因调解程序较为简单，只要双方当事人有自愿调解的意向，人民法院可以用简便方式通知土地承包经营纠纷当事人、证人到庭，可以由审判员一人主持审理。

(4)法院调解土地承包经营纠纷的结果生效及时。根据《民事诉讼法》的规定，对调解成功而不需要制作调解书的案件，只需将调解内容记入笔录，由双方当事人、审判人员、书记员签名或者盖章后，即具有法律效力。法院调解成功需要制作调解书的，调解书经双方当事人签收后，即具有法律效力。当事人对一审法院已经发生法律效力的调解书不服，除当事人提出证据证明一审法院调解违反自愿原则或者调解协议的内容违反法律外，不可上诉进行二审，一审调解即为生效。

(5)当事人可以直接申请强制执行土地承包经营纠纷调解书。人民法院制作的土地承包经营纠纷的调解书生效后，与法院的判决书具有同等法律效力，只要具有给付性内容，一方不履行义务的，对方当事人就可以直接申请人民法院强制执行。

第二节 土地承包经营纠纷的仲裁程序

我国土地承包经营纠纷仲裁适用《农村土地承包经营纠纷调解仲裁法》，这个法律与《仲裁法》法律地位平等，没有上下位之分。两者虽有许多共同之处，但《农村土地承包经营纠纷调解仲裁法》是专门解决农村土地承包经营纠纷的程序法，有其自身的特点和规范，只适用于农村土地承包经营纠纷的调解和仲裁，而不适用其他民事纠纷，农村土地承包经营纠纷也不适用《仲裁法》。

《农村土地承包经营纠纷调解仲裁法》采取调解、仲裁双渠道方式化解农村土地承包经营纠纷。至于农村土地承包经营纠纷的仲裁调解问题，前面已经做了分析。这里根据该法专门介绍农村土地承包经营纠纷的仲裁裁决问题。

一、土地承包经营纠纷的仲裁受案范围

这里所说的仲裁，是指农村土地承包仲裁委根据当事人的申请审理农村土地承包经营纠纷并作出裁决的执法活动。《仲裁法》第 2 条规定，“平等主体的公民，法人和其他组织之间发生的合同纠纷和其他财产权益纠纷，可以仲裁”。这条规定的仲裁受案范围是很广的，只要是民事合同纠纷和其他财产权益纠纷都可以申请仲裁。而《农村土地承包经营纠纷调解仲裁法》因是农村土地承包经营纠纷调解仲裁的专门法，其受案范围仅限于有关农村土地承包经营纠纷。

根据《农村土地承包经营纠纷调解仲裁法》第 2 条第 2 款的规定，农村土地承包经营纠纷仲裁的受案范围为：

（1）因订立、履行、变更、解除和终止农村土地承包合同发生的纠纷；

（2）因农村土地承包经营权转包、出租、互换、转让、入股等流转发生的纠纷；

(3)因收回、调整承包地发生的纠纷;

(4)因确认农村土地承包经营权发生的纠纷;

(5)因侵害农村土地承包经营权发生的纠纷;

(6)法律、法规规定的其他农村土地承包经营纠纷。

该条第3款规定,"因征收集体所有的土地及其补偿发生的纠纷,不属于仲裁委的受理范围",此外,有关行政机关因对农村土地承包经营实施行政管理而与当事人所产生的行政争议以及行政赔偿,也不属于仲裁范围,而应由有关行政机关处理或者通过行政诉讼解决。

二、申请土地承包经营纠纷仲裁的条件要求

《仲裁法》第4条规定:"当事人采用仲裁方式解决纠纷,应当双方自愿,达成仲裁协议。没有仲裁协议,一方申请仲裁的,仲裁委员会不予受理。"第5条规定:"当事人达成仲裁协议,一方向人民法院起诉的,人民法院不予受理,但仲裁协议无效的除外。"据此,一般仲裁是依协议行为,双方当事人只有自愿达成仲裁协议的,农村土地承包仲裁委才予受理,而法院不予受理;没有达成仲裁协议的,仲裁机构不予受理,而法院应当予以受理。

农村土地承包经营纠纷仲裁不是依协议行为,而是依申请行为,也就是说,不论双方当事人有无仲裁协议约定,只要一方当事人提出仲裁申请且属受案范围的,农村土地承包仲裁委都应依法受理。

1. 土地承包经营纠纷仲裁的申请条件

根据《农村土地承包经营纠纷调解仲裁法》第18~20条的规定,当事人向农村土地承包仲裁委申请农村土地承包经营纠纷仲裁应当符合下列条件:

(1)申请人与纠纷有直接的利害关系。民法上的利害关系,是指平等主体之间的一方当事人实施某些民事行为与对方的合同权利及合法权益产生具有法律上影响的因果关系。如发包方违约收回承包地、他人非法侵占承包地等,侵害承包经营权及其收益权的,两者之间在权利义务、合法权益上就有了利害关系。申请人向农村土地承包仲裁委申请仲裁的纠纷案件与被申请人实施的

行为，如果没有任何权利义务及合法权益关系，两者之间则不构成利害关系。申请人与被申请人的纠纷存在利害关系是申请仲裁的实质性要件。

(2)有明确的被申请人。仲裁程序中的双方当事人是申请人和被申请人。根据规范要求，当事人申请仲裁，双方身份都应具体、明确，仲裁申请书上均应写明申请人和被申请人的姓名、性别、年龄、职业、单位和住所；当事人是单位的，应当写明单位的名称、住所和法定代表人或者主要负责人的姓名、职务。

从实践情况来看，申请人向农村土地承包仲裁委申请土地承包经营纠纷仲裁，其身份一般都是明确的，所以法律只强调“有明确的被申请人”。被申请人身份不明确，农村土地承包仲裁委无法仲裁，故不应予以受理。

实践中的另一情况是被申请人错误，如A侵占B的承包地后，雇用C去耕种，而被侵害人B认为C是侵害人，以C为被申请人向农村土地承包仲裁委申请仲裁。在这种情况下，即使被申请人身份明确，农村土地承包仲裁委亦应向申请人释明，要求申请人更改被申请人，申请人不更改被申请人的，农村土地承包仲裁委仍应予以受理，但仲裁结果显然对申请人不利。

(3)有具体的仲裁请求和事实、理由。仲裁请求是申请人希望通过仲裁程序在实体权益上获得救济的具体主张，农村土地承包仲裁委是围绕仲裁请求开展审理和裁决的，因此申请人提出的仲裁请求应当具体明确，如在质的方面，必须具体明确请求给付什么、请求确认什么等；在量的方面，必须具体明确请求多少，如请求给付多少金钱数量、返还多少面积的土地。

事实和理由是仲裁申请书中的正文内容和核心部分，也是请求解决纠纷和保护权益的重要根据。在仲裁申请书中，通常先写事实，后写理由。事实部分主要写明纠纷发生和被申请人侵权、违约等行为事实以及权益损害事实，包括发生纠纷的时间、地点、原因、情节和事实经过等，着重写清被申请人侵权、违约等行为造成的后果和依法应当承担的责任。理由部分应当根据事实和证据写明认定被申请人侵权、违约行为的性质和所造成的后果，准确写明提出请求的政策和法律依据，并综合事实和证据、政策和法律，说明提出仲裁请求的理由。

(4)属于农村土地承包仲裁委的受理范围。申请人向农村土地承包仲裁委申请仲裁的农村土地承包经营纠纷案件,应当属于《农村土地承包经营纠纷调解仲裁法》第2条第2款规定的受案范围,不属该条规定的受案范围,农村土地承包仲裁委不予受理。

2. 土地承包经营纠纷仲裁的申请要求

根据《农村土地承包经营纠纷调解仲裁法》第21条的规定,当事人就农村土地承包经营纠纷向农村土地承包仲裁委申请仲裁的,应当向纠纷涉及的土地所在地的农村土地承包仲裁委递交仲裁申请书。仲裁申请书应当载明申请人和被申请人的基本情况,仲裁请求和所根据的事实、理由,并提供相应的证据和证据来源。书面申请确有困难的,可以口头申请,由农村土地承包仲裁委记入笔录,经申请人核实后由其签名、盖章或者捺指印。同时,申请人应当提供土地承包经营纠纷的有关证据材料,以便农村土地承包仲裁委进行审查。

3. 土地承包经营纠纷仲裁案件的管辖

根据《农村土地承包经营纠纷调解仲裁法》第21条"当事人申请仲裁,应当向纠纷涉及的土地所在地的农村土地承包仲裁委员会递交仲裁申请书"的规定,农村土地承包经营纠纷的仲裁案件由纠纷涉及的土地所在地管辖。在申请人与土地所在地不一致的情况下,土地所在地管辖排除申请人所在地仲裁委的管辖。

4. 申请仲裁的时效

根据《农村土地承包经营纠纷调解仲裁法》第18条"农村土地承包经营纠纷申请仲裁的时效期间为二年,自当事人知道或者应当知道其权利被侵害之日起计算"的规定,当事人向农村土地承包仲裁委申请仲裁的时效为两年。这个时效期间的起算点是当事人自当事人知道或者应当知道其权利被侵害之日,那么又如何理解"知道或者应当知道"?

这里的"知道"是指权利人已经知晓其权利被侵害的事实,如他人侵占承包人的承包地,某日在该承包地上翻土耕种,承包人和村干部当场亲眼所见,就是"知道"权利被侵害之日。这里的"应当知道"是法律上的一种推定,不论当事人事实上是否知道权利受到侵害，只要从客观上存在知道的条件和可能性即被视为“知道”，如农村集体组织在村里张贴公告，决定收回某农户的承包地，该农户因全家进城工作和居住未能看到该公告也应视为“知道”，公告日期应当作为申请仲裁时效的起算点。

三、农村土地承包仲裁委的裁决程序

1. 案件受理

农村土地承包仲裁委接到土地承包经营纠纷仲裁申请后，首先应当进行登记，其次确定仲裁员具体负责办理案件。仲裁员经审查，认为符合受理条件的，报农村土地承包仲裁委决定受理。但若发现有《农村土地承包经营纠纷调解仲裁法》第22条规定的下列情形之一的，决定不予受理，已受理的终止仲裁程序：

（1）不符合申请条件；

（2）人民法院已受理该纠纷；

（3）法律规定该纠纷应当由其他机构处理；

（4）对该纠纷已有生效的判决、裁定、仲裁裁决、行政处理决定等。

农村土地承包仲裁委决定受理土地承包经营纠纷案件的，应当自收到仲裁申请之日起5个工作日内，将受理通知书、仲裁规则和仲裁员名册送达申请人；决定不予受理或者终止仲裁程序的，应当自收到仲裁申请或者发现终止仲裁程序情形之日起5个工作日内书面通知申请人，并说明理由。

2. 被申请人答辩

被申请人应当自收到仲裁申请书副本之日起10日内向农村土地承包仲裁委提交答辩书；书面答辩确有困难的，可以口头答辩，由仲裁员记入笔录，经被申请人核实后由其签名、盖章或者捺指印。农村土地承包仲裁委应当自收到答辩书之日起5个工作日内将答辩书副本送达申请人。被申请人未答辩的，不影响仲裁程序的进行。

3. 仲裁财产保全

《农村土地承包经营纠纷调解仲裁法》第 26 条第 1 款规定:“一方当事人因另一方当事人的行为或者其他原因,可能使裁决不能执行或者难以执行的,可以申请财产保全。”第 2 款规定:“当事人申请财产保全的,农村土地承包仲裁委员会应当将当事人的申请提交被申请人住所地或者财产所在地的基层人民法院。”据此规定,仲裁财产保全虽然出于“可能使裁决不能执行或者难将以执行的”目的,但因农村土地承包仲裁委没有实施财产保全的法定职权,而只能将当事人的申请提交给基层法院。基层法院接到仲裁财产保全申请后,应当根据《民事诉讼法》的有关规定进行审查、受理和实施,故仲裁财产保全实际上是诉讼财产保全。

4. 组织仲裁庭选定仲裁员

农村土地承包仲裁委受理农村土地承包经营纠纷案件后,应当及时组织仲裁庭,选定仲裁员。仲裁庭由 3 名仲裁员组成,首席仲裁员由双方当事人在仲裁员名册中共同选定,其他 2 名仲裁员由双方当事人在仲裁员名册中各自选定一名;当事人不能选定的,由农村土地承包仲裁委主任指定。

对事实清楚、权利义务关系明确、争议不大的农村土地承包经营纠纷案件,经双方当事人同意,可以由一名仲裁员仲裁。仲裁员由双方当事人在仲裁员名册中共同选定,或者由农村土地承包仲裁委主任指定。农村土地承包仲裁委应当自仲裁庭组成之日起 2 个工作日内将仲裁庭组成情况通知当事人。

5. 仲裁庭开庭审理

仲裁庭审理农村土地承包经营纠纷案件应当开庭进行。仲裁庭应当在开庭 5 个工作日前将开庭的时间、地点通知当事人和其他仲裁参与人。申请人经书面通知,无正当理由不到庭或者未经仲裁庭许可中途退庭的,可以视为撤回仲裁申请。被申请人经书面通知,无正当理由不到庭或者未经仲裁庭许可中途退庭的,可以缺席裁决。

6. 仲裁委作出裁决

仲裁庭经开庭审理后,根据认定的事实和法律以及国家政策,按照多数仲裁员的意见,以农村土地承包仲裁委的名义作出裁决,并制作裁决书,裁决书应当加盖农村土地承包仲裁委印章。

至于农村土地承包仲裁委审理、裁决农村土地承包经营纠纷案件的有关具体操作程序,应当执行《农村土地承包经营纠纷调解仲裁法》的有关规定,这里不再做详细介绍。

四、对仲裁裁决不服提起民事诉讼的问题

《仲裁法》第 9 条规定"仲裁实行一裁终局的制度",也就是说仲裁委员会作出裁决后,当事人就同一纠纷再申请仲裁或者向人民法院起诉的,仲裁委员会或者人民法院不予受理,除非仲裁裁决被人民法院依法裁定撤销或者不予执行,当事人才可以就该纠纷根据双方重新达成的仲裁协议申请仲裁或者以向人民法院起诉。

而《农村土地承包经营纠纷调解仲裁法》第 48 条规定,"当事人不服仲裁裁决的,可以自收到裁决书之日起三十日内向人民法院起诉。逾期不起诉的,裁决书即发生法律效力"。《最高院土地承包纠纷解释》第 2 条也规定,当事人未达成书面仲裁协议,一方当事人向农村土地承包仲裁机构申请仲裁,另一方当事人提起诉讼的,人民法院应予受理,并书面通知仲裁机构;但另一方当事人接受仲裁管辖后又起诉的,人民法院不予受理;当事人对仲裁裁决不服并在收到裁决书之日起 30 日内提起诉讼的,人民法院应予受理。这条规定没有"实行一裁终局的制度",而允许当事人对仲裁委作出的裁决不服的,可以向人民法院起诉。

五、关于申请法院强制执行的问题

《农村土地承包经营纠纷调解仲裁法》第 49 条规定:"当事人对发生法律效力的调解书、裁决书,应当依照规定的期限履行。一方当事人逾期不履行的,另一方当事人可以向被申请人住所地或者财产所在地的基层人民法院申请执行。受理申请的人民法院应当依法执行。"据此规定,农村土地承包仲裁委对

农村土地承包经营纠纷案件作出的生效调解书、裁决书与人民法院作出的生效调解书、判决书、裁定书一样具有强制执行效力，一方当事人逾期不履行仲裁调解书、裁决书中的义务，权利人可以向被申请人住所地或者财产所在地的基层人民法院申请执行。

第三节　土地承包经营纠纷的诉讼程序

民事诉讼，是指公民之间、法人之间、其他组织之间以及他们相互之间因财产关系和人身关系提起的诉讼。当事人向法院提起土地承包经营纠纷诉讼，法院适用《民事诉讼法》的程序规定进行审理和裁判。民事诉讼是个完整的诉讼体系，这里不可能做全面介绍，只是根据《民事诉讼法》《最高院土地承包纠纷解释》和地方法院最近的有关规定以及土地承包经营纠纷案件的特点，分析土地承包经营诉讼案件的受案范围和诉讼主体两个主要问题。

一、土地承包经营纠纷诉讼的受案范围

当事人提起土地承包经营纠纷诉讼主要有三种情况：一是经人民调解、行政调解不成向法院提起诉讼；二是对仲裁裁决不服向法院提起诉讼；三是当事人直接向法院提起诉讼。但不论当事人提起土地承包经营纠纷诉讼的背景如何，只要属于民事诉讼的受案范围且符合起诉条件的，法院都应依法予以受理，若不属于民事诉讼的受案范围的，法院不予受理。

首先，因民事诉讼是平等主体之间的诉讼，故应排除不平等主体之间提起的诉讼。不平等主体之间的诉讼，主要是行政主体与行政相对人之间所产生的行政诉讼。就农村土地承包经营而言，承包、经营和流转的主体因行政管理而与行政机关发生纠纷的，应当通过行政诉讼解决问题，而不属于民事诉讼范畴。其次，即使农村土地承包经营纠纷在民事范畴内，也非全部属于民事诉讼的受案范围，有的依法应当由行政机关先行处理，有的依法应由农村集体组织通过民主议定程序解决。所以，土地承包经营纠纷案件的受案范围是受一定限

制的。

1. 法院受理范围

根据《最高院土地承包纠纷解释》第1条的规定，下列涉及土地承包的民事纠纷，人民法院应当依法受理：

(1)承包合同纠纷；

(2)承包经营权侵权纠纷；

(3)承包经营权流转纠纷；

(4)承包地征收补偿费用分配纠纷；

(5)承包经营权继承纠纷。

2019年修正的《农村土地承包法》实施后，有些地方高级法院根据新《农村土地承包法》和农村土地承包经营的改革政策，结合辖区内的实际情况，就土地承包经营纠纷案件的受案范围作出具体、明确的规定。例如，江西省高级人民法院《农村土地承包纠纷案件审判工作指引》(赣高法〔2019〕1号)第2条规定，下列纠纷属于人民法院土地承包纠纷案件民事案件受理范围：

(1)农户与农村集体经济组织因履行家庭承包合同引起的纠纷；

(2)农户之间因农村土地承包经营权互换、转让，土地经营权出租(转包)、入股或者其他方式流转引起的纠纷；

(3)第三人侵害农户已经获得的农村土地承包经营权引起的纠纷；

(4)因承包地征收补偿费用分配引起的纠纷；

(5)农户家庭成员间因土地承包权分割、继承，土地经营权流转收益、承包土地征收补偿费用分配引起的纠纷；

(6)农村"四荒"土地、山林果园、养殖水面和其他土地采用家庭承包以外的其他方式承包引起的土地承包合同、土地承包经营权流转纠纷、侵权纠纷、抵押权纠纷；

(7)以未承包到户的农村集体土地使用权、家庭承包土地经营权入股引起的股份转让、收益分配等纠纷。

2. 不属法院受理范围

关于土地承包经营纠纷案件不予受理范围,《最高院土地承包纠纷解释》第1条第2款和第3款只规定两种情况:一是"集体经济组织成员因未实际取得土地承包经营权提起民事诉讼的,人民法院应当告知其向有关行政主管部门申请解决";二是"集体经济组织成员就用于分配的土地补偿费数额提起民事诉讼的,人民法院不予受理"。这两款规定虽然较为明确,但不够具体,在司法实践中远远不够解决土地承包经营纠纷案件的不予受理范围问题。

江西省高级人民法院2019年《农村土地承包纠纷案件审判工作指引》值得参照。该指引第3条规定,下列纠纷不属于人民法院土地承包经营纠纷民事案件的受理范围:

(1)当事人起诉要求确认其具有农村集体经济组织成员资格的案件;

(2)当事人起诉要求确认承包土地的四至范围的;

(3)当事人未与农村集体经济组织签订承包合同,起诉要求农村集体经济组织分配承包土地或签订承包合同的;

(4)农村集体经济组织尚未依照法定程序作出土地征收补偿费用分配方案的,当事人起诉请求分配土地征收补偿费用的;

(5)农村集体经济组织决定不分配或分配一定比例的土地征收补偿费用,当事人起诉要求分配或增减用于分配的土地补偿费用总金额的;

(6)农村集体经济组织作出的土地征收补偿费用分配方案因违法被人民法院撤销后未重新依法做出新的分配方案,当事人起诉要求分配土地补偿费用或赔偿损失的;

(7)法律、行政法规规定属于政府或相关职能部门行政管理和指导解决的事务和纠纷。

该指引切合实际地衔接了现行《农村土地承包法》的有关规定,其上述规定的受案范围和不予受理范围的规定可供各级地方法院参考。

二、土地承包经营纠纷的诉讼主体

从广义上看,民事诉讼主体包括人民法院、双方当事人、代理人、第三人和其他诉讼参与人。我们在这里从狭义上分析农村土地承包经营纠纷诉讼中的当事人,原告、被告、第三人的诉讼主体问题。

《最高院土地承包纠纷解释》第 3 条规定,“承包合同纠纷,以发包方和承包方为当事人”。其中,家庭承包合同纠纷中的双方当事人是发包方农村集体组织与承包方农户,其他方式合同纠纷中的双方当事人是发包方与承包方。该条没有规定土地经营权流转纠纷的诉讼主体,但我们可以根据合同相对性原则确定双方当事人,即土地经营权流转合同中的流出方和流入方为双方当事人;在再流转合同中,流入方是再流出方,而对方是再流入方,因此,当流转合同和再流转合同发生纠纷进入诉讼程序时,亦应照此确定诉讼当事人。

在土地承包经营合同纠纷诉讼中,具体特定的双方当事人在通常情况下应当以承包合同或流转合同中载明的双方当事人为诉讼当事人,但侵权纠纷的诉讼主体有所不同,其中的原告通常是承包方或者流入方,而侵害人被告既可是合同以外行为人,也可是发包方或者流出方,如发包方农村集体组织非法干涉承包方的土地经营权构成侵权的,就有可能成为被告。

江西省高级人民法院《农村土地承包纠纷案件审判工作指引》第 5 ~ 8 条就农村土地承包纠纷几类案件的诉讼当事人作出明确规定:

一是当事人对土地补偿费用分配方案有异议,并诉请支付相应份额的,由组织民主议定程序分配方案的村民小组或村民委员会为被告;村民小组组织民主议定程序决定分配方案,但土地补偿费由村民委员会实际控制持有的,可以将实际控制持有土地补偿费的村民委员会列为第三人。

二是当事人对土地补偿费分配方案无异议,仅主张村民委员会或村民小组不向其发放补偿费的,属侵权之诉,可以将实际控制持有土地补偿费的村民小组或村民委员会列为被告。

三是因发包方将尚在承包期内的土地另行发包引起的纠纷,当事人只起诉发包方而未起诉实际承包方的,为查清事实,可以将实际承包方列为第三人。

四是因承包方将土地承包权互换、转让、土地经营权出租(转包)、入股、代耕引起的纠纷,当事人只起诉对方而未将发包人列为被告的,为查清事实,可以将发包方列为第三人。

五是由小组长代表村民小组参加诉讼。村民小组未推选小组长的,法院核实情况后应通知村民小组所属村民委员会,并在该村民小组所在地张贴应诉通知和开庭公告,可以由该小组村民会议推荐的代表或所属村民委员会指派的代表参加诉讼。公告期满,仍无人应诉的,可以缺席审理、判决。

三、关于农户的诉讼主体问题

《农村土地承包法》第 16 条规定,“家庭承包的承包方是本集体经济组织的农户”。因此,在家庭土地承包经营合同纠纷诉讼中,一方当事人必然是农户即土地承包经营户,而不是集体经济组织成员个人或者部分农户成员。农户因其身份具有特殊性,故《最高院土地承包纠纷解释》第 4 条规定,农户成员为多人的,由其代表人进行诉讼,农户代表人按照下列情形确定:

(1)土地承包经营权证等证书上记载的人;

(2)未依法登记取得土地承包经营权证等证书的,为在承包合同上签字的人;

(3)前两项规定的人死亡、丧失民事行为能力或者因其他原因无法进行诉讼的,为农户成员推选的人。

受案范围和诉讼主体问题确定后,农村土地承包经营纠纷案件的诉讼程序与其他民事诉讼案件的诉讼程序一样,执行《民事诉讼法》的规定。

第六章 农村土地承包经营的纠纷处理

农村土地承包经营纠纷案件与一般民商事案件不同，纠纷成因也较多，法律关系比较复杂。依法处理好这类纠纷，对保持农村土地承包关系稳定并长久不变，维护农村土地承包经营当事人的合法权益，具有重要的意义。这一章从民事诉讼角度分析农村土地承包经营的纠纷处理问题。

第一节 违反民主议定程序实施土地承包方案的纠纷处理

《农村土地承包法》第19条规定，家庭承包方案应当“依法经本集体经济组织成员的村民会议三分之二以上成员或者三分之二以上村民代表的同意”；第52条规定，“发包方将农村土地发包给本集体经济组织以外的单位或者个人承包，应当事先经本集体经济组织成员的村民会议三分之二以上成员或者三分之二以上村民代表的同意，并报乡(镇)人民政府批准”。我们将上述规定中的“经本集体经济组织成员的村民会议三分之二以上成员或者三分之二以上村民代表的同意”称为“民主议定程序”。

民主议定程序是农村土地承包经营坚持民主自治制度的法定要求程序，也是农村集体组织实施土地承包方案的必经程序。但在实践中，我们发现一些农村集体组织违反民主议定程序实施土地承包方案的问题，主要有以下三种表现：

一是农村集体组织领导班子拟订土地承包方案后，未能认真执行上述民主议定程序的规定，未召开村民会议或者村民代表会议就组织实施。

二是虽然召开村民会议或者村民代表会，但会议不符合上述规定要求，即同意土地承包方案的本集体经济组织成员或者村民代表未达到2/3的要求，就实施拟制的土地承包方案。

三是在某些村干部暗箱操作下，违反民主议定程序通过的土地承包方案，以不正当手段向个别或者少数村民发包土地。

农村集体组织由此侵害村民集体利益或者个人利益的，村民往往认为本集体组织实施的上述行为以及订立非相关土地承包合同无效，而与本集体组织发生纠纷。

根据《村民委员会组织法》《农村土地承包法》的有关规定，对这类纠纷应当根据以下两种不同情况分别进行处理。

一、纯属违反民主议定程序问题的纠纷处理

村民因未经本集体组织民主议定程序通过就实施土地承包方案而与本集体组织发生纠纷的，这类案件不属于人民法院的受案范围，村民就此以本集体组织为被告提起诉讼的，法院不予受理。理由是：《村民委员会组织法》第27条规定，村民会议或者村民代表会议的决定不得与宪法、法律、法规和国家的政策相抵触，违反上述规定的，由乡、民族乡、镇的人民政府责令改正。第36条规定，村民委员会不依照法律、法规的规定履行法定义务的，由乡、民族乡、镇的人民政府责令改正。根据上述规定，土地承包方案未经民主议定程序通过，或者民主议定程序通过的土地承包方案不符合法律规定的，应当由乡镇政府责令其改正，法院不能越俎代庖予以受理并作出裁判。

二、违反民主程序签订承包合同的纠纷处理

土地承包方案未经民主议定程序通过，农村集体组织就与部分农户签订承包合同，属于违法实施土地承包方案的行为。对此，村民认为这些承包合同无效而向法院提起诉讼的，这类纠纷虽也涉及“土地承包方案”问题，但不是纯粹的民主议定程序纠纷，在性质上属于土地承包合同效力纠纷。《村民委员会组

织法》第36条规定,“村民委员会或者村民委员会成员作出的决定侵害村民合法权益的,受侵害的村民可以申请人民法院予以撤销,责任人依法承担法律责任”。据此,法院应当以承包合同效力纠纷予以受理,且应认定其程序违法,在一般情况下应以“损害全体村民的利益”为由,判决解除合同或者确认合同无效。但在实践中需要注意以下几个原则性的问题:

(1)农村集体组织违反民主议定程序与农户订立土地承包合同,对全体村民的合法权益没有造成严重影响,只是个别村民有意见的,法院应当尽量维护土地承包关系的稳定,不宜轻易否定土地承包合同的效力。

(2)农村集体组织未经民主议定程序就与农户签订家庭土地承包合同,有的是历史遗留问题,对此应当适用当时的有关法律规定进行处理。当时法律如果尚无上述民主议定程序规定的,现在若认定这种土地承包合同无效,则缺乏当时的法律依据,故在此情形下不能作解除或者无效处理。

(3)农村集体组织拟制的土地承包方案,虽未经民主议定程序同意,但按照平等原则将土地发包给农户,且农户已经实际履行多年,村民一直未提出异议,现今才起诉请求解除或者确认无效的,因承包方实际履行的事实多年来已经得以默认,故也不宜作解除或者无效处理。

(4)农户在承包地上已经长期持续进行大量投入,今后仍需长期投入才能获得回报(如林地承包),判决解除合同或者确认合同无效,将会造成承包方重大经济损失、造成发包方集体组织大额赔偿的,出于对土地承包经营权的保护,可以采取其他措施予以补救,一般不宜作无效处理。

关于本书引编的裁判案例的问题说明一下:因《民法典》及其有关司法解释刚刚施行,作者在撰写本书时尚无相关裁判案例,本书引编的裁判案例都是适用《农村土地承包法》的案例,但其与《民法典》及有关司法解释的有关规定精神基本一致。

【裁判案例1】发包方未经村民小组会议同意与承包方签订流转合同，法院认定违反法律强制性规定判决无效。

［案情简介］

2010年6月10日，火某某与A村三社原社长就三社集体所有的132亩撂荒旱沙地签订了农村土地承包经营权流转合同。该合同约定：流转期限为50年，自2010年5月2日至2060年5月2日；流转价款为亩均流转费350元，50年共计46,200元，由火某某一次性向A村三社支付。该合同签订后，A村三社报A村村委会，并取得该村委会的同意，后在政府有关部门进行了鉴证及备案。同年6月13日，火某某与A村三社签订补充协议，约定在合同履行期内，如遇国家征占土地，所得土地补偿费、青苗和附着物补偿费、安置补助费等补偿费用全部归火某某所有。同月20日，A村三社原社长收到火某某支付的土地流转费46,200元，火某某按约一次性支付流转费完毕。

2016年，A村三社不认可与火某某签订的土地流转合同及补充协议，并于同年4月1日、6月26日，分别与徐甲、徐乙父子签订土地承包经营权流转合同，将火某某承包的132亩旱沙地又承包给徐甲、徐乙父子。

［双方诉辩］

2017年，火某某以A村三社、A村村委会为被告向永登县法院提起诉讼，请求：(1)依法判令原告火某某与二被告于2010年6月10日签订的农村土地承包经营权流转合同及2010年6月13日签订的补充协议合法有效；(2)依法判令二被告继续履行2010年6月13日签订的农村土地承包经营权流转合同补充协议。

A村三社辩称：A村三社与火某某签订农村土地承包经营权流转合同后，火某某自行召集部分村民开会讨论土地承包一事，当时村民对合同约定的每亩土地流转费350元不予认可，不同意该承包方案；补充协议没有经过村民会议通过，程序违法，故本案的合同不具备有效性，应为无效合同，故法院应当驳回原告的诉讼请求。

[法院判决]

永登县法院经审理认为,违反法律、行政法规的强制性规定的合同无效。《农村土地承包法》(2009 年)第 18 条、第 19 条分别规定了土地承包的原则和程序,土地承包应当民主协商,公平合理,且承包方案依法应经本集体经济组织成员的村民会议 2/3 以上或者 2/3 以上村民代表的同意。《村民委员会组织法》第 28 条规定,召开村民小组会议,应当有本村民小组 18 周岁以上的村民 2/3 以上,或者本村民小组 2/3 以上的户的代表参加,所做决定应当经到会人员过半数同意。属于村民小组的集体所有的土地、企业和其他财产的经营管理以及公益事项的办理,由村民小组会议依照有关法律的规定讨论决定,所做决定及实施情况应当及时向本村民小组的村民公布。集体土地承包经营方案牵扯到每一户村民的利益,属涉及村民切身利益的重大事项,应当由村民小组会议讨论决定。

本案中,涉案土地属 A 村三社集体所有,原告火某某与原三社社长于 2010 年 6 月先后签订了农村土地承包经营权流转合同及补充协议,并经过了 A 村委会的同意,在形式上符合合同成立的要件,同时也在相关部门进行了备案和鉴证,但由于该内容涉及三社集体土地的承包经营方案及村民利益处分,根据上述规定,该流转合同及补充协议均应当由村民小组会议讨论决定,但事实上其并未经过村民小组会议同意通过,且 A 村三社事后不予认可,属程序违法,故上述两份合同均因违反了法律的强制性规定,应为无效合同。

永登县法院判决,驳回原告火某某的诉讼请求。

[根据永登县人民法院(2017)甘 0121 民初 2689 号民事判决书编写]

第二节　农村土地承包资格权的纠纷处理

在前面“家庭承包中承包方的主体资格”一节中,我们已经阐述了农村集体经济组织成员资格的取得与丧失的问题,这里继续分析与此密切相关的农村集体经济组织成员的承包资格权纠纷及处理问题。

这里的成员承包资格权纠纷属于家庭承包方式中一种纠纷，主要有两种情况：一是由成员资格问题引起的承包资格权纠纷，二是在具有成员资格的情况下不予承包土地引起的侵权纠纷。

一、成员承包资格权纠纷

农村集体经济组织成员的土地承包资格权是基于本集体经济组织成员资格取得的，成员资格权与成员承包权又密不可分，因此，承包资格权纠纷主要表现为，与本集体组织相关的人员（以下简称相关人员）认为其是本集体经济组织成员有资格承包土地，而农村集体组织认为其不是集体经济组织成员没有承包资格而拒绝向其发包土地。如离婚妇女将户籍迁回娘家，并在娘家居住、生产、生活，要求娘家集体经济组织给予承包土地，而娘家集体经济组织认为其曾经丧失本集体经济组织成员资格，在按照规定统一组织承包时不予发包土地，若其坚持在娘家仍有承包土地资格，就会与娘家村集体经济组织发生承包资格权纠纷。这类纠纷的核心问题是成员资格纠纷，若成员资格问题得以解决，这种纠纷就会迎刃而解，即"相关人员"一旦被确定为本集体经济组织成员就享有本集体土地的承包资格权。关于农村集体组织成员资格问题，前面已经做过阐述，这里不再重复。

二、成员承包资格权纠纷的救济途径

本集体经济组织以外的人员原本与本集体经济组织无关，其要求加入本集体经济组织为成员，本集体组织不同意其加入，或者民主议定程序未能通过其加入，这些人员作为原告起诉，要求确认其具有农村集体经济组织成员资格的案件，法院不能以诉讼程序代替村居民主议定程序予以认定，故此类案件不属于法院受案范围，法院应当裁定不予受理，但应当告知其向乡镇政府、相关行政职能部门申请解决。

但“相关人员”本身与本集体组织有着一定的社会关系或者经济关系的，则有所不同，如过去曾经是本集体经济组织成员，户籍迁出后又要求迁回并参与土地承包；又如，现居住、生活在本集体组织辖区内但户籍未迁入的村民，认为具备本集体经济组织成员的资格条件，要求加入并土地承包，而农村集体组织以这些人员不具备本集体经济组织成员资格为由拒绝其加入，使其不能取得土地承包经营权，双方就此发生的加入争议是民事纠纷，要求加入方作为原告就此向法院提起民事诉讼，而农村集体经济组织抗辩否认其具有本集体经济组织成员资格，对这类成员资格纠纷，法院不能以不属于受案范围为由直接驳回原告起诉，而应先予以受理。法院经审查认为，原告是否属于被告集体经济组织成员，身份尚未确定的，应当驳回其起诉；经审查后认定原告属于本集体经济组织成员，而本集体经济组织不予发包土地，应当认定农村集体经济组织侵害该成员的法定承包经营权。

三、成员承包资格权侵权纠纷的救济途径

关于农村土地承包资格权侵权纠纷的救济途径问题，这里援引（2017）最高法行申6356号行政裁定书的一段解析予以阐明。该裁定书指出，“《中华人民共和国村民委员会组织法》第三十六条第一款规定，村民委员会或者村民委员会成员作出的决定侵害村民合法权益的，受侵害的村民可以申请人民法院予以撤销，责任人依法承担法律责任。第二款规定，村民委员会不依照法律、法规的规定履行法定义务的，由乡、民族乡、镇的人民政府责令改正。根据上述规定，对村民委员会及其成员作出的可能侵害村民合法权益的决定，法律赋予村民有两条救济途径：一是向人民法院提起民事诉讼，二是由乡、镇政府责令改正。村民可以选择依法向人民法院提起民事诉讼，解决相关争议，也可以请求乡、镇政府依法对村民委员会及其成员作出的决定进行监督，责令其改正违法的决定。也就是说，接受村民申请，依法对村民委员会不依照法律、法规的规定履行法定义务的行为实施监督，属于乡、镇政府的法定职责。但是，村民就同一监督事项，先行提起民事诉讼，人民法院作出生效民事判决后，村民又向乡、镇

政府申请监督的，由于受生效民事判决效力的拘束，乡、镇政府无权再行作出处理”。据此，法院经审查，认定原告是被告集体经济组织的适格成员，而被告以原告不是本集体经济组织成员为由不予承包土地的，是对该成员的合法权益的侵害，该村民可以根据《村民委员会组织法》第36条的规定行使救济权。

四、成员承包资格权侵权纠纷的诉讼主体

农村集体经济组织成员的承包资格权侵权案件，双方主体是特定，即侵权方是农村集体经济组织，而被害方是侵权方的适格成员，由此产生的诉讼，原告应当是本集体经济组织成员或者农户，而被告应当是本集体组织，而农村集体组织作为此类案件的被告情况较为复杂的，有以下四种情况：

（1）由村民委员会对本村集体经济组织成员实施承包资格权侵权行为，包括村民委员会组织民主议定程序违法侵害成员承包资格权的，应当以该村民委员会为被告。

（2）由农村集体经济组织对其成员实施承包资格权侵权行为的，应以该集体经济组织为被告。

（3）由村民小组对其成员实施承包资格权侵权行为的，以该村民小组为被告，由该村民小组组长代表村民小组参加诉讼；村民小组未推选小组长的，法院应当通知村民小组所属的村民委员会召开小组村民会议推荐代表参加诉讼，或者由所属村民委员会指派代表参加诉讼。

（4）农村集体组织对其成员实施承包资格权侵权行为涉及直接利害关系人的，如将成员尚在承包期内的承包地另行发包给其他村民引起的侵权纠纷，可将后来的实际承包方列为第三人参加诉讼。

法院经审理，认定农村集体组织对其成员构成承包资格权侵权的，首先应当确认侵权行为违法，肯定原告享有法定的承包资格权，被告应当向原告履行法定的发包义务；由此造成的原告损失，原告主张赔偿的，法院应当判令被告赔偿原告的损失。

【裁判案例2】农村集体组织以民主议定方式剥夺仍持户籍的出嫁女土地补偿费收益分配权无效。

[案情简介]

苏A、苏B分别系某村甲组村民苏C的长女和次女，在甲组土地承包小调整时，苏A、苏B随其父母共4人按该组人均一亩多的份额承包了甲组约4亩土地。后因父母在信阳市做生意，苏A、苏B随父母搬到信阳居住生活，苏C便将承包地退回给甲组。

在1998年第二轮土地延包时，甲组未通知两原告，致使苏A、苏B未承包土地。2008年和2012年，苏A和苏B分别外嫁结婚，但户籍均仍在甲组，且均未在丈夫户籍所在地分得任何田地及享受相关集体经济组织成员待遇。

2013年4月，政府依法征用了甲组的部分土地。2014年4月21日，甲组经民主议定制定一份甲组征地补偿分配方案，其中的内容有：(1)分配款截至时间，人口截至2013年9月19日，本组有农业人口，只要赶上户口在册符合条件，又赶上户口截至日期者，可参加本组分配；(2)双女户及多子女户出嫁姑娘户口在本组的，又有责任田的可享受50%分配；(3)出嫁姑娘户口不迁出又无责任田的属于空挂户口，不参加本组征地款分配。甲组依据该分配方案以每人12万元的80%对村民分配征地补偿款，剩余20%暂时未作出分配承诺。

甲组以苏A、苏B在该组未承包土地为由不给予分配。

[双方诉辩]

2015年，苏A、苏B以甲组为被告，向平桥区法院提起集体经济组织成员资格纠纷诉讼。两原告诉称：在两原告出生后的土地承包调整中，均分得了一定的田地，成年后虽分别出嫁，但户口仍在原籍，也均未在男方所在地分得任何田地及享受相关村民待遇；2013年4月，政府征收了被告甲组的部分土地，被告甲组以所谓的“村规民约”方式对前述征地补偿款以12万元/人在其村民中进行分配，但排除了两原告的该集体组织成员资格和分配权益。被告甲组的这一行为违法且侵害了两原告合法权益，请求被告甲组给付两原告每人12万元的征地补偿分配款合计 24 万元。

被告甲组辩称:(1)不给两原告分配集体收益,不是哪一个人的意见,而是村民组召开村民大会确定的,与会人员经过反复讨论协商共同达成的分配方案,村民组的性质是一个农村集体经济组织,依照《村民委员会组织法》的相关规定,村民组经村民大会决定有权对本集体经济确定分配方案。方案是合法的,对本组村民有约束力。(2)分配方案形成时,原告应当具备本村村民成员资格,具有本村村民资格的成员应当在本村享有户口,才能承包土地,否则不应参加分配,再则,两原告没有向村民组提交户口本和承包土地确定是本村村民,所以两原告不应享有本村村民资格待遇。(3)原告诉请支付 12 万元,数额错误,因为分配方案形成后,又有多起诉讼,多人参加分配,土地补偿款总数改变,参加人员数额增加了,按现有人员分配,每人的分配数额肯定不是 12 万元。综上,原告诉求不能成立,请驳回。

[法院判决]

平桥区法院经审理认为,土地征用补偿费是因农村集体所有的土地被依法征用而给予的一种补偿,归集体所有,由集体管理和使用;农村集体经济组织实行村民自治原则,农村集体经济组织或者村民委员会、村民小组,可以依照法律规定的民主议定程序,决定在本集体经济组织内部分配已经收到的土地补偿费。在土地补偿安置方案确定时,具有该集体经济组织成员资格的人,均应当享有土地补偿费收益分配的权利;而确定本集体经济组织成员资格主要是以户籍为标准,特别是自然取得的本村户籍。两原告依据出生自然取得被告甲组户籍。

原告父母在搬离被告甲组时,根据当时的农村政策和实情退回了当时两原告的承包地,但其户籍仍在该组。被告甲组在第二轮土地延包时,未通知两原告家庭,且两原告家庭未明确表示放弃该轮土地承包权;尽管两原告已外嫁至他乡,居住形式发生改变,但其户籍仍在该组,且两原告在现居住地的村民组均未取得承包地亦未获得任何集体经济组织成员享有的权利,因此被告甲组否定两原告在该组集体经济组织成员资格并以民主议定的方式剥夺两原告土地补偿费收益分配权,显然违反了法律法规的规定,客观上使两原告失去了农民赖以生存的物质基础,属无效条款。

综上,两原告具有被告甲组集体经济组织成员的资格,仍享有该组征用土地补偿款收益分配的权利。因此,两原告要求被告甲组给付其征地补偿分配款的诉讼请求本院予以支持,因被告甲组对村民的征地补偿款实际发放了80%,本院对两原告的诉讼请求各支持120,000元的80%,即96,000元,其余可根据该组在实际履行中的金额再行主张。

平桥区法院判决:被告甲组于本判决生效后10日内,分别支付原告苏A、苏B征地补偿款96,000元。

[根据信阳市平桥区人民法院(2015)平民初字第3370号民事判决书编写]

第三节　土地承包经营合同效力的纠纷处理

合同效力纠纷主要是有效还是无效的纠纷。有效合同是指具备生效要件能够产生合同当事人预期法律效果的合同。无效合同是指因欠缺生效要件而当然不发生效力的合同。两者的主要区别在于是否具备生效要件。发包方与承包方订立土地承包经营合同(为了方便阐述,这里将家庭方式承包经营合同、其他方式承包经营合同和经营权流转合同,一并称为"土地承包经营合同",文中另有需要的,则分别表述)是一种民事法律行为,其效力问题原来通过《民法总则》《合同法》《农村土地承包法》等有关法律的规定进行判断。《民法典》实施后,因《民法总则》《合同法》被废止,故应适用《民法典》《农村土地承包法》等有关法律的规定进行判断。

一、土地承包经营合同的效力要件

《民法典》第143条规定:"具备下列条件的民事法律行为有效(一)行为人具有相应的民事行为能力;(二)意思表示真实;(三)不违反法律、行政法规的强制性规定，不违背公序良俗。”这是所有民事法律行为有效的三个要件，土地承包经营作为一种民事法律行为，同样只有同时具备上述三个要件才为有效，如果缺其中之一所形成的合同无效。

（一）关于农村集体经济组织成员订立土地承包经营合同的“民事行为能力”问题

农村集体经济组织成员是自然人，这类自然人对本集体组织的土地享有法定的承包资格权，但其与本集体组织订立土地承包经营合同时，根据《民法典》上述规定，还应“具有相应的民事行为能力”。“具有相应的民事行为能力”在合同上即缔约行为能力，是指当事人为取得民事权利或承担民事义务，按照自己的意志独立地订立合同的能力。实践中的问题是农村集体经济组织成员并非都“具有相应的民事行为能力”。

《民法典》第 13 条规定：“自然人从出生时起到死亡时止，具有民事权利能力，依法享有民事权利，承担民事义务。”农村集体经济组织成员的土地承包资格权属于这里规定的“民事权利”，且从出生时即取得，故不因其是无民事行为能力人或者是限制民事行为能力人而被剥夺。

1. 完全民事行为能力人的土地承包行为能力问题

根据《民法典》的规定，我国完全民事行为能力人分两种：一是自然人 18 周岁以上的为成年人，成年人为完全民事行为能力人，可以独立实施民事法律行为；二是不满 18 周岁的为未成年人，但 16 周岁以上的未成年人，以自己的劳动收入为主要生活来源的，视为完全民事行为能力人。具有完全民事行为能力的本村集体经济组织成员，不仅具有完全的行为能力，而且当其作为土地承包经营权证等证书上记载的人，或者作为在承包合同上签字的人，或者作为农户成员推选的人时，可以作为农户的代表人进行诉讼。

2. 限制民事行为能力人的土地承包行为能力问题

8 周岁以上的未成年人和不能完全辨认自己行为的成年人是限制民事行为能力人，其实施民事法律行为由其法定代理人（监护人）代理或者经其法定代理人同意、追认，但其可以独立实施纯获利益的民事法律行为或者与其年龄、智力相适应的民事法律行为。在家庭土地承包活动中，限制民事行为能力人通常都跟随家长、户主等取得其份额的土地承包经营权，但不能排除其作为孤儿时单独取得土地承包经营权。土地承包经营权作为本村集体经济组织成员应当无偿取得的法定权利，且涉及生存条件与生活保障的问题，故为限制民事行为能力成员的“纯获利益”，根据《民法典》第22条限制民事行为能力人“可以独立实施纯获利益的民事法律行为”的规定，其与本集体组织订立土地承包经营合同，无须经其法定代理人同意、追认也应有效，但因其没有经营能力向本村集体组织表示放弃土地承包经营权的，则应经其法定代理人同意或者追认，否则其承诺无效。然而，法定代理人同意或者追认限制民事行为能力人放弃土地承包经营权必须慎重，只有在限制民事行为能力人确有生活保障的情况下才可为之；如果限制民事行为能力人没有生活保障，则应代其与本集体组织签订土地承包经营合同，并通过代耕、流转等方式保障其生活来源。限制民事行为能力人如果与发包方或者他人发生土地承包经营纠纷，其法定代理人亦应作为诉讼代理人参与诉讼，维护限制民事行为能力人的土地承包经营权的合法权益。

3. 无民事行为能力人的土地承包行为能力问题

不满8周岁的未成年人和不能辨认自己行为的成年人为无民事行为能力人。无民事行为能力人与限制民事行为能力人一样，通常都跟随家庭成员取得其份额的土地承包经营权，但成为孤身时，本集体组织不能与其订立土地承包经营合同，而应由其法定代理人代理与本集体组织订立土地承包经营合同。

（二）关于订立土地承包经营合同的“意思表示真实”问题

意思表示，是指行为人欲设立、变更、终止民事权利和民事义务的内在意思表现于外在的行为。意思存于人们的内心，若不外表达则不发生法律效果，要使内心意思产生法律效果就必须表现于外部。就农村土地承包经营合同而言，发包方与承包方的意思表示是必然的要素和过程，但双方的意思表示各有不同且各受法律的限制，如发包方应当按照《农村土地承包法》和其他相关法律的规定以及经民主评议程序通过的土地承包方案向承包方作出发包的意思表示，而不能作出排除其成员法定承包经营权的意思表示,而本集体经济组织的成员和农户只能依照土地承包方案作出是否接受承包的意思表示,而不可作出更改土地承包方案的意思表示。但有效民事合同所强调的是"意思表示真实",只有"意思表示真实",才能充分体现《民法典》第5条规定的当事人自愿原则和意思自治原则。

与"意思表示真实"相反的是虚假意思表示。虚假意思表示是行为人故意隐匿其内心真意而表示与其真实意思相反的意思。虚假意思表示所订立的合同,双方都没有履行合同的意愿,因此,《民法典》第146条第1款规定,"行为人与相对人以虚假的意思表示实施的民事法律行为无效"。譬如,由于某种特殊原因,农村集体组织暂时无法给A户安排承包地,但为了完成上级安排的承包工作任务,与A户商定虚拟承包地先行订立家庭土地承包合同应付任务,这就是双方共同虚假意思表示,A户就此提起诉讼,请求法院确认该合同无效的,法院应当根据《民法典》的规定判决该合同无效,但虚假意思表示所订立的家庭土地承包合同被确认无效后,并不影响农村集体经济组织成员的土地承包经营权,该成员仍有权要求本集体组织给予安排与其他成员同等条件下的承包地。在订立土地承包合同时,如果只是一方虚假意思表示,而另一方是真实意思表示的,则应选择适用"欺诈"进行处理,真实意思表示方可以请求法院予以撤销。

(三)关于订立土地承包经营合同"不违反法律、行政法规的强制性规定,不违背公序良俗"问题

我国法律、行政法规包含强制性规定和任意性规定。强制性规定排除合同当事人的意思自由,即当事人在合同中不得合意排除法律、行政法规强制性规定的适用,如果当事人约定排除了强制性规定,则属"违反法律、行政法规的强制性规定";对于法律、行政法规的任意性规定,当事人可以约定排除。

法律、行政法规的强制性规定与法律、行政法规的禁止性规定也是不同的。法律、行政法规的强制性规定是指法律、行政法规中的规定人们不得为某些行为或者必须为某些行为,如法律规定当事人订立的合同必须经过有关

部门的审批等都属于强制性规定；法律、行政法规的禁止性规定只是规定人们不得为某些行为，法律、行政法规的强制性规定应当包括法律、行政法规的禁止性规定。

《民法典》第 153 条第 1 款规定：“违反法律、行政法规的强制性规定的民事法律行为无效。但是，该强制性规定不导致该民事法律行为无效的除外。”这里的“违反法律、行政法规的强制性规定”，对民事合同而言是效力性规定，即当事人订立的合同的目的、内容违反法律、行政法规强制性规定的，属于无效合同。例如，农村集体组织在个别村干部的操作下，未经民主议定程序讨论通过，将本应用于家庭承包的耕地，借“公开协商”“增加集体收入”的名义，与个别村干部的非本集体经济组织成员的亲戚串通，以不合理的低价承包款发包给该亲戚。这种串通是恶意的，同时存在两个损害：一是仅收取不合理的低价承包款，损害本集体组织的经济利益；二是以所谓的“公开协商”方式发包本应属于家庭承包的耕地，损害了本集体组织全体成员的土地承包权利益，故该承包合同应为无效合同。《民法典》第 3 条规定，民事主体的合法权益受法律保护，任何组织或者个人不得侵犯；第 154 条规定，行为人与相对人恶意串通，损害他人合法权益的民事法律行为无效。在恶意串通的合同中，双方当事人的意思表示是真实的，但损害他人合法权益的目的是违法的，因此，这类合同属于“违反法律、行政法规的强制性规定”的范围，应当作为无效处理。

需要注意的是，确认违反法律、行政法规的强制性规定的合同无效，应当以全国人大及其常委会制定的法律和国务院制定的行政法规为依据，不得以地方性法规、行政规章为依据。例如，土地承包方案未经民主议定程序通过，农村集体组织就与承包人签订承包合同，就是违反《农村土地承包法》《村民委员会组织法》有关民主议定程序的强制性规定的行为。《农村土地承包法》第 58 条和第 60 条还明确规定：土地承包合同中违背承包方意愿或者违反法律、行政法规有关不得收回、调整承包地等强制性规定的约定无效；任何组织和个人强迫进行土地承包经营权互换、转让或者土地经营权流转的，该互换、转让合同或者流转合同无效。

公序良俗即公共秩序与善良风俗。公序包括社国家利益、社会经济秩序和社会公共利益,良俗包括社会公德、商业道德和社会良好风尚。在法律规定不足或不违背强制性法律规范的条件下,民事法律行为可以运用公序良俗的通常要求进行处理。《民法典》第153条第2款规定,“违背公序良俗的民事法律行为无效”。

总之,在农村土地承包经营中,上述三个要件是直接判断土地承包经营行为包括合同有效还是无效的法定准则。

二、土地承包经营合同的可撤销情形

我国合同无效可分为绝对无效与相对无效。绝对无效合同,是指违反法律、行政法规的强制性规定而订立的合同不因当事人主张有效,均为无效。相对无效是指合同虽然缺乏某些有效要件,但得当事人主张无效并被依法撤销后才为无效。相对无效合同是一种可撤销合同,在有撤销权的一方行使撤销权之前,该类合同为有效合同,如果被依法撤销则为无效合同。

1. 基于重大误解订立的土地承包经营合同

《民法典》第147条规定:“基于重大误解实施的民事法律行为,行为人有权请求人民法院或者仲裁机构予以撤销。”这里的误解是指当事人实施民事法律行为有着认识上的错误。误解在性质上属于不真实意思表示,而不是虚假意思表示,故不当然无效。然而误解只有达到“重大误解”程度才可以撤销。“重大误解”一般理解为该误解对主要的权利义务关系有直接的影响,如果仅影响次要权利义务关系,则不可撤销。“重大误解”既可以是一方误解也可以是双方误解,但不论哪方误解都是其自身的过错。

在农村土地承包经营活动中,也有可能出现“重大误解”的情形。譬如,兄弟两户人家,兄户六口,弟户四口,因兄家夫妇常年在外务工将两个幼小子女长期寄养在弟家,致使集体组织误认为弟户有六口,而兄户只有四口,并据此人口分配承包地与该两户订立土地承包经营合同。这是发包方的重大误解,就此,发包方和兄户均可行使撤销权,使上述土地承包经营合同归于无效,然后,由发包方再与兄户、弟户重新订立土地承包经营合同。

2. 以欺诈手段、欺诈行为使对方订立土地承包经营合同

《民法典》第148条规定:“一方以欺诈手段,使对方在违背真实意思的情况下实施的民事法律行为,受欺诈方有权请求人民法院或者仲裁机构予以撤销。”第149条规定:“第三人实施欺诈行为,使一方在违背真实意思的情况下实施的民事法律行为,对方知道或者应当知道该欺诈行为的,受欺诈方有权请求人民法院或者仲裁机构予以撤销。”这两条规定里的“欺诈行为”与“欺诈手段”基本相同,不同的只是这里“欺诈行为”的实施者是第三人,而“欺诈手段”的实施者是一方当事人。

从合同法上讲,这里的欺诈是指故意隐瞒真实情况或者故意告知对方虚假的情况,欺骗、诱使对方作出错误的意思表示而与之订立合同。欺诈有以下要件构成:

一是欺诈方的欺诈行为是故意行为,即欺诈方明知告知对方的情况是虚假的,并且会使对方当事人陷于错误,为了达到非法目的仍故意实施欺诈行为。

二是欺诈行为已经实施,即欺诈方已经故意对被欺诈方实施欺诈行为,欺诈行为有的是积极行为,即故意向被欺诈方陈述虚假事实或者故意隐瞒真实情况,使他人陷入错误的认识,有的欺诈行为消极行为,如行为人负有义务向对方如实告知真实情况而故意隐瞒不告知。

三是受欺诈方因欺诈方的欺诈而与之签订合同,两者有因果关系。譬如,农村集体组织故意隐瞒土地已经被国家征收的事实真相,却以可正常耕种为由欺骗承包户,承包户在不知情下与其签订了家庭土地承包经营合同。发包方农村集体组织这一行为侵害了农户的土地承包经营权,该农户可以行使撤销权,使该合同归于无效,然后有权要求本集体组织重新给予安排承包地。

3. 以胁迫手段或胁迫行为订立土地承包经营合同

《民法典》第150条规定:“一方或者第三人以胁迫手段,使对方在违背真实意思的情况下实施的民事法律行为,受胁迫方有权请求人民法院或者仲裁机构予以撤销。”这里的胁迫,是指行为人以将要发生的损害或者以直接实施损

害相威胁,使对方当事人产生恐惧而实施的民事法律行为。胁迫有以下要件构成:

一是胁迫者具有胁迫的故意,即胁迫是胁迫人的故意行为。

二是胁迫者必须实施了胁迫行为,如果行为人只有胁迫主观意识而未实施胁迫行为的,则不构成胁迫。

三是胁迫行为必须是非法的,合法的强制性行为不是胁迫。

四是胁迫的结果必须是使受胁迫者违背自己的真实意思与之订立的合同。譬如,农户一家6口,按照土地承包方案应当承包6亩耕地,而集体组织只安排给5亩耕地,且威胁该农户,如果不接受5亩承包地,就不给其全家承包地,该农户因无力对抗而与之签订5亩承包合同,这就是典型的胁迫合同,但这种胁迫行为只是侵害农户1亩耕地的土地承包经营权,故属于相对无效合同。据此,该农户可以向法院提起诉讼,请求撤销该承包合同,并要求重新订立承包6亩耕地合同,或者要求另行补充订立另1亩的承包合同。

4. 利用对方处于危困状态、缺乏判断能力订立土地承包经营合同

《民法典》第151条规定:“一方利用对方处于危困状态、缺乏判断能力等情形,致使民事法律行为成立时显失公平的,受损害方有权请求人民法院或者仲裁机构予以撤销。”这里的“危困状态”即危急穷困、陷于危难的处境,包括经济上窘迫,也包括个人及其家人生命危险、健康恶化等危难。“缺乏判断能力”是指缺乏按照正常的理性行事或缺乏正确评价交易结果。根据上述规定,一方利用对方处于危困状态、缺乏判断能力订立合同,只有造成显失公平后果且获取过分利益的,受损害方才可以行使撤销权;如果没有造成显失公平后果的,则不可行使撤销权。显失公平是双方约定的权利与义务明显违反公平、等价有偿原则的行为。譬如,承包户主要劳动力生病无钱医治,不得不将其用于生活保障的承包地出租,以换取租金治病,承租方明知此情形,并利用该承包户不了解土地流转市场的行情,故意压至极低价承租,由此订立的土地经营权流转合同,就属于可撤销的合同。

三、确认无效和撤销土地承包经营合同的法定途径

土地承包经营合同出现无效和可撤销的情形,双方当事人可以自行解除合同,也可以自行协商解决纠纷。在不愿或不能自行解决的情况下,一方当事人可以依法行使撤销权,可以向仲裁机构申请仲裁,也可以向法院提起诉讼,由法院判决或者仲裁机构依法作出裁判确认无效或者予以撤销。但是,当事人行使撤销权应当在法定期间内向法院提起诉讼。根据《民法典》第 152 条的规定,超出下列期间的,撤销权消灭:

(1)当事人自知道或者应当知道撤销事由之日起 1 年内、重大误解的当事人自知道或者应当知道撤销事由之日起 90 日内没有行使撤销权;

(2)当事人受胁迫,自胁迫行为终止之日起 1 年内没有行使撤销权;

(3)自民事法律行为发生之日起 5 年内没有行使撤销权的,撤销权消灭。

可撤销的土地承包经营合同在未被依法撤销前其效力处于待定状态,即有待当事人是否行使撤销权和诉讼、仲裁是否裁判撤销而定,但在撤销权消灭后即为有效,当事人应当履行合同。

四、土地承包经营合同被确认无效和被撤销的法律后果

当事人之间已经成立的土地承包经营合同,若缺乏生效要件则不受国家法律保护,故被依法确认无效或者被依法撤销后,该合同就自始无效。《民法典》第 155 条规定:“无效的或者被撤销的民事法律行为自始没有法律约束力。”自合同成立时起就不具有法律的约束力,以后也不能转化为有效合同。

至于土地承包经营合同被确认无效和被撤销的法律后果问题,《民法典》第 157 条(原《合同法》第 58 条)规定:“民事法律行为无效、被撤销或者确定不发生效力后,行为人因该行为取得的财产,应当予以返还;不能返还或者没有必要返还的,应当折价补偿。有过错的一方应当赔偿对方由此所受到的损失;各方都有过错的,应当各自承担相应的责任。法律另有规定的,依照其规定。”据此规定,土地承包经营合同被依法确认无效或者被依法撤销后,在实体上应作

如下处理：

1. 关于土地承包经营合同被依法确认无效或者撤销后的返还财产问题

返还财产，是指合同当事人在合同被确认为无效或者被撤销以后，对已经交付给对方的财产，享有返还财产的请求权，对方当事人对于已经接受的财产负有返还财产义务的责任形式。例如，采取其他方式订立的土地承包经营合同被依法确认无效或者撤销后，承包方应当向发包方交回承包地，而发包方应当向承包方返还承包款。又如，土地经营权流转合同被依法确认无效或者撤销后，流入方应向流出方返还承包地，而流出方应当向流入方返还价款。

但是，采取家庭方式的土地承包经营合同被依法确认无效或者撤销后，则应根据承包方的不同情况分别处理承包地的返还问题：

（1）因农村集体组织与非本集体组织的单位、个人以家庭承包方式订立的土地承包经营合同而被依法确认无效或者撤销的，非本集体组织农户应当返还承包地。

（2）农村集体组织与本集体组织农户订立的土地承包经营合同被依法确认无效或者撤销后，本集体组织农户的土地承包经营权仍应得以保护的，不一定必须返还承包地，如果必须返还承包地的，农村集体组织亦应另行给予安排承包地，并另行订立土地承包经营合同。

（3）经土地营权流转合同被依法确认无效或者撤销后，流入方不能向发包方农村集体组织返还流转地，而只能向流出方返还流转地。

2. 关于土地承包经营合同被依法确认无效或者撤销后的折价补偿问题

折价补偿，是指因无效合同所取得的对方财产不能返还或者没有必要返还时，按照所取得财产的价值进行折算，以金钱方式向对方当事人进行补偿的责任形式。土地承包合同和流转合同的权利义务的指向对象虽是承包经营权，但承包经营权依赖承包地或者流转地而产生的，当这些合同被依法确认无效后，在正常情况下是能够返还也是必须返还的，一般不存在不能返还或者没有必要返还的情形，因而通常不存在折价补偿的问题。至于因不可抗力的自然灾害造成土地毁坏不能返还的，则属于免责情形，承包方或流入方不负返还责任，同时也不适用折价补偿的责任方式。但土地承包经营合同所涉的其他财产不能返还或者没有必要返还的,则可以适用折价补偿进行处理。

3. 关于土地承包经营合同被依法确认无效或者撤销后的赔偿损失问题

赔偿损失,是指过错方以支付金钱的方式弥补无过错方所造成的财产或者利益减少的一种责任形式。合同无效的赔偿损失是过错方的责任,如果双方都有过错的,应当根据过错程度各自承担相应的赔偿责任。如土地承包方案未经民主议定程序通过,农村集体组织就与承包方订立承包合同被依法确认无效的,农村集体组织在通常情况下负有主要过错责任,而承包方只负次要责任;如果承包方不知道或者不应知道未经民主议定程序通过的,则属无过错方,不承担赔偿责任;但若双方恶意串通而为的,则可不分主次责任。土地承包经营合同被依法确认无效或者撤销后,当事人的责任承担形式,通常应以返还财产为主,以承担赔偿责任为补。例如,承包方向农村集体组织返还承包地后,农村集体组织不存在其他财产损失的,承包方不再承担赔偿责任;如果还有其他财产损失的,承包方只在实际损失范围内根据过错程度承担赔偿责任。

五、重复订立土地承包经营合同纠纷的处理

在实践中,由于工作失误或者故意所为,农村集体组织有可能将同一处土地发包给两家农户,并签订了两个土地承包经营合同,这必然引起土地承包经营合同及其土地承包经营权的纠纷。就此,应当适用《最高院土地承包纠纷解释》第 20 条规定做如下处理:

1. 已经依法登记的承包方取得土地承包经营权

因土地承包经营权登记具有公示的效力,已经登记的土地承包经营权可以对抗善意第三人,而未登记的不得对抗善意第三人,因此,在上述情况下,不论谁先签订土地承包合同,都应以已经登记的承包方取得土地承包经营权,而未登记的承包方不能取得土地承包经营权。若都已办理登记的,在登记不存在违法或者错误的情况下,应由先登记的承包方取得土地承包经营权。

2. 均未依法登记的，生效在先合同的承包方取得土地承包经营权

《民法典》第502条规定，依法成立的合同，自成立时生效。在同一处土地上产生的两个承包经营合同，如果不存在恶意串通等无效情形的，这两个合同都应自依法成立之日起生效，并不存在哪个有效、哪个无效的问题。但在两个以上土地承包经营合同都有效和都未依法登记的情况下，应由生效在先的承包方取得土地承包经营权。但生效在后的土地承包经营合同不能做无效处理，则应予以解除，由此造成的合同被解除方未能取得家庭承包地的，农村集体组织应当另行予以安排，造成被解除方财产损失的，农村集体组织应当根据过错原则予以赔偿。

3. 由合法占有使用承包地的人取得土地承包经营权

同一处土地上的两个以上土地承包合同均未依法登记，也无法分清承包合同生效先后时间的，应由实际合法占有使用承包地的承包方取得土地承包经营权。这种处理方式有一个前提条件，即合法占有使用，而合法占有使用首先须以有效的承包合同为依据，并排除强行先占承包地的行为和事实，如果一方在发生争议时强行先占承包地的，则不能由其取得土地承包经营权。

【裁判案例3】确认土地承包经营权须先解决作为该登记行为基础的土地承包经营合同的效力问题。

[案情简介]

陈某某系××村村民，原共有家庭成员3人，即陈某某、母亲张某某、妻子郭某某。1999年，××村村委会进行土地承包经营权调整时，陈某某家庭取得承包土地共3.45亩。土地承包经营权证载明陈某某家庭取得上述土地承包经营权，有效期30年，自1999年4月3日至2029年4月3日。2002年，××村村委会对本村承包地进行调整，××村村委会按照陈某某家庭成员3人，及新增陈某某女儿2人，分配给陈某某家庭承包地7.5亩。

2015年，××村村委会对村里土地重新调整划分，将陈某某家庭承包的上述土地以家庭承包的方式承包给了本村舒某某户，并为舒某某颁发了土地承包

经营权证。对此，陈某某认为××村村委会的上述收回其承包地并重新调整的行为违法，双方协商未果。

2016年，陈某某向博兴县法院提起土地承包经营权纠纷诉讼，请求：(1)确认××村村委会违反法律、法规收回承包地的行为是违法行为；(2)要求××村村委会停止侵害、消除危险，返还家庭联产承包地。

［一审判决］

博兴县法院认为，《最高院土地承包纠纷解释》第1条规定，“下列涉及农村土地承包民事纠纷，人民法院应当依法受理：(一)承包合同纠纷；(二)承包经营权侵权纠纷；(三)承包经营权流转纠纷；(四)承包地征收补偿费用分配纠纷；(五)承包经营权继承纠纷。集体经济组织成员因未实际取得土地承包经营权提起民事诉讼的，人民法院应当告知其向有关行政主管部门申请解决”。本案中，陈某某以土地承包经营权纠纷提起民事诉讼，人民法院应予受理。

《农村土地承包法》第4条规定，国家依法保护农村土地承包关系的长期稳定；第20条规定，耕地的承包期为30年；第26条规定，承包期内，发包方不得收回承包地。2002年，××村村委会进行土地经营权调整时，陈某某以家庭承包方式取得××村7.5亩耕地的承包经营权，其享有的土地承包经营权承包期内××村村委会不得调整，依法不得收回。××村村委会收回陈某某户承包地的行为不符合法律规定，依法应属无效。现陈某某主张被告停止侵害，返还其承包的土地，应予以支持。

博兴县法院判决：确认被告××村村民委员会收回原告陈某某家庭联产承包地的行为无效，被告××村村民委员会于本判决生效之日起10日内停止侵害、返还陈某某家庭的承包地。

［上诉理由］

××村村委会不服上述一审判决向滨州市中院上诉，请求撤销原审判决并依法改判或发回重审。事实和理由如下：

1. 一审法院依据《最高人民法院关于审理涉及农村土地承包纠纷案件适用法律问题的解释》第1条之规定按民事案件受理本案，于法无据。本案是农村土地承包经营权纠纷，根据《土地管理法》第 10 条之规定，村民委员会是法律授权的对村集体所有土地实施经营管理的行政管理主体。根据《行政诉讼法》第 12 条第 1 款第 7 项之规定，本案不属于民事诉讼案件，应属于行政诉讼案件。

2. 一审法院确认上诉人收回被上诉人家庭联产承包地的行为无效是错误的。首先，《农村土地承包法》第 26 条规定承包期内发包方不得收回承包地，是指依法收回承包地后的原承包人不再享有承包权，不再分配土地。而本案上诉人不是收回被上诉人的承包地，而是通过合理调整后重新给被上诉人分了地。其次，上诉人通过土地进行合理调整后又重新发包给被上诉人土地的行为，符合《农村土地承包法》第 17 条的规定。1997 年我村按人口分了地，自 1998 年秋季开始，我村根据实际情况，每年对土地都进行微调，给刚出生和迁入的人员分配土地，收回去世和迁出的人员土地。因每年的微调，导致 1 户多达 5 ~6 块土地。至 2002 年麦前，我村根据全体村民的意愿又重新按人口分了地，本案所涉土地就是 2002 年重新按人口分的土地。2015 年年初，政府要求对土地重新确权发证，针对我村土地零散、很多户的粮田多达 5 ~6 块、没办法确权发证的状况，村两委通过调查摸底和向各方征求意见，得知绝大多数的村民同意对土地重新调整划分。最后，土地重新调整划分方案经村民代表大会高票通过并报镇政府批准后，我村于 2015 年春对土地进行了重新调整划分，这次重新调整划分的土地为一户一块地，还由原来的人均 1. 1 亩提高到了人均 1. 5 亩。政府也已对重新调整划分的土地确权发证。一审法院确认上诉人收回被上诉人家庭联产承包地的行为无效错误。

3. 一审法院判决返还承包地 7. 5 亩是错误的。在 2015 年春天调整土地时，上诉人已将原由被上诉人承包的 7. 5 亩土地分给了舒某某，被上诉人因不同意调整土地，就在 2015 年秋种时又在该土地上播种了小麦，后经上诉人调解，被上诉人同意重新分地，将已种上小麦的土地交给了舒某某，舒某某向被上诉人支付了 1200 元的播种费用。该段土地政府已于 2015 年确权给了舒某某。上诉人也给被上诉人新分得了 5 口人的承包地，后被上诉人在他人的挑动下，没有耕种新分得的土地。

被上诉人陈某某辩称:2015 年秋季,我村村委会假借少数服从多数强行调整土地,收回我方的承包地,违反了《农村土地承包法》第 20 条、第 27 条、第 35 条和《物权法》第 126 条及《最高人民法院关于涉及农村土地承包纠纷案件适用法律问题的解释》第 5 条的规定,其收回我方承包地是违法行为。本案属于人民法院受理民事案件的受案范围。上诉人违法收回并调整被上诉人承包地的行为是违法的,因此其为舒某某颁发土地承包经营权证的行为无效。

[二审判决]

滨州市中院认为,关于本案是否属于人民法院受案范围问题。被上诉人以上诉人违反合同约定和法律规定擅自收回其承包地为由诉到法院,属于平等主体间因履行承包合同而发生的民事纠纷,符合《最高院土地承包纠纷解释》第 1 条规定的受理条件。上诉人主张本案不属于人民法院受案范围,不能成立。

关于原审认定上诉人收回被上诉人承包地的行为无效是否适当的问题。《农村土地承包法》第 20 条规定,耕地的承包期限为 30 年。上述法律第 26 条第 1 款规定:"承包期内,发包方不得收回承包地。"第 27 条规定,承包期内,发包方不得调整承包地。承包期内,因自然灾害严重毁损承包地等特殊情形对个别农户之间承包的耕地和草地需要适当调整的,必须经本集体经济组织成员的村民会议 2/3 以上成员或者 2/3 以上村民代表的同意,并报乡(镇)人民政府和县级人民政府农业等行政主管部门批准。承包合同中约定不得调整的,按照其约定。本案中上诉人在被上诉人承包期内调整涉案承包地,不符合上述法律规定的可对个别农户之间的承包地进行调整的前提条件,因此上诉人主张其调整土地合法的理由,缺乏依据,不能成立。

滨州市中院判决:驳回上诉,维持原判。

[其他情况]

陈某某于 2018 年 10 月向博兴县法院申请强制执行。博兴县法院在执行过程中调查发现,该宗土地已于判决生效之前由××村村民委员会将土地重新调整划分并以家庭承包的方式承包给本村舒某某家庭,并由博兴县政府颁发给舒某某家庭土地承包经营权证。

2016年2月1日，申请执行人陈某某向滨州市中院提起以博兴县政府为被告，舒某某为第三人的关于土地行政登记以及行政赔偿的行政诉讼。滨州市中院裁定“驳回原告陈某某的起诉”，后申请执行人陈某某上诉至山东省高院，山东省高院裁定为“驳回上诉，维持原裁定”。

博兴县法院认为，现因该宗土地的使用权属争议，申请事项实际执行不能，于是裁定终结执行。

［申请再审］

陈某某不服山东省高院对土地行政登记案作出的“驳回上诉，维持原裁定”行政裁定，向最高院申请再审称：二审法院裁定存在事实认定错误，适用法律错误等问题。既然已经确认××村村民委员会收回再审申请人陈某某的承包土地违法，其重新发包也应是违反法律规定，××村村委会与舒某某签订的土地承包合同依法应当是无效合同，故博兴县政府向舒某某颁发农村土地承包经营权证违法，应予撤销。据此，请求撤销原一审、二审裁定，依法撤销博兴县政府向舒某某颁发的土地承包经营权证。

［最高院裁定］

最高院认为，《物权法》第127条规定：“土地承包经营权自土地承包经营权合同生效时设立。县级以上地方人民政府应当向土地承包经营权人发放土地承包经营权证、林权证、草原使用权证，并登记造册，确认土地承包经营权。”土地承包经营合同是颁发土地承包经营权证的前提和基础，陈某某诉请撤销博兴县政府为舒某某颁发的土地承包经营权证，必须先解决作为该登记行为基础的土地承包经营合同的效力问题。而舒某某与××村村委员会签订的《博兴县农村集体土地承包合同》的效力并未经法定程序予以否定。生效民事判决也仅确认××村委会收回陈某某户承包地的行为无效，而并未直接否定舒某某与××村村委会之间承包合同的效力。在舒某某与××村村委会之间承包合同的效力未得到否定的情况下，人民法院不宜径行对博兴县政府向舒某某颁发农村土地承包经营权证这一行为的合法性作出否定性评判。

××村村委会应当加大协调力度，尽可能以双方接受的方式，通过土地调整来切实保障陈某某户和舒某某户的土地承包经营权，并执行人民法院生效的民事裁判。××村村委会既可以主动解除与舒某某之间的土地承包经营权合同，另为舒某某安排新的承包地并赔偿舒某某相应损失，也可与陈某某协商通过赔偿损失或者在征得其同意后另行为陈某某安排新的承包地。陈某某也可以依法提起民事诉讼推翻舒某某与××村村委会之间承包合同的效力。

最高院裁定：驳回再审申请人陈某某的再审申请。

[根据山东省滨州市中级人民法院(2016)鲁16民终1768号民事判决书、博兴县人民法院(2018)鲁1625执1038号执行裁定书和最高人民法院(2018)最高法行申11262号行政裁定书编写]

【裁判案例4】改变承包地农业用途的租赁合同，违反法律强制性规定无效。

[案情简介]

2005年10月2日，潘某某与刘某某签订土地转包合同，该合同约定：刘某某承包潘某某1.34亩土地，承包年限自2005年10月1日至2010年9月30日；期满后如刘某某继续使用可续签合同，如不使用由潘某某复耕，如不复耕，村委会有权收回此地；承包费每年每亩1000元(青苗补偿600元、复耕费400元)；地上建筑物到期后由刘某某拆除，地下归潘某某。当地村民委员会在该合同上加盖公章。其间，潘某某又另将其向村委会承包的0.2亩土地转包给刘某某，刘某某累计转包1.54亩。

对上述租赁土地，刘某某进行了部分填方。2014年刘某某租赁潘某某北屋两间，每年租赁费400元。2015年11月16日潘某某出具收条，载明收到刘某某2014年至2015年10月1日承包费5760元，包括房子租赁费每年400元，两年800元，1.55亩土地承包费，每年1600元，两年共计4960元。

[双方诉辩]

2017年3月，潘某某以刘某某为被告，向莱城区法院提起农村土地承包经营合同纠纷诉讼称：合同到期后，潘某某继续收取承包费用，刘某某继续使用土地。2015年年底，潘某某想收回承包土地自己耕种，多次找刘某某索要，刘某某予以无理拒绝。请求判令刘某某返还耕地，承担复耕费用5000元，支付拖欠的租赁费(转包费)13,345元。

刘某某辩称，双方签订的转包合同到期后，口头约定按原合同条款履行，我方已支付承包费到2015年11月。为顺利继续履行转包合同，双方应以合理合法的条件重新签订合同。现潘某某解除合同具有恶意，诉讼请求无事实及法律依据，应当驳回。

[法院判决]

莱城区法院认为，潘某某将其承包的土地1.54亩转包给刘某某经营停车场，并对其中的1.34亩签订了合同。合同到期后，刘某某继续使用。因刘某某改变了土地的农业用途，违反了强制性法律规定，涉案合同不具有相应的法律效力，租赁合同无效，故潘某某要求收回土地，符合相关法律规定，应予支持。

对于土地租赁费，刘某某辩称除支付到2015年11月16日，另外还支付900元，潘某某主张900元系偿还其原先所欠的租赁费而不认可，刘某某对此没有完成证明义务，本院不予采信。对于租赁费，双方均认可2014年后调整为1600元，至潘某某主张的2016年12月30日，土地租赁费为3075元，潘某某主张房租495元(实际为500元)，共计租赁费3570元。对于复耕费用，合同中约定，如刘某某不再使用土地由潘某某复耕，且从承包费的组成看已经包含了复耕费，故潘某某主张的复耕费，本院不予支持。

综上所述，潘某某要求刘某某返还转包的土地1.54亩并支付租赁费(承包费)13,345元、复耕费5000元的诉讼请求，本院对其合理部分予以支持。

莱城区法院判决如下：(1)刘某某于本判决生效之日起10日内返还潘某某土地1.54亩；(2)刘某某于本判决生效之日起10日内支付潘某某土地租赁费及房租3570元。

[根据济南市莱城区人民法院(2017)鲁1202民初1490号判决书编写]

【裁判案例5】双方恶意串通订立土地承包经营权互换协议，严重侵害第三者的合法权益无效。

[案情简介]

1999年，蔡某某因外出务工将其承包地“石鸡垅桶口”“叉岭斗半”“石鸡垅井田”等部分土地交给李B耕种，并由李B代其缴纳农业税、农业税附加费等费用。

2006年，蔡某某外出务工回来后，便收回了交给李B耕种的全部土地。同年，国家发放新的农村土地承包经营权证，由于国营某某垦殖场某某大队（以下简称“某某大队”）当时工作人员的疏忽大意，在李B承包的土地地块登记表上记载的部分地块名称以及四至边界与蔡某某承包的土地地块登记表上记载的一致，致使发给蔡某某编号为××83以及李B编号为××17的农村土地承包经营权证上重复登记了“石鸡垅桶口”1.7亩（实际为2.1亩）、“叉岭斗半”1.06亩以及“石鸡垅井田”1亩共三块计4.06亩的土地，导致蔡某某与李B产生纠纷。

2012年年末，蔡某某和李B农村土地承包经营权上重复登记的“石鸡垅桶口”2.1亩土地被政府依法征收。2013年年初，用地单位将该土地补偿款60,620元付给该土地的发包方某某大队。2013年1月13日，蔡某某与李B在某某大队的调解下达成协议，协议约定：李B把先前耕种的“石鸡垅井田”1亩、“松树田”0.8亩、“叉岭斗半”1.06亩、“五里岗0.9”亩、“檵光树”0.6亩全部归还蔡某某，蔡某某将其获得的“石鸡垅桶口”2.1亩土地补偿款中的20,000元给李B。

在该调解协议达成后的2013年9月，李某某找其同胞兄弟李B签订一份农村土地承包经营互换协议，双方把该协议签订日期提前至2012年1月20日，协议约定：自2011年1月1日起，李某某承包的“虾公口”“毛立口”“门口”“五里岗”“石鸡垅荒田”共计4.77亩土地与李B编号××17农村土地承包经营权证上登记的“桶口”“斗半”“井升”“门口”“斗三”“五里岗”共计7.1亩土地互换至永久。与此同时，2013年10月24日，李B还和蔡某某一起向县农业局提出申请,要求按2013年1月13日的调解协议所约定的承包权进行登记确认,补发经营权证。按照规定,县农业局要求李B上交编号的农村土地承包经营权证予以注销,但李B当时没有找到经营权证,所以一直没有将该已经被确认无效的编号××17农村土地承包经营权证原件交给农业局销毁。

2014年6月22日,李某某又找某某大队要求出具与李B系同胞兄弟关系的证明。李某某拿到该证明之后,在证明的空白部分私下加上"2011年该二人将各自名下承包的耕地全部进行了永久互换"的文字内容,欲以此来确认李某某与李B互换土地的虚假事实。

2015年,李某某以某某大队、蔡某某为被告,以李B为第三人,向永修县法院提起土地承包经营权纠纷诉讼,请求:(1)确认被告某某大队与被告蔡某某于2013年签订的土地承包合同无效;(2)被告蔡某某、某某大队返还"叉岭斗半""石鸡垅井升"2.1亩土地;(3)被告蔡某某、某某大队赔偿其2013年、2014年、2015年的损失共计6993元;(4)返还其土地补偿款40,620元及其同期贷款利息人民币7000元。

[一审判决]

永修县法院认为,农村土地承包方的合法权益,任何组织和个人不得侵犯。土地承包经营权采取转包、出租、互换、转让或者其他方式流转,当事人双方应当签订书面合同。采取转让方式流转的,应当经发包方同意;采取转包、出租、互换或者其他方式流转的,应当报发包方备案。本案中,因被告某某大队工作人员的疏忽,导致县政府发放的编号××83(承包方为蔡某某)和××17(承包方为李B)农村土地承包经营权证上出现了重复登记的现象,将本该承包经营权归被告蔡某某的"石鸡垅桶口"2.1亩、"叉岭斗半"1.06亩以及"石鸡垅井田"1亩三块共计4.06亩土地重复登记在第三人李B土地承包经营权证下,故第三人李B所持有的编号为××17的农村土地承包经营权证存在明显争议。

原告李某某与其同胞兄弟即第三人李B签订《农村土地承包经营互换协议》时,约定将存在明显争议的编号为××17(承包方为李B)的农村土地承包经营权证上登记的土地进行互换,把签订日期提前至被告蔡某某与第三人李B

达成调解协议日期之前的2012年1月20日,属于恶意串通,严重侵害了第三者的合法权益,故该《农村土地承包经营互换协议》属无效合同,自始没有法律效力,且该协议根本就未实际履行。对原告李某某提供的《农村土地承包经营权互换协议书》,不予采信。被告蔡某某和第三人李B双方自愿就征收补偿款达成调解协议,该协议属双方真实意思表示,合法有效,予以确认。被告某某大队依据被告蔡某某系被征收的"石鸡垅桶口"2.1亩土地实际承包人以及被告蔡某某和第三人李B签订的调解协议,将被征收的"石鸡垅桶口"2.1亩土地补偿款60,620元中的40,620元付给被告蔡某某符合法律规定。被告某某大队在被告蔡某某和第三人李B签订的调解协议下,与被告蔡某某重新签订土地承包经营合同,符合法律法规的规定。故对原告李某某要求被告蔡某某和被告某某大队返还"叉岭斗半""石鸡垅井升"2.1亩土地,并赔偿2013年、2014年、2015年的损失共计6993元和要求返还其土地补偿款40,620元及其同期贷款利息人民币7000元,以及原告李某某要求确认被告某某大队与被告蔡某某2013年签订的土地承包合同无效的诉讼请求,均于法无据,不予支持。

永修县法院判决:驳回原告李某某的全部诉讼请求。

[二审判决]

李某某不服一审判决向九江市中院上诉,请求撤销(2015)永民一初字第356号民事判决并依法改判。

九江市中院认为,农村土地承包方的合法权益,任何组织和个人不得侵犯。上诉人李某某上诉提出的争议土地登记在被上诉人蔡某某的土地经营权证名下,且该争议土地蔡某某自2006年外出务工回来后便由其一直由耕种,故蔡某某的合法土地权益应受法律保护。上诉人李某某提出的其与原审第三人李B存在互换该争议土地的事实无有效证据予以证实,且原审第三人李B对此行为予以否认,故本院对于上诉人以其与原审第三人李B存在土地互换的上诉理由不予采纳。基于本案争议土地在被上诉人蔡某某名下,且由其承包经营的事实上,对于上诉人要求确认该争议土地已由原审第三人李B互换至其名下,且依据该土地取得的权益应归其所有的上诉事由,本院不予采纳。综上,原审判决事实清楚，适用法律适当，处理并无不当，应予维持。

九江市中院判决：驳回上诉，维持原判。

（作者注：本案适用2009年修正的《农村土地承包法》。）

［根据江西省九江市中级人民法院（2016）赣04民终619号判决书编写］

【裁判案例6】在同一承包地上签订两个承包合同均未依法登记，生效在先合同的承包方取得土地承包经营权。

［案情简介］

2002年10月1日，李某某（系A村村民）与A村委会签订《承包荒山合同》约定：A村委会将东龙王庙荒山约20亩地承包给李某某养鸡使用，使用时间自2002年10月1日至2022年止；为保护好林木，前10年无偿使用，后10年每年去村委会缴纳100元使用费；李某某在使用期间管理树木，树木所有权归集体；一切投资、办证事宜归李某某。该份合同由A村委会原主任刘某某亲笔书写，并加盖了A村委会印章。该合同签订后，李某某一直管理和使用20亩荒山，并在该荒山上修建了道路、院墙、房屋等建筑物，开办了一家炖鸡店。2009年，因开办国际园艺博览会，上述修建的房屋被拆除，李某某取得4万多元的补偿费。

2004年1月15日，A村村民委员会改为A社区居民委员会。

2012年1月5日，A居委会与王甲（外村村民）、王乙签订《承包合同》，将上述已经承包给李某某的20亩荒山的土地使用权及地上建筑物、附着物，出租给王甲、王乙使用；租赁期限31年，从2012年1月5日至2043年1月5日；租金10万元人民币一次性支付。A居委会四位成员在该合同上签名。该合同签订后，王甲、王乙将租金10万元一次性付清。

2013年，李某某以A社区居民委员会、王甲、王乙为被告，向长清区法院提起诉讼，请求确认A居委会与王甲、王乙于2012年1月5日签订的《承包合同》合同无效。

［一审判决］

长清区法院认为，李某某提供的《承包荒山合同》，虽然在内容和形式上存在一些不规范之处，但李某某与A居委会之间的荒山承包合同关系足以认定。该合同约定承包期限至2022年止，合同尚处在履行期间。依法成立的合同，对当事人具有法律约束力。当事人应当按照约定履行自己的义务，不得擅自变更或者解除合同。当然，对合同中不规范、不合理之处，当事人可协商修订和完善。A居委会在未与李某某解除《承包荒山合同》的情况下，将涉案荒山承包给王甲、王乙，损害了李某某的合同利益，李某某要求确认A居委会与王甲、王乙于2012年1月5日签订的《承包合同》无效，合法有据，法院予以支持。

长清区法院判决：确认被告A社区居民委员会与第三人王甲、王乙于2012年1月5日签订的《承包合同》无效。

［二审判决］

A居委会、王甲、王乙均不服一审判决向济南市中院上诉，请求二审法院依法撤销一审判决，依法改判，驳回被上诉人李某某的诉讼请求。

A居委会上诉称：李某某没有取得该荒山的承包经营权，其提供2002年的《承包荒山合同》是伪造的；上诉人A村两委会均不知道李某某承包荒山的事，李某某承包荒山没有召开村两委会，且《承包荒山合同》是不存在的。

王甲、王乙上诉称：两上诉人与A居委会签订《承包合同》前，已经经民主议定程序，全体居民代表同意并签字认可，合同签订时并没有所谓的“其他承包人”提出异议，故两上诉人与A居委会签订的合同合法有效，而李某某的承包合同系私自伪造，其强占土地建房是违法行为。

二审法院另查明，李某某所持有的荒山承包合同与王甲、王乙所持有的荒山承包合同均未依法登记。

二审法院认为：上诉人A居委会主张，村两委会均不知道李某某承包荒山的事，主张李某某承包荒山没有召开村两委会，且荒山承包合同不存在，该主张不能成立。《农村土地承包法》是2003年3月1日起施行，在此之前对于本村村民承包本村荒山的承包程序没有法定要求。依据《农村土地承包法》（作者注,2009 年版,下同)第 44 条之规定:“不宜采取家庭承包方式的荒山、荒沟、荒丘、荒滩等农村土地,通过招标、拍卖、公开协商等方式承包的,适用本章规定。”被上诉人李某某作为本村村民,自 2002 年 10 月开始承包荒山,在看护森林、护林防火、防止盗伐林木的同时,利用荒山资源养鸡,上诉人 A 居委会前任村委会主任刘某某作为法定代表人,与本村村民李某某签订书面承包合同,是公开协商成立的合同。且 2009 年由于国际园艺博览会开园,李某某所建房屋被拆除,李某某取得 4 万多元补偿费,上诉人 A 居委会及上诉人王甲、王乙主张李某某强占土地建房是违法行为,该主张没有证据证实;主张被上诉人的承包合同系私自伪造没有证据证实,该主张不成立。《农村土地承包法》第 48 条规定:“发包方将农村土地发包给本集体经济组织以外的单位或个人承包的,应当事先经本集体经济组织成员的村民会议三分之二以上成员或者三分之二以上村民代表的同意,并报乡(镇)人民政府批准。”被上诉人李某某系本村村民,其所承包的是荒山,因此不适用该 48 条的规定。上诉人 A 居委会、王甲、王乙口头主张村两委会成员不知道,以此称被上诉人李某某荒山承包合同程序违法,没有法律依据。而上诉人 A 居委会与上诉人王甲(系外村村民)在 2012 年所签订的承包合同,必须依据《农村土地承包法》的相关规定进行。

李某某与 A 居委会之间的荒山承包合同,约定承包期限自 2002 年 10 月至 2022 年止,现尚在履行期,对当事人具有法律约束力,当事人应当按照约定履行自己的义务,不得擅自变更或者解除合同。而上诉人 A 居委会在 2012 年 1 月 5 日与上诉人王甲、王乙签订的承包合同,生效在后。依据《最高院土地承包纠纷解释》第 20 条的规定,发包方就同一土地签订两个以上承包合同,承包方均主张取得土地承包经营权的,按照下列情形,分别处理:(1)已经依法登记的承包方,取得土地承包经营权;(2)均未依法登记的,生效在先合同的承包方取得土地承包经营权;(3)依前两项规定无法确定的,已经根据承包合同合法占有使用承包地的人取得土地承包经营权,但争议发生后一方强行先占承包地的行为和事实,不得作为确定土地承包经营权的依据。据此,被上诉人李某某的承包合同生效在先,且已履行了 10 年,依法应享有涉案荒山承包经营权,但被上诉人李某某因此主张上诉人王甲、王乙与A居委会签订的承包合同无效，理由不能成立，本院不予支持。

济南市中院判决：撤销一审判决，驳回被上诉人李某某的诉讼请求。

［根据山东省济南市中级人民法院（2014）济民四终字第626号民事判决书编写］

【裁判案例7】同村农户口头互换承包地并实际耕种多年，法院认定该口头互换协议合法有效。

［案情简介］

刘A与刘B、赵某（系夫妻关系）均系A村村民，同为该村集体经济组织成员，早前各自从A村分得承包地。2010年左右，刘A与刘B、赵某经口头协商一致，刘A用位于“西井上坎”的承包地中的0.25亩与刘B、赵某的“场南”承包地块中的0.25亩土地互换。此后，双方一直未办理承包地变更手续，亦未签订承包地互换书面协议，各自耕种互换的承包地。2017年3月9日，刘A的妻子到地里干活时，发现地里被人栽上了大葱等作物。刘A找到刘B、赵某，得知是刘B、赵某家所为，便要求移走大葱，刘B、赵某称不再换地，于是双方发生承包地互换纠纷，经A村村民委员会调解未果。

刘A以刘B、赵某为被告向丰润区法院起诉，请求判令：（1）原告、被告间的土地互换口头协议合法有效；（2）被告清除栽植在原告场南地上的大葱，责令被告停止侵害。

［法院判决］

丰润区法院另查明，原告刘A和被告刘B、赵某均未与其所在A村签订农村土地承包书面合同，亦未取得农村土地承包经营权证书，但双方对原来分得的土地均未提出异议。在庭审中，被告刘B、赵某认可自2010年至2017年3月一直各自耕种上述互换后的两地块，但认为是互换耕种而不是土地承包经营权互换。

丰润区法院认为，原告主张原、被告间订立土地承包经营权互换的口头协议,证据确实充分,并自愿履行多年,该合同并不违反法律的强制性规定,该口头互换承包地的协议合法有效,故应受法律保护。二被告主张原、被告之间是土地互换耕种,无事实及法律依据。根据《农村土地承包法》第 32 条、第 40 条的规定,参照农业部《农村土地承包经营权流转管理办法》第 17 条、第 35 条第 3 款的规定,土地互换是经营权权利主体发生变更的土地经营权流转,土地互换后,双方对互换土地原享有的权利义务也随之互换,原土地承包经营权人已丧失对原承包土地的经营权,对新换得的土地取得了承包经营权。对农村承包土地互换而言,其互换期限即为农村土地承包合同的期限。综上,二被告在双方自觉履行口头承包地互换协议多年之后的 2017 年春天,在这一地块上栽葱等行为侵害了原告的土地承包经营权,二被告应将其在本案争议地块内的大葱等作物予以移栽。

丰润区法院遂判决:(1)确认原告刘 A 与被告刘 B、赵某之间的 0.25 亩土地承包经营权互换的口头协议合法有效,原告刘 A 享有位于 A 村“场南”地块 0.25 亩土地的承包经营权;(2)限被告刘 B、赵某在本判决生效后 10 日内将其在本案争议地块“场南”内的大葱等作物予以清除,恢复土地原状。

赵某、刘 B 不服上述判决,向唐山市中院上诉,请求依法撤销上述判决并发回重审或改判。唐山市中院二审判决:驳回上诉,维持原判。

[根据河北省唐山市中级人民法院(2017)冀 02 民终 9934 号民事判决书编写]

第四节　土地承包经营合同内容的纠纷处理

合同内容是用合同条款进行表述和固定的,合同各个条款组成合同的完整内容。《农村土地承包法》第 22 条规定了家庭土地承包经营合同的条款,第 40 条规定了土地经营权流转合同的条款,这些合同内容在前面已经做了阐述。这里分析土地承包经营合同内容的纠纷问题。

一、关于合同内容纠纷与违约纠纷的关系问题

合同纠纷有效力纠纷、内容纠纷和违约纠纷等。合同内容纠纷主要是合同中的某些权利义务关系的必要内容没有约定、约定不明确以及对文字表达的不同理解而产生的争议。合同内容纠纷既有可能引发合同效力问题,也有可能引发违约责任问题,但合同内容纠纷首先不是解决违约纠纷的问题。违约纠纷通常是在合同内容确定的情况下,一方主张对方不按合同约定履行义务或者履行不符合约定,而另一方主张已经按约履行义务或者可归责于对方的原因未履行义务或者履行不符合约定。而合同内容纠纷是在双方当事人不能确认合同内容的情况下产生的纠纷,因此首先要对合同内容进行确认。

土地承包经营合同依法成立后,双方权利义务若已经被明确约定,而一方违约不履行或者履行不符合约定的,属于违约行为,应当承担违约责任。但在订立土地承包经营合同时,由于成立合同的行为不规范或者疏忽大意,合同中某些主要内容包括违约责任条款,如果没有约定或者约定不明确,由此产生的纠纷首先不是违约纠纷,而是合同内容纠纷,那么对此类纠纷又如何处理?

二、某些必要内容没有约定或约定不明确的处理

在土地承包和流转过程中,合同内容没有约定或约定不明确有两类情况:一类是双方当事人采用有关部门统一制定的土地承包经营合同文本时,在文本非格式条款的承包地、流转地的四至、面积的空白处,没有填写、填写错误或者填写不明确等;另一类是双方当事人自行制作的承包合同、流转合同不规范,致使合同某些必要内容没有约定或者约定不明确。

土地承包经营合同的内容大致分为两类:一类是引入法律规定的权利义务作为合同条款,如《农村土地承包法》第 14 条规定的发包方权利和第 15 条规定的发包方义务,又如第 17 条规定的承包方权利和第 18 条规定的承包方义务;另一类是由双方当事人自行约定的内容,如承包期限、流转期限,又如承包地的地段、四至和面积,再如流转价款和支付方式。

土地承包经营合同对法定权利义务的内容约定不明确是好处理的,只要按照法律规定进行处理即可。实践中难以处理的是由双方当事人自行约定的内容没有约定或者约定不明确造成的纠纷。对这些纠纷,应当根据《民法典》《农村土地承包法》的有关规定进行处理。

三、承包地地段四至没有约定或者约定不明确的处理

在家庭土地承包经营合同中,这类情形属于标的物承包地不清的问题。这种纠纷因涉及农户的法定承包经营权问题,故农村集体组织对此负有重新确定承包地的责任,并应按照《农村土地承包法》第 16 条"农户内家庭成员依法平等享有承包土地的各项权益"的规定,结合民主议定程序通过的土地承包方案和四周其他农户承包地的具体情况,重新确定承包地地段和四至,然后与承包方农户重新订立合同或者订立补充协议,从而解决这类纠纷。这类案件起诉至法院的,法院不能代替农村集体组织的职权职责对承包地进行裁判,故不应予以受理。

采取其他方式订立的土地承包经营合同和当事人订立的土地经营权流转合同,出现承包地、流转地的地段四至没有约定或者约定不明确纠纷的,因这种纠纷不涉及法定承包经营权问题,故不适用上述方法进行处理,而应由双方重新进行协商确定。双方不能重新协商确定,致使承包合同、流转合同因标的物不能认定而无法履行的,双方可以解除合同;一方不同意解除的,对方可以提起解除合同诉讼,由法院依法作出裁判。

四、家庭土地承包经营期限没有约定或者约定不明确的处理

在家庭土地承包经营合同中,承包经营期限没有约定或者约定不明确的,因家庭土地承包经营有法律明确规定的期限,故应当执行《农村土地承包法》第 21 条第 1 款"耕地的承包期为三十年。草地的承包期为三十年至五十年。林地的承包期为三十年至七十年"的规定进行处理。但承包方农户要求在短于上述法定期限承包经营的,发包方应当同意其要求,双方可以通过补充协议

确定承包经营期限;如果约定承包经营期限超过上述法定期限,在下轮土地承包时可以延长承包的,可做有效处理。

五、其他方式承包和土地经营权流转的期限没有约定或者约定不明确的处理

其他方式承包和土地经营权流转的期限是约定期限,而不是法定期限,故不能按照《农村土地承包法》第 21 条第 1 款的规定进行处理。《最高院土地承包纠纷解释》第 16 条第 1 款规定:“当事人对出租地流转期限没有约定或者约定不明的,参照民法典第七百三十条规定处理。除当事人另有约定或者属于林地承包经营外,承包地交回的时间应当在农作物收获期结束后或者下一耕种期开始前。”《民法典》第 730 条规定:“当事人对租赁期限没有约定或者约定不明确,依据本法第五百一十条的规定仍不能确定的,视为不定期租赁;当事人可以随时解除合同,但是应当在合理期限之前通知对方。”《民法典》第 510 条:“合同生效后,当事人就质量、价款或者报酬、履行地点等内容没有约定或者约定不明确的,可以协议补充;不能达成补充协议的,按照合同相关条款或者交易习惯确定。”

根据《民法典》上述规定,其他方式承包和土地经营权流转的承包期限没有约定或者约定不明确的,首先由双方当事人进行协商补充;双方不能达成补充协议的,应当参照农村集体组织经民主议定程序通过的土地承包方案、公开招投标文件中有关期限的表述和规定来确定期限。通过上述方式仍不能确定期限的,当事人可以随时解除合同。

在“应当在合理期限之前通知对方”解除承包合同、流转合同的问题上,需要特别注意这么一个事情,即承包地和流转地上有农作物的,解除合同的时间应当考虑农作物的收获,也就是说,解除承包合同、流转合同的时间一般在农作物的收获结束后,这也是“合理期限”。如果解除承包合同、流转合同的时间在农作物收获前的,亦应许可承包方、流入方在农作物收获结束后再交还土地。

六、历史遗留的承包期限纠纷的处理

我国自1980年开始的第一轮土地承包(家庭联产承包),当时规定承包期限为15年。但由于当时土地承包随意性较强,土地承包合同不够规范,有的约定短于15年,如5年、10年等;有的约定超过15年,甚至“长期”承包;有的没有约定承包期限,任由农户耕种。

鉴于历史原因,《农村土地承包法》第66条规定:“本法实施前已经按照国家有关农村土地承包的规定承包,包括承包期限长于本法规定的,本法实施后继续有效,不得重新承包土地。未向承包方颁发土地承包经营权证或者林权证等证书的,应当补发证书。”据此,当时承包期限约定超过现行《农村土地承包法》第21条“耕地的承包期为三十年”“草地的承包期为三十年至五十年”“林地的承包期为三十年至七十年”规定期限的,现在仍应做有效处理。

基于第一轮承包的历史原因和第二轮承包中当事人的自愿约定,家庭土地承包经营合同约定的承包期限如果短于现行法定承包期限的,承包方可以要求延长至法定承包期限,并由此可与发包方补充协议;发包方不予延期至法定承包期限的,承包方可以提起诉讼,法院对承包方主张延长至法定承包期限的诉讼请求应当予以支持。

【裁判案例8】土地承包经营合同约定“永远归乙方耕种”,法院本着尊重历史与现实的态度,根据公平合理原则酌定判定承包期限。

[案情简介]

梁某等九人(乙方)原籍高州山区,1990年10月15日与A村村委会(甲方)签订了一份《土地承包合同书》,由A村村委会将林场的部分土地(其中水田44.5亩、蔬地20亩)承包给梁某等9人耕种。该合同约定“从签合同起,永远归乙方耕种”;乙方每年上缴实谷4521斤,按当时粮所收购议价谷折款交管区,当年完成;乙方如中途弃耕,甲方有权收缴下一年承包款,乙方不得抗拒缴交;乙方要遵守本地一切乡规民约,办好临时居住证,争取早日入户。该合同签订后,梁某等9人举家搬迁至A村辖区经营上述土地,但在承包经营期间没有领取土地承包经营权证,也没有入户A村。(作者注:本案涉及土地所有权是否转移和“永远归乙方耕种”是否合法等争议,这里只摘编其中承包期限纠纷的有关内容。)

[一审判决]

涉案承包合同签订25年后,A村村委会于2014年10月14日向法院提起诉讼,请求确认A村村委会与梁某等9人签订的《土地承包合同书》第1条约定的“永远归乙方耕种”的期限部分无效,确认承包期到2033年2月28日止(从2003年3月1日《农村土地承包法》施行之日起计算30年)。

一审法院认为:梁某等9人基于合同关于长期承耕的约定作出一定的生活投入,并在当地繁衍生息多年,由于涉及群体性利益,应当合理考虑社会稳定等因素,而且涉案的承包土地直接来源于土地所有者的发包,所取得的土地承包经营权应给予物权性质的保护。因此,应将双方关于长期承耕的约定视为对承包期限约定不明,参照《农村土地承包法》(2009年)第20条的规定,涉案土地承包合同的期限从该法施行之日(2003年3月1日)起计算30年作为承包期限为宜。于是判决:(1)确认A村村委会与梁某等9人签订的《土地承包合同书》承包期限届满至2033年2月28日止;(2)驳回A村村委会的其他诉讼请求。

[上诉理由]

梁某等9人不服一审判决,向江门市中院提起上诉,请求撤销一审判决,驳回A村村委会的诉讼请求。

梁某等9人上诉称:《土地承包合同书》中约定的“永远归乙方耕种”所指的期限是“永远”的,这是双方对承包期限的明确约定,是合同双方真实意思表示,当然具有长期性和永久性,而一审将合同约定的“永远归乙方耕种”条款,视为对承包期限的约定不明,属于认定事实错误。梁某等9人原籍高州山区,那里人多地少,耕地受到限制,为解决吃饭和出路问题,才设法搬迁到A村村委会的所在地找田耕种和建立家园，因此“永远归乙方耕种”是上诉人订立《土地承包合同书》的初衷。《土地承包合同书》于1990年10月15日订立和履行，至今历经25年，而《农村土地承包法》于2003年3月1日才颁布实施，对《土地承包合同书》是没有溯及力的。

［二审判决］

江门市中院二审认为，本案的争议焦点之一是涉案合同中土地承包的期限应是多久的问题。

A村村委会与梁某等9人在自愿、平等基础上达成的《土地承包合同书》，符合当时的农业政策及农村实际，且没有违反法律的规定，应视为合法有效。《土地承包合同书》第1条约定，“期限：从签订合同起，永远归乙方耕种”，双方对合同履行的起始时间作出了约定，但对合同的终止期限仅以“永远”一词表述，没有明确的时间界限，不符合当时国家“加强土地管理，维护土地的社会主义公有制，保护、开发土地资源，合理利用土地，切实保护耕地，促进社会经济的可持续发展”的立法初衷。因此，原审法院认定A村村委会与梁某等9人关于长期承耕的约定视为对承包期限约定不明并无不妥，本院予以维持。

梁某等9人自1990年起已使用涉案土地进行耕种，至今已过20多年之久，期间，梁某等9人在A村村委会建立家园，并形成稳定的生活模式，综合考虑梁某等9人的合法权益及社会的稳定，应就其因《土地承包合同书》取得的土地承包经营权给予合理期限的保护；虽然《农村土地承包法》在A村村委会与梁某等9人签订《土地承包合同书》时尚未颁布，但基于双方对承包期限约定不明之事实及双方签订的《土地承包合同书》的大部分履行期间发生在《农村土地承包法》施行期间，从公平原则出发，原审法院参照《农村土地承包法》的规定，明确《土地承包合同书》的履行期限至2033年2月28日并无不妥。

江门市中院作出（2015）江中法民一终字第408号民事判决：驳回上诉，维持原判。

［高院裁定］

梁某等9人不服江门市中院上述判决，向广东省高院申请再审。

广东省高院经审查认为,本案系土地承包经营权纠纷。根据梁某等 9 人的再审申请,本案争议的焦点问题是土地承包法关于承包经营权期限规定的溯及力问题。

关于土地承包法对实施前已经取得承包经营权的期限是否具有溯及力的问题,《农村土地承包法》第 62 条有明确规定:“本法实施前已经按照国家有关农村土地承包的规定承包,包括承包期限长于本法规定的,本法实施后继续有效,不得重新承包土地。未向承包方颁发土地承包经营权证或者林权证等证书的,应当补发证书。”梁某等 9 人于 1990 年 10 月 15 日取得案涉土地的承包经营权,土地承包法于 2003 年 3 月 1 日起施行,根据土地承包法的规定,长于土地承包法规定的承包期限继续有效。一审、二审判决依据《农村土地承包法》第 20 条规定的承包期限,采纳 A 村村委会关于承包期限部分无效的主张,适用法律错误。

《农村土地承包法》第 20 条关于承包期限的规定仅适用于本集体经济组织的农户以家庭承包方式承包的土地,承包期满后农户可以要求重新签订承包合同继续承包土地,有世代永久耕种之含意。案涉合同约定的“永远归乙方耕种”与合同第 6 条、第 11 条约定的“入户”相匹配。并非承包期限约定不明,而是一审、二审判决在查明事实时对案涉合同约定摘录不完整,导致对该事实认定出现偏颇。若 A 村村委会主张适用《农村土地承包法》第 20 条规定的承包期限,则 A 村村委会应先为梁某等 9 人办理入户手续,这是适用该条规定的事实前提。

案涉合同对双方当事人的权利义务与承包期限等问题已经进行了明确约定,并且已经履行了二三十年。梁某等 9 人响应当地政策,从高州背井离乡来到 A 村,安家立业、娶妻生子,有的甚至已经繁衍了第三代。在国家农业政策进行调整,新的法律相继出台的情况下,双方关于承包款的缴纳方式、承包经营权期限、入户手续办理等问题发生争议,双方应当本着尊重历史与现实的态度,遵循我国民法所确立的平等、自愿、公平、诚实信用、合法、不违背公序良俗等基本原则,进行充分协商,积极寻求合理合法、妥善解决问题的办法。

广东省高院裁定:指令江门市中院再审本案。

[再审判决]

江门市中院根据广东省高院指令再审裁定再审本案。

江门市中院再审认为,A 村村委会与梁某等 9 人 1990 年签订的《土地承包合同书》是在双方自愿、平等基础上达成的,是双方真实意思表示,符合当时的农业政策及农村的实际,没有违反当时的法律规定,应为合法有效。根据《农村土地承包法》第 45 条"以其他方式承包农村土地的,应当签订承包合同,当事人的权利和义务、承包期限等,由双方协商确定"的规定,本案是 A 村村委会与村集体经济组织以外的梁某等 9 人签订承包合同,双方应对承包有关事项(包括承包期限)进行协商议定。而本案《土地承包合同》中约定的承包期限为永远耕种,只有起始时间,没有终止时间,即履行期限约定不明。虽然《农村土地承包法》第 62 条规定"本法实施前已经按照国家有关农村土地承包的规定承包,包括承包期限长于本法规定的,本法实施后继续有效,不得重新承包土地",但从立法宗旨上分析,该规定是为了维护农村土地承包关系的稳定性,解决在第一轮农村土地承包期间出现的承包期超过本轮承包期限的问题。因我国第一轮农村土地承包期为 15 年,第二轮的土地承包期为 30 年。对《农村土地承包法》第 62 条规定应理解在第一轮承包期内签订了跨越首轮承包期的承包合同有效,但当然不得超过第二轮的承包期。A 村村委会主张重新确认双方的承包期限并无不当,本院予以支持。对于如何确定承包期限,如前所述,本案双方关于永远耕种的约定是属于对承包期限约定不明,根据《合同法》第 62 条第 4 项"履行期限不明确,债务人可以随时履行,债权人也可以随时要求履行,但应当给对方必要的准备时间"的规定,鉴于梁某等 9 人自 1990 年起已使用涉案土地进行耕种,至今已过 20 多年之久,其间,梁某等 9 人在 A 村村委会建立家园,并形成稳定的生活模式。本着尊重历史与现实的态度,充分考虑我国的土地政策,从公平、合理的原则出发,酌定一个相对适中的承包期限。A 村村委会主张自《农村土地承包法》施行之日起计算 30 年的承包期限,并未违反法律规定,应予支持。原审判决判令从《农村土地承包法》实施之日起计算 30 年作为双方承包期限并无不妥,本院予以维持。

江门市中院再审判决:维持本院(2015)江中法民一终字第408号民事判决。

[根据广东省江门市中级人民法院(2017)粤07民再24号民事判决书和广东省高级人民法院(2016)粤民申2674号民事裁定书编写]

第五节 土地承包经营违约行为及责任承担

土地承包经营合同依法成立生效后,发包方和承包方都应按照合同的约定和法律的规定全面、适当地履行合同义务,其中一方不履行合同或履行合同义务不符合约定条件的,属于违约行为。《农村土地承包法》第59条规定:"当事人一方不履行合同义务或者履行义务不符合约定的,应当依法承担违约责任。"这里"依法"中的"法"原指《合同法》,现指《民法典》中"违约责任"的规定,也就是说,当事人一方违约的,应当依照《民法典》的有关规定承担违约责任。

一、发包方违约行为

从实践来看,农村集体组织作为发包方常见的违约行为主要有以下几种情形:

1. 未按约交付承包地

承包地是土地承包经营合同的标的物,承包方只有取得承包地才能行使土地经营权,因此,土地承包经营合同依法成立生效后,发包方应当按照约定的时间、地段和面积等将承包地交付给承包方经营。发包方拒不交付承包地、逾期交付承包地,或者交付的承包地不符约定的,均属违约行为。

在家庭承包方式中,土地承包经营权是法律赋予农户且攸关其生存的权利,故发包方违约后仍应继续按约履行交付承包地的义务。发包方此义务既是家庭承包经营合同约定的义务,又是法律规定的义务,故除承包方农户自愿放弃土地承包经营权外，不得以其他方式承担违约责任，免除其交付承包地的义务；如果因此给承包方造成损失，还应按照合同的约定承担赔偿责任。

在其他承包方式和土地经营权流转中，发包方或流出方未按约交付承包地或流转地的，承包方或流入方有权要求发包方或流出方按约继续履行交付义务；发包方或流出方拒不交付、无法交付的，承包方或流入方可以解除承包合同或流转合同，免除发包方或流出方交付承包地、流转地义务，但因此造成承包方、流入方损失的，承包方或流入方有权要求发包方或流出方按照承包合同或流转合同的约定承担赔偿责任。

2. 非法中止承包方履行合同

家庭土地承包经营合同在履行过程中出现某些特殊情况，发包方可以依法中止履行，即暂时停止承包方行使土地经营权，如农户因意外事故丧失主要劳动力而无力履行合同，又如，承包方违反合同约定的农业用途擅自将承包地改变为宅基地等，发包方农村集体组织可以中止履行合同。但是，在承包方没有违法的情况下，发包方中止承包方履行合同，既是一种违约行为，也是一种违法行为。譬如，上级政府准备征收本村集体土地，本村集体组织为了积极响应政府征收工作，在上级政府未正式作出征收决定前，就中止承包方履行合同，不许承包方在承包期内继续经营承包地（如暂停承包方耕种），后上级政府没有决定征收承包地，该集体组织中止承包合同履行就属违约行为。如果上级政府决定征收承包地，该集体组织中止承包合同履行具有合法事由，则不属违约行为，故不承担违约责任，有关损失则应根据征收补偿的规定进行处理。发包方非法中止履行合同给承包方造成损失的，应当承担违约责任。

3. 违约不提供服务

按照《农村土地承包法》第 15 条的规定，家庭土地承包经营合同约定发包方承担“为承包方提供生产、技术、信息等服务”“组织本集体经济组织内的农业基础设施建设”等具体服务义务，发包方具备服务条件而拒不履行这些服务义务，如农田水利严重损坏，发包方有约定维修义务且有能力维修而不维修，结果造成承包方农作物损坏的，发包方应当承担违约责任。

4. 向承包方收取承包费

在家庭承包方式中，承包方享有无偿承包经营本集体组织土地从事农业经营活动的权利，自国家取消承包费后，无须再向国家和集体缴纳承包费，因此家庭承包不可再行约定承包方缴纳承包费，如有此约定则为无效；农村集体组织在家庭土地承包经营合同外借用其他各种名义收费实则收缴承包费的，既是违约行为又是违法行为，承包方有权要求发包方返还。

二、承包方违约行为

从实践情况和法律规定来看，承包方违约行为主要有以下几种情况：

1. 弃耕抛荒

发包方向承包方发包土地，承包方向发包方承包土地，目的都是利用土地进行农业生产，这在家庭承包合同中是有明确约定的。但有些村民由于另有职业，或者进城工作，或者考虑从事农业生产不划算，在土地承包经营合同订立后，只是为了占领地皮，而不进行生产经营，又不流转土地经营权，消极对待土地承包经营权，致使承包地闲置、荒芜。

《土地管理法》第 38 条规定，“禁止任何单位和个人闲置、荒芜耕地”。据此，承包方弃耕抛荒耕地，既是违法行为也是违约行为，发包方有权警告承包方复耕，承包方仍不复耕的，应当承担违约责任；抛荒两年以上的，发包方应当依法收回其承包地。

2. 违约经营

在向农户发包土地前，农村集体组织通常都会根据土地的不同性质，在土地承包方案中确定承包地的经营用途，如将耕地用途确定为种植农作物，将山地用途确定为种植树木，将池塘用途确定为养鱼，这些具体经营用途都将在土地承包经营合同中载明。承包方违反承包合同约定的经营用途经营承包地，如承包合同约定承包的耕地用于农作物种植，而承包方将该耕地挖成池塘养鱼，或者种植树木，当属违约经营行为。

3. 擅自将承包地用于非农建设

《农村土地承包法》第 18 条明确规定,承包方承担“维持土地的农业用途,未经依法批准不得用于非农建设”的义务。承包方这一法定义务将记载于土地承包经营合同之中。承包方未经依法批准擅自改变承包地的农业用途用于非农建设,既违反土地管理的法律规范,又违反承包合同的约定义务,在依法承担违约责任的同时,还应依法承担违法责任。

4. 给土地造成永久性损害

这里的“永久性损害”,是指由于承包方违法使用而造成承包地不再具有农业生产能力,不能再为农业生产利用的损害。如承包方擅自在承包地上进行取土、挖砂、采石、固化地面等破坏性行为。

《农村土地承包法》第 63 条第 2 款规定:“承包方给承包地造成永久性损害的,发包方有权制止,并有权要求赔偿由此造成的损失。”《最高院土地承包纠纷解释》第 8 条也规定:“承包方违反农村土地承包法第十八条规定,未经依法批准将承包地用于非农建设或者对承包地造成永久性损害,发包方请求承包方停止侵害、恢复原状或者赔偿损失的,应予支持。”据此,发包方一旦发现承包方有给承包地造成永久性损害情况的,有权予以制止,有权要求承包方恢复原状、赔偿损失。

三、违约责任的承担方式

根据《民法典》第 577 条“当事人一方不履行合同义务或者履行合同义务不符合约定的,应当承担继续履行、采取补救措施或者赔偿损失等违约责任”的规定,土地承包经营合同当事人实施违约行为,应当通过以下几种方式承担违约责任:

1. 继续履行

这是“当事人一方不履行合同义务或者履行义务不符合约定”的一种补救性措施,前提条件是违约方有履行能力、合同有必要继续履行或者法律赋予的权利不可剥夺。承包方农户实施违约行为(不包括违法行为),发包方农村集体组织可以适用其他方式追究其承担违约责任，但不得收回其承包地剥夺其法定的土地承包经营权，故家庭土地承包经营合同仍应继续履行。如果是发包方违约（如不按约向发包方交付承包地）则更应继续履行，而不得解除合同侵害农户的土地承包经营权。

违约方继续履行责任只有在不可能或者不必要实际履行的情况下，才可以适用其他违约责任的承担方式进行处理。如承包地因承包方违法违约使用造成永久性破坏，不可能继续履行合同的，才可以适用赔偿方式承担责任。

2. 采取补救措施

补救措施，是指矫正合同不适当履行，使履行缺陷得以消除的具体措施。根据《民法典》第 582 条的规定，具体补救措施是较多的，如修理、重作、更换、退货、减少价款或者报酬等。但这些具体补救措施难以适用于家庭承包的违约责任。从《农村土地承包法》和《土地管理法》的有关规定来看，家庭承包违约的补救措施主要适用于因承包方实施违法行为或者违约行为而损坏或破坏承包地的情形，其补救的基本形式是复垦土地、恢复土地原状，承包方不能采取补救措施恢复土地原状或者复垦土地的，应当承担赔偿责任；如果发包方违约造成承包地损坏的，亦应承担恢复承包地原状的责任。但在其他方式承包和土地经营权流转中，违约方应当承担的补救措施，除复垦土地、恢复土地原状外，还可以通过减少价款的方式承担违约责任。

3. 赔偿损失

赔偿损失，是指违约方以支付金钱的方式弥补守约方因违约行为所造成的财产或者利益减少的一种责任形式。赔偿损失是最为常见的一种违约责任。在土地承包、流转期间，当事人一方违约造成对方损失，不能采取补救措施或者采取补救措施后对方还有其他损失的，应当以支付金钱赔偿对方的损失。赔偿损失还适用于侵害土地和侵害承包经营权，如《农村土地承包法》第 63 条规定，承包方给承包地造成永久性损害的，发包方有权要求赔偿由此造成的损失；第 64 条规定，土地经营权人对土地和土地生态环境造成损害的，应当予以赔偿。

4. 支付违约金

违约金，是指合同当事人在合同中约定的，在合同债务人不履行或不适当履行合同义务时，向对方当事人支付的一定数额的金钱。根据《农村土地承包法》的有关规定，发包方与承包方、流出方与流入方可以在承包合同、流转合同中约定“违约责任”。在履行期间，一方违约的，守约方有权按照约定要求违约方支付违约金；合同未约定违约金的，则不产生支付违约金的责任。

《民法典》第585条第1款规定：“当事人可以约定一方违约时应当根据违约情况向对方支付一定数额的违约金，也可以约定因违约产生的损失赔偿额的计算方法。”第2款规定：“约定的违约金低于造成的损失的，人民法院或者仲裁机构可以根据当事人的请求予以增加；约定的违约金过分高于造成的损失的，人民法院或者仲裁机构可以根据当事人的请求予以适当减少。”据此，约定违约金与损失赔偿的适用关系分以下四种情况：

一是合同若无违约金约定，违约方不负支付违约金的责任，但守约方可以主张损失赔偿；

二是合同约定的违约金低于造成的损失的，守约方可以请求人民法院或者仲裁机构予以增加，但增加后的违约金数额以不超过实际损失额为限；

三是合同约定的违约金高于造成损失的，守约方可主张违约金，但不能同时主张损失赔偿，而违约方可以请求人民法院或者仲裁机构予以适当减少；

四是即使可以同时主张违约金和赔偿损失，但除惩罚性违约金外，两者相加一般不超过守约方损失的总额。

四、追究违约责任需要注意的问题

1. 农户因无力履行合同而违约的问题

在家庭土地承包经营期间，农户确实无力履行合同，如主要劳动力丧失，或者主要劳动力长期外出工作，不能从事农业生产，发包方集体组织则不宜坚持其继续履行承包合同，法院也不宜判令其继续履行合同，而应适时解除承包关系，由农村集体组织收回土地。如果强制其继续履行承包合同，限制农户放弃承包权是不妥的，农户若拒绝继续履行而闲置土地，法院也难以强制其继续履行。在此情形下，适时解除承包关系，让发包方收回土地再行发包，有利于充分发挥土地资源的作用。

2. 不可抗力的免责问题

不可抗力是指合同订立时不能预见、不能避免并不能克服的客观情况。在订立承包合同或者流转合同时，出现发包方与承包方、流出方与流入方都不能预见、避免、克服的不可抗力情况，也就无法归责于任何一方当事人，因此不履行合同义务或者履行合同义务不符合约定的，应当免除遭受不可抗力方的民事责任。例如，家庭土地承包经营合同在履行期间遇到地震、洪水等自然灾害，致使承包地被毁的，该合同应当终止履行，承包方不负返还承包地的义务，反而，发包方应当尽可能为其重新安排承包地，使受灾户的生活得以保障。

五、关于违约责任与违法责任的关系问题

土地承包经营合同一般都采用有关部门统一制作的文本，这些文本在拟制时会吸收《农村土地承包法》《土地管理法》有关权利义务、强制性和禁止性的规定作为合同条款，用来约束双方当事人，因此，一方当事人不履行法定义务，既有可能是违法行为，又有可能是违约行为，那么，在追究违约责任的同时可否追究违法责任？

由于行政法律关系与民事法律关系是两个不同性质的法律关系，凡是违反《农村土地承包法》《土地管理法》等法律、行政法规的规定构成违法行为的，应当按照行政法律规定实施行政处罚或者进行行政处理；凡属民事上的违约行为，应当按照民事法律规定追究违约责任。两者除特殊情况外“井水不犯河水”。例如，根据《农村土地承包法》的规定约定承包地为农业用途，而承包方未经批准擅自在承包地上建设住宅，根据《农村土地承包法》第 63 条和《土地管理法》第 77 条的规定，由县级以上人民政府农业农村主管部门或者其他有关主管部门依法予以行政处罚，而不属于民事法律调整范围，但承包方非法占用承包地建设住宅又会给承包地造成永久性损害，根据《农村土地承包法》第 63

条的规定，发包方有权要求承包方赔偿由此造成的损失，而此类赔偿损失不属行政法律调整范围。在实践中，行政机关就此作出行政处罚后，很少有发包方再要求承包方违约赔偿，但这并不说明行政处罚可以排除民事赔偿或者民事赔偿可以排除行政处罚。

【裁判案例 9】承包方将同一承包地先后两次转包给他人，对先行受让人构成违约，承担违约责任。

［案情简介］

2016 年 12 月 23 日，A 村作为发包方（甲方）与 A 公司作为承包方（乙方）签订了《土地流转合同书》。该合同约定：A 村将位于村南村北的滴灌地 7730 亩承包给 A 公司；在当年 12 月 30 日之前乙方向甲方交次年土地承包定金 20 万元；在每年 3 月 30 日种地之前，乙方向甲方缴清全部承包金；如乙方有变动违约，甲方概不退还土地承包定金。

2017 年 12 月 6 日，A 公司作为甲方将其中的 2000 亩土地转包给作为乙方的袁某某，并签订了《合同书》。《合同书》约定：(1) 乙方种植期限为一年；(2) 土地价格为甲方向村队交纳的实际价格（2018 年），甲方不得在此基础上涨价，如涨价一经查实，甲方向乙方双倍偿还涨价金额；(3) 乙方必须按合同面积向甲方交纳每亩地 5 元的管理费；(4) 合同生效后，乙方向甲方付 10 万元定金（可抵承包费），另外向 A 公司付 5 万元管道保证金（甲方已向村队交 20 万元）；(5)《合同书》到期，经村队或甲方确认乙方使用的供水系统没有损坏，并把水排完后，甲方一次性退还乙方 5 万元押金；(6) 甲方向村队付款时，乙方需全额付清剩余的承包费及公司管理费；(7) 如乙为不能如期付款则视为违约，甲方可单方终止合同，乙方所交的所有款项甲方一概不退还。

《合同书》签订后，袁某某于 2017 年 12 月 7 日通过银行转账方式向户名为杨某的卡号转入 15 万元，交易用途为土地承包费。该公司收到该款后向袁某某出具收据一份，该收据记载内容：今收到公司员工袁某某交承包费 10 万元、管道押金 5 万元，共计 15 万元。

2018 年 1 月 28 日,A 村又与 A 公司签订补充协议。该补充协议内容:(1)经双方协商,在 2017 年土地承包收费基础上每亩地增加 30 元;(2)其他条款按 2016 年 12 月 23 日签订的《土地流转合同书》执行。

在该补充协议签订的同日,A 公司又与某某合作社签订合作协议书,由双方对 A 村的 5300 亩地合作种植农作物,以实际付款种植面积为准。后因原始发包方 A 村自身的原因,于 2018 年 2 月 6 日向 A 公司出具证明 1 份:A 公司于 2018 年 3 月 11 日前将 2018 年的部分承包费付清。事后,A 公司通过微信等方式向其手机所存的联系人"黑娃"发送消息,催促其及时支付承包费。

2018 年 2 月 10 日,袁某某向 A 公司支付"承包费"10 万元。同年 3 月 10 日,A 公司继续催促袁某某交费。袁某某认为,其向 A 公司先后支付 25 万元款后,A 公司又将该地承包他人,此人已将一年承包费 85 万元全额支付给 A 村,致使其未能种植该土地,故袁某某未交费。

[一审判决]

袁某某以 A 公司为被告,于 2018 年向博乐市法院起诉,请求解除 2017 年 12 月 6 日签订的《合同书》,判令 A 公司退还袁某某承包费 10 万元、管道保证金 5 万元及双倍返还定金 20 万元。

博乐市法院另查明:A 村于 2015 年东村、西村合并,现称 B 村。2018 年 10 月 24 日,A 村委会出具证明一份,内容为:兹有我村 7730 亩土地,已经承包给 A 公司,承包费按年支付,2018 年当年承包费于 3 月 15 日已经收取;现在种植状况为,何某某种植玉米 5680 亩、张某某种植玉米 1750 亩、种植打瓜 300 亩。

博乐市法院认为,原告袁某某与被告 A 公司于 2017 年 12 月 6 日所签订的《合同书》合法有效。双方均应按合同约定履行各自的义务。A 公司作为发包方有义务向袁某某交付 2000 亩土地,袁某某作为承包方有义务向 A 公司交纳种植土地承包费。庭审中,袁某某认为,A 公司并未履行合同约定的向袁某某交付土地的义务,而在 2018 年 3 月 8 日将该土地发包他人,他人已将承包费全额付清;时至秋季,种植时节亦结束,袁某某已无法耕种该土地,其合同目的也无法实现。根据《合同法》第 97 条的规定,合同解除后,尚未履行的,终止履行;已经履行的,根据履行情况和合同性质,当事人可以要求恢复原状、采取其他补救措施,并有权要求赔偿损失。

涉案合同签订后,A公司将所承包的B村7730亩土地中2000亩土地并未交由袁某某种植,而又发包给他人耕种,并将所收取的7730亩土地承包费于2018年3月15日全部交给B村村委会。

本案袁某某实际并未耕种该土地,现A公司又发包给他人耕种,双方合同实际上已经解除,故对袁某某所交纳的管理费、土地承包费及管道保证金理应退还。本案合同不能履行,最终导致合同被解除的缘由在于A公司方的过错,在合同约定的交费期限未届满时,A公司又将该土地承包于他人,并全额收取了承包费。A公司的行为已构成违约,对袁某某主张要求双倍返还定金的诉讼请求,予以支持。

博乐市法院作出(2018)新2701民初2079号民事判决:(1)A公司于判决生效后10日内退还袁某某管理费1万元、土地承包费9万元、管道保证金5万元;(2)A公司于判决生效后10日内返还袁某某定金20万元。

[上诉理由]

A公司不服上述判决,向博尔塔拉蒙古自治州中院上诉称:

(1)袁某某一审时增加了一项诉讼请求即要求解除合同,一审判决没有做出判决,属漏判。

(2)2018年1月11日、2月7日、3月10日,A公司在微信中多次通知袁某某缴款,B村出具的证明也证实交款时间。《合同书》第2条、第4条约定了如果袁某某不按期缴纳承包费,A公司有权终止合同,袁某某所交款项不予退还。袁某某不能种地不是A公司造成的,一审法院对该事实没有进行认定。

(3)袁某某违反合同约定没有能力向B村缴纳承包费导致该村违约将该土地发包给第三人从而出现了纠纷,一审判决由A公司来承担双倍返还定金实属错误。

A公司上诉请求:撤销博乐市法院作出的(2018)新2701民初2079号民事判决,改判或将该案发回重审。

［二审判决］

博尔塔拉蒙古自治州中院认为：

1. 一审法院是否存在对袁某某的诉讼请求未作处理的情形。袁某某在一审诉讼过程中增加一项诉讼请求即要求解除其与A公司签订的合同书，一审法院对该项诉讼请求进行了审理并在判决书中对合同是否解除作出评判，但在判项中未作出处理。该合同期限为1年，至2018年12月5日已经期满，已无判决解除的必要。因此，一审判决确认双方解除合同，虽未在判项中进行表述，但不影响案件处理结果。

2. 关于A公司是否存在违约行为的问题。双方签订的合同中约定，A公司作为发包方有义务向袁某某交付2000亩土地，但因土地已由案外人耕种，袁某某耕种土地的合同目的无法实现，A公司构成根本违约。

3. 袁某某是否存在违约行为的问题。双方签订合同第3条约定"甲方向村队付款时乙方需全额付清剩余的承包费及公司管理费"，第6条"除本合同特别约定外，乙方需同甲方一样按与村上签订的原合同条款执行，如不按村队原合同执行，视为乙方违约"，A公司与B村签订合同第5条第2款约定每年3月30日种地前缴清全部承包费，那么无特别约定情况下，袁某某向A公司缴清承包费的时间应以A公司与B村签订合同中约定的缴费时间执行，即当年3月30日之前。在双方未对缴纳承包费变更期限协商一致情况下，缴纳承包费的期限仍应按原合同中约定的期限即当年3月30日之前履行。在A公司已无法交付土地的情况下，袁某某未缴纳承包费不存在违约。A公司提出袁某某未在规定时间交清承包费，导致他人耕种土地构成违约的上诉理由不能成立，本院不予支持。

4. 根据《合同法》第115条"当事人可以依照《担保法》约定一方向对方给付定金作为债权的担保。债务人履行债务后，定金应当抵作价款或者收回，给付定金一方不履行约定的债务的，无权要求返还定金；收受定金的一方不履行约定的债务的，应当双倍返还定金"的规定，双方在合同第2条约定"乙方向甲方交付10万元定金（可抵承包费）"，袁某某向A公司交付的10万元在A公司交付土地后，可抵作承包费，现因A公司不能交付土地，10万元的性质应为定金，一审判决A公司双倍返还袁某某20万元定金并无不当。

博尔塔拉蒙古自治州中院判决：驳回上诉，维持原判。

［根据新疆维吾尔自治区博尔塔拉蒙古自治州中级人民法院（2019）新27民终122号民事判决书编写］

第六节　土地承包经营权侵权纠纷及责任承担

这里的侵权是指行为人侵害承包人依法取得并享有的土地承包经营权。从行为人角度看，侵害土地承包经营权有三种情况：一是发包方本集体组织对农户的土地承包经营权进行侵害；二是基层政府及其工作人员利用职权对农户的土地承包经营权进行侵害；三是其他单位或者个人实施非法行为对土地承包经营权进行侵害。这三种侵权行为所要承担的法律责任，既有相同之处又有不同的地方，故应分别进行处理。

一、发包方对农户土地承包经营权的侵权行为

从实践情况来看，土地承包经营权侵权主要发生在发包方本集体组织对承包方农户的非法干涉中。农村集体组织作为发包方与承包方农户依法签订土地承包经营合同后，在承包期内不得非法干涉承包方的土地承包经营权，但发包方依照《农村土地承包法》的有关规定和承包合同的约定，对承包方履行承包合同是有监督权的。在此情形下，发包方对承包方可能会做出影响土地承包经营权的某些行为，如承包方在一段时间内抛荒承包地，发包方要求承包方流出土地经营权，承包方认为这是发包方强迫流转，而发包方认为是正当监督行为，双方为此发生纠纷。又如，发包方非法收回、调整承包地，承包方不服而产生纠纷。

关于发包方非法干涉行为，《农村土地承包法》第57条专门规定了八种情形，这八种情形都有可能引发侵权纠纷。

1. 干涉承包方依法享有的生产经营自主权

根据《农村土地承包法》的规定，家庭承包中的农户享有土地经营自主权，包括承包地使用权、经营收益权和土地承包经营互换、转让和流转的权利，并有权自主组织生产经营和处置产品。这些权利是《农村土地承包法》赋予承包方农户最基本也是最重要的权利，通常都记载于家庭土地承包经营合同之中，发包方如果采取非法手段加以侵害、阻碍承包方依法享有这些经营自主权，并由此造成承包方损害的，应当承担民事责任。

2. 违法收回、调整承包地

根据《农村土地承包法》第 27 条和第 28 条的规定，除因“小调整”特别需要而约定外，发包方在承包期内不得收回承包地，不得调整承包地。发包方在没有法定事由且不按法定程序决定收回、调整承包地的，属于违法行为。但经承包方同意收回、调整承包地的，属于合意行为，不构成违法或者违约，发包方只要给承包方合理补偿即可。

3. 强迫或者阻碍承包方进行土地承包经营权的互换、转让或者土地经营权流转

根据《民法典》《农村土地承包法》的有关规定，承包方有权将土地承包经营权转让给本集体经济组织的其他农户；承包方有权自主决定土地承包经营权互换，有权自行决定出租、入股或者以其他方式向他人流转土地经营权。承包方在符合法律规定的情况下行使这些法定权利，发包方无故阻挠，若违背承包方意志，强迫承包方行使这些法定权利，属于违法侵权行为。

4. 假借少数服从多数强迫承包方放弃或者变更土地承包经营权

《农村土地承包法》第 19 条规定，承包方在发包方统一组织承包时可以自愿放弃承包土地的权利。据此，在家庭承包期间，承包方经与发包方经协商一致，也可以解除承包合同，放弃土地承包。但是，除承包方自愿放弃外，无论借村民大会“少数服从多数”，还是借村民代表会议“少数服从多数”，以及借农村集体组织“少数服从多数”，发包方都不得强迫承包方放弃或者变更土地承包经营权，否则是侵害承包方法定承包经营权的违法行为。

5. 以划分“口粮田”和“责任田”等为由收回承包地搞招标承包

1983年1月,中共中央1号文件《当前农村经济政策若干问题》肯定了家庭联产承包责任制,1986年《土地管理法》确立了家庭联产承包责任制度。但在20世纪80年代中期到90年代中期,一些地方政府为了解决负担不均和完成农产品定购任务难等问题,推行“两田制”,即把土地分为“口粮田”和“责任田”给农民耕种,这不符合农村土地承包政策和法律的规定。为了稳定和完善农村土地承包关系,1997年8月27日,中共中央办公厅、国务院办公厅下发了《关于进一步稳定和完善农村土地承包关系的通知》(中办发[1997]16号),该通知指出:“有些地方搞的‘两田制’实际上成了收回农民承包地、变相增加农民负担和强制推行规模经营的一种手段。中央不提倡实行‘两田制’,没有实行‘两田制’的地方不要再搞,已经实行的必须按中央的土地承包政策认真进行整顿。”“无论是‘口粮田’还是‘责任田’,承包权都必须到户,并明确30年不变。”于是,有了后来2002年《农村土地承包法》第35条“不得以划分‘口粮田’和‘责任田’等为由收回承包地搞招标承包”的规定。

“两田制”的历史遗留问题,现已基本解决。家庭土地承包经营合同若仍遗留“两田制”条款的,当属无效;农村集体组织仍以“以划分‘口粮田’和‘责任田’等为由收回承包地搞招标承包”的,当属违反法律和政策的行为。

此外,地方政府和农村集体组织以农业结构调整、发展农业产业化为借口,违背承包方意愿,强迫承包方将承包地进行流转,集中土地搞所谓“规模经营”和“产业化”,也都是侵害农户土地承包经营权的违法行为。

6. 将承包地收回抵顶欠款

根据《农村土地承包法》第57条的规定,在家庭承包方式中,发包方农村集体组织将承包方农户的承包地收回抵顶欠款的,也属于侵害农户土地承包经营权的行为。主要理由是:

(1)收回承包地抵顶欠款,剥夺农民法定的土地承包经营权,结果会使其丧失基本生活资料,严重影响其生存条件;

(2)农户承包集体土地是无偿的,发包方若以承包地抵债显然是一种有偿行为，不符合《农村土地承包法》的规定，因此，即使承包方愿意将承包地交给发包方收回抵顶欠款，法律也不予许可；

(3)抵顶欠款不是法定收回承包地的事由，即使家庭土地承包经营合同有此约定，该约定也属无效。

据此，不论发包方与承包方约定以承包方的土地承包经营权抵偿债务，还是发包方单方主张以承包方的土地承包经营权抵偿债务，都是无效行为，由此造成承包方的损失，应当根据发包方有无过错，再确定其是否承担相应的民事责任。但在实践中需要注意以下三个事情：

一是“将承包地收回抵顶欠款”的侵权人仅为特定的发包方农村集体组织，而不是承包方的其他债权人，其他债权人不是农村土地的发包方，不可能实施收回农户的承包地，进而不可能实现抵顶欠款的目的；

二是承包方在流转土地承包经营权时，因有权收取价款，故可以将流转价款交付发包方抵顶欠款；

三是发包方可以与承包方在承包合同外另行协议，由承包方的经营收益清偿发包方的债务。

7. 剥夺、侵害妇女依法享有的土地承包经营权

由于重男轻女思想的影响，《宪法》规定的男女平等原则在一些农村的土地承包经营中仍不能被切实贯彻落实，有些农村集体组织对出嫁妇女，不论其在男方居住地有无取得承包地一律收回其在原籍的承包地，而有些农村集体组织拒绝入嫁妇女承包土地。《农村土地承包法》第 6 条规定：“农村土地承包，妇女与男子享有平等的权利。承包中应当保护妇女的合法权益，任何组织和个人不得剥夺、侵害妇女应当享有的土地承包经营权。”第 31 条进一步规定：“承包期内，妇女结婚，在新居住地未取得承包地的，发包方不得收回其原承包地；妇女离婚或者丧偶，仍在原居住地生活或者不在原居住地生活但在新居住地未取得承包地的，发包方不得收回其原承包地。”农村集体组织不执行上述规定，剥夺、侵害妇女依法享有的土地承包经营权的，属于违法侵权行为。

8. 其他侵害土地承包经营权的行为

除上述七种行为外，发包方对承包方实施其他侵权行为，亦应承担侵权责任，如发包方擅自截留、扣缴承包方转移土地承包经营权或者流转土地经营权的收益，也属侵权行为，发包方应当承担返还的责任。

二、发包方侵害农户土地承包经营权的责任承担方式

根据《农村土地承包法》第 57 条的规定，发包方侵害承包方土地承包经营权的，应当承担停止侵害、排除妨碍、消除危险、返还财产、恢复原状、赔偿损失等民事责任。这与《民法典》第 1167 条规定的侵权责任承担方式是一致的。

1. 停止侵害

民法上的停止侵害，是指加害人正在实施侵害他人财产或人身的行为时，受害人可以依法要求其停止侵害的行为。例如，发包方干涉承包方生产经营自主权，发包方违法收回、调整承包地，强迫或者阻碍承包方进行土地承包经营权的互换、转让或者土地经营权流转等违法行为，承包方有权要求发包方停止这些违法行为。

2. 返还财产

返还财产，是指被侵权人请求侵权人返还已被非法侵占的财产。返还财产的目的是恢复到合同订立之前的财产状态。家庭承包中因侵权返还的财产主要是承包地，通过返还承包地使承包人恢复承包经营权。例如，发包方违法违约收回、调整承包地，承包方有权要求其返还承包地；又如，发包方违反承包合同约定占用承包地的，承包方有权要求发包方返还承包地。除此之外，有关土地承包经营权的衍生权利被侵占的，侵害人也应返还。如农户流转土地经营权而应取得的价款被发包方集体组织侵占的，发包方也负有返还的责任。

3. 排除妨害

排除妨害是将妨害权利的障碍予以消除。譬如，发包方在承包地堆放石头，使承包方无法耕种，承包方有权要求发包方搬走这些妨害物。发包方不自行排除妨害的，承包方可以提起诉讼，请求法院强制排除。

4. 消除危险

这里的危险，是指行为人的某些行为将有可能造成他人人身或财产损害的风险。例如，发包方集体组织拆除水利设施，将使承包地有可能被洪水冲毁的，承包方有权要求发包方采取措施消除这种危险，以保护承包地的安全。

此外，发包方侵害土地承包经营权，还适用恢复原状、赔偿损失等责任形式，这些责任形式的承担与违约责任中所述的恢复原状、赔偿损失基本相同，这里不再重复。但因侵害土地承包经营权并非约定行为，故不适用支付违约金的责任形式。

这里还需要注意，发包方实施的某些违反法律、行政法规的禁止性规定的行为，除了承担上述民事责任外，还应做无效处理。如发包方违反《农村土地承包法》有关不得在承包期内收回、调整承包地的规定而收回、调整承包地，对承包方农户构成侵权的，该行为无效，同时还要承担相应的侵权责任。

三、基层政府及其工作人员利用职权侵害土地承包经营权及责任承担方式

基层乡镇政府负有贯彻农村土地承包法律和政策、土地承包经营和承包经营合同管理、为土地流转提供信息和协调服务的职责。但在现实中，乡镇政府及其工作人员利用职权非法干涉农民土地承包经营权的情况并不少见。对此，《农村土地承包法》第 65 条规定："国家机关及其工作人员有利用职权干涉农村土地承包经营，变更、解除承包经营合同，干涉承包经营当事人依法享有的生产经营自主权，强迫、阻碍承包经营当事人进行土地承包经营权互换、转让或者土地经营权流转等侵害土地承包经营权、土地经营权的行为，给承包经营当事人造成损失的，应当承担损害赔偿等责任；情节严重的，由上级机关或者所在单位给予直接责任人员处分；构成犯罪的，依法追究刑事责任。"

这条规定中的国家机关及其工作人员利用职权干涉的各种行为都指侵害土地承包经营权的行为。因这些侵权人是国家机关及其工作人员，且利用职权实施侵权行为，故这种行为属于行政违法行为。行政违法行为给承包经营户造

成损失所要承担的赔偿责任，不是民事责任，而属行政责任，因此适用《国家赔偿法》的有关规定进行赔偿。如果没有造成行政相对人损失，或者行政相对人不主张赔偿损失的，法院可以通过行政审判只确认其违法。

行政机关承担行政侵权责任的前提是“利用职权”进行非法干涉，故行政机关是否承担行政赔偿责任，首先要看其是否非法“利用职权”进行干涉。例如，承包人违反农业用途擅自利用承包地搞非法建筑，正在永久性损害承包地，乡镇政府及其有关部门和工作人员出面干涉予以制止，结果造成承包人建筑损失，因这些行政行为是合法行为，乡镇政府不承担行政赔偿责任。但当其出于个人原因实施非职务行为造成承包人损失的，则由其个人承担民事责任，如乡镇农业部门工作人员出于个人利益非法侵占农户承包地，是个人非法侵害行为，而不是行政行为，故应由其个人承担民事责任。

至于国家机关工作人员滥用职权、玩忽职守侵害农民土地承包经营权，致使承包人利益遭受重大损失，构成犯罪的，应当根据《刑法》的有关规定追究其刑事责任。

四、他人侵害土地承包经营权的民事责任

《农村土地承包法》第 8 条规定：“国家保护集体土地所有者的合法权益，保护承包方的土地承包经营权，任何组织和个人不得侵犯。”据此，土地承包经营权的侵权行为人，包括发包方，也包括乡镇政府及其工作人员，还包括其他单位和个人（这里称为他人）。例如，同村村民侵占承包方的承包地从事农业生产或者搞非法建筑；又如，他人非法破坏承包地以及农业设施，致使承包人无法经营等，均会引起侵权纠纷。

他人非法侵占与发包方非法干涉不一样。他人非法侵占主要是故意非法占有承包地为其所用的行为。这里的“故意”主要是指他人明知土地已为承包人依法承包经营而有意进行非法占有。但是，他人与承包人有土地承包及经营权争议，如相邻地块由于承包合同记载的“四至”不清，一方认为是自己的承包地，而另一方也认为是自己的承包地，此种争议属于承包纠纷，而不是侵权

纠纷。

他人实施这种侵权行为，与发包方侵权一样，应当按照法律的规定追究其侵权责任。在土地流转中，行为人非法侵害流入方流转经营权的，亦应根据《农村土地承包法》第57条的规定承担侵权责任。

五、截留、扣缴经营权收益纠纷及处理

土地承包经营权和土地经营权的收益主要有两类，一类是利用承包地、流入地进行生产取得的收益，另一类是通过流转土地承包经营权或土地经营权取得的收益。这些收益归承包方或者流出方所有，任何组织和个人不得侵害这些财产权利。

《农村土地承包法》第39条规定："土地经营权流转的价款，应当由当事人双方协商确定。流转的收益归承包方所有，任何组织和个人不得擅自截留、扣缴。"第61条规定："任何组织和个人擅自截留、扣缴土地承包经营权互换、转让或者土地经营权流转收益的，应当退还。"据此规定，土地承包经营权和土地经营权流转的收益归承包方、流出方所有，发包方或者其他单位、个人予以截留、扣缴都是对承包方、流出方财产的侵占，故应承担返还责任，造成承包方、流出方损失的，还应承担赔偿责任。

【裁判案例10】村民合法承包果园，发包方故意将果园承包地划分到各户，侵犯承包方经营权，应承担违约责任。

［案情简介］

2005年8月13日，A村12社与本社村民李A签订《果园专业承包合同书》约定：A村12社将坐落在沙子地的果园12.4亩、果树1243株承包给李A，承包期限从2006年1月30日起至2036年1月30日止，承包费总计79,400元，分期缴款。该书面合同有A村12社原任社长李B（A村12社一直没有公章，该社后改组）、承包人李A的签名，并由A村村民委员会盖章。同年9月21日，由镇农业承包合同管理委员会进行了鉴证。在承包期内，李A按合同约定

缴纳承包费至2017年8月29日。

2015年8月31日,A村12组村民小组改选,李C被推选为A村12组组长。2015年9月1日,A村12组向李A送达《集体果园承包合同一事告知书》,要求李A在7天内与其联系协商。同月10日,A村12组召开社员大会协商将该果园划分到各户。同日,李C及社员代表到诉争承包地划分土地到各户,并在土地上以一些石头、石灰划线为界,作为区别各户的地标,随后在该果园果树之间的部分空隙撒播蔬菜籽,栽种了部分蔬菜。

［双方诉辩］

2015年9月,李A以A村12组为被告,向蒲江县法院提起土地承包经营权侵权纠纷诉讼。

李A诉称:原、被告签订《果园专业承包合同书》后,原告依约履行,但被告不尊重有效合同,于2015年9月10日召集村民小组部分成员,在原告的承包地内擅自安置石块、播撒石灰等作为地界,划分原告承包的果园到户,致部分果树幼苗受损300元、果园看守房大门受损200元,并延误果园的正常经营管理致受损2000元,合计2500元。被告的行为侵犯了原告的果园承包经营权,经调解无果,故请求法院判令被告立即停止侵权,恢复果园原状,赔偿损失2500元。

被告A村12组辩称:在签订合同时,原告将空白合同让社员签名,之后填写了承包期限30年,并在合同上约定承包期满果园归承包人所有,该合同签订的具体内容全体社员并不知情,当时的社长李B未向全体社员告知内容。另外,原告因管理不善,致果树死亡,社员要求调解终止合同,但原告拒绝协商,故村会计、社长、社员代表于2015年8月31日向原告送达《集体果园承包合同告知书》,但原告未予理睬。被告于2015年9月10日召开社员大会,讨论并一致通过将集体果园划分到各户。被告不存在侵权行为,故应驳回原告的全部诉讼请求。

［法院判决］

蒲江县法院认为,原、被告于2005年8月13日签订的《果园专业承包合同》系双方真实意思表示，未违反法律的禁止性规定，该合同合法有效，对双方均具有法律约束力。本案合同期限为2006年1月30日起至2036年1月30日，在此期间，原告作为用益物权人，自承包合同生效时享有土地的承包经营权，可以对该土地占有、使用、收益。被告在合同期内擅自划分原告承包的土地，在土地上以一些石头、石灰划线为界作为区别各户的地标，并在该果园果树的空隙处播撒蔬菜种子栽种蔬菜的行为，侵犯了原告的承包经营权，故对原告主张要求被告停止侵权，恢复果园原状的诉请，本院予以支持。

被告认为合同期限系在双方相关人员签字之后补填，实际约定承包期限为10年，而不是30年期限。本院认为，被告无相关证据证实其主张，且书面承包合同上明确约定了承包合同起止时间，故对被告的该辩称意见本院不予采纳。

本案中，原告未提供证据证明有损失存在且受损与被告的行为之间有因果关系，被告也否认其划分界线行为致原告的果树幼苗受损和看守房门损坏并造成原告延误管理，故对原告要求赔偿损失的主张，本院不予支持。

蒲江县法院判决：(1)被告A村12组于判决生效之日对涉案果园停止侵害、恢复原状；(2)驳回原告李A的其他诉讼请求。

[根据蒲江县人民法院(2015)蒲江民初字第1225号民事判决书编写]

【裁判案例11】农村集体组织以“生的给地，走的抽地”的做法收回出嫁妇女承包地的，属于侵权行为。

[案情简介]

按照1996年国家二轮土地延包政策，1998年甲村四组组织发包土地，艾A以家庭承包方式取得29.16亩土地的承包经营权，人均承包地面积3.24亩。艾B作为艾A次女，取得3.24亩土地承包经营权，其中，水田0.69亩、旱田2.55亩。

2002年4月18日，甲村四组经本组村民民主议定程序确定本组“生的给地，走的抽地”的土地调整方案。次年，艾B出嫁至乙村，甲村四组将其享有承包权的3.24亩土地收回，发包给孙某某，孙某某一直耕种至今。

经2015年土地确权，艾A户实际取得承包经营权土地面积为25.13亩，承包期限自1996年1月1日至2025年12月31日止。

［双方诉辩］

2015年10月，艾B以甲村村民委员会、甲村四组为被告，以孙某某为第三人，向梅河口市法院提起土地承包经营权侵权诉讼。

艾B诉称：1996年国家进行二轮土地延包，我户口在甲村，分得承包地3.24亩。甲村四组在执行国家土地政策中，将我分得的土地收回分配给了孙某某。我多次找二被告要求土地承包经营权，但一直得不到解决。请求法院判令：(1)二被告将收回的承包田3.24亩，其中水田0.69亩、旱田2.55亩退还给我；(2)第三人孙某某将二被告分配给的承包田倒出并返还给我。

甲村村委会辩称：1998年甲村四组开会调地，根据1996年国家规定对土地进行分配，当时开会规定五年一小调，“生的来的给地，死的和嫁出去的收地”。2006年国家不让调地，就调不下去了。村民多次找过我们，我们也多次调解，因为时间太长，村民对调地的抵触很大，问题一直没有解决。对原告的诉讼请求，我们同意按照国家政策规定处理。

第三人孙某某辩称：被告将原告承包地抽回合法，我不同意原告的诉讼请求。理由是：其一，原告起诉所依据的《农村土地承包法》施行于2003年3月1日，被告抽地是在该法施行之前，且依据村民自治政策，经集体讨论一致同意通过了“生的给地，走的抽地”的做法，抽地是全体村民意志，原告父亲艾A作为家庭代表人也签字同意；其二，原告家有兄弟姊妹五个，原告排行老二，与其姐间隔仅两岁，不符合当时生二胎必须与老大间隔三岁的计划生育政策，如果否认“生的给地，走的抽地”的做法，依据当时的土地政策，被告1996年分给原告承包地本身就是错误的。我合法取得承包地，一直耕种至今，原告与村里之间的纠纷与我无关，原告诉求没有依据。

［法院判决］

梅河口市法院认为，土地承包经营权是农户在集体所有或者国家所有由农民集体使用的土地上依照土地承包合同的约定进行农业经营活动的权利。土地承包经营权是农民最重要的财产权利，农民通过承包经营土地取得收益，实现就业，并受国家法律保护，任何组织和个人不得剥夺和非法限制农村集体经济组织成员承包土地的权利；承包中应当保护妇女的合法权益，任何组织和个人不得剥夺、侵害妇女应当享有的土地承包经营权。

本案中，艾B是否合法取得土地承包经营权是二被告及第三人是否应当退回土地问题的关键。尽管第三人孙某某对原告艾B提供的农村土地承包合同复印件以及甲村四组2015年1月23日村民代表会议记录的证明力有异议，但综合原告艾B提供的土地承包经营权证，可以认定艾B作为艾A次女，在国家二轮土地延包中依法取得了土地承包经营权，本院予以采信。

土地承包经营权是对农民生存权益的根本保障，故此，《农村土地承包法》第5条第2款规定，“任何组织和个体不得剥夺和非法限制农村集体经济组织成员承包土地的权利”。第27条第1款规定，“承包期内，发包方不得调整土地”。第31条规定：“承包期内，妇女结婚，在新居住地未取得承包地的，发包方不得收回其原承包地。”甲村四组依村民民主议定程序所确定的“生的给地、走的抽地”做法违反了上述法律规定，虽然原告结婚嫁入乙村，但其在新居住地乙村并未实际分得土地，甲村四组将其承包地抽回并发包给第三人孙某某的做法构成了对原告土地承包经营权的侵害，至于发包方是否已经就标的物另行设立了承包关系，对其侵害行为的成立不发生影响。

土地承包经营权是农民赖以生存的根本，应当得到尊重和维护，其权利受损状态应当得到矫正，依据《最高院土地承包纠纷解释》第6条第1款第2项之规定，本院对原告请求甲村四组返还承包地的诉讼请求予以支持。

第三人孙某某主张：甲村四组抽回土地合法，甲村四组抽回土地是在《农村土地承包法》实施之前，“生的给地，走的抽地”做法系经集体讨论一致同意通过、符合村民自治政策，并且因违反当时二胎与“老大”必须间隔三岁的计划生育政策，原告当时分得土地本身就是错误的。本院认为，不能认为只有基于《农村土地承包法》施行之后产生的承包经营权纠纷，才可以适用《农村土地承包法》，该法在施行之前，二轮承包工作已经基本结束，如果将基于该法施行前产生的经营权纠纷案件排除于该法的调整范围，势必导致维护土地承包经营权人合法权益之立法目的落空；并且，土地系对农民生存权益的最根本保障，原告艾B作为村民取得土地承包经营权、获得生存权益保障并无不妥，本院对第三人的上述主张不予支持。

梅河口市法院判决：(1)被告甲村四组将违法抽回的原告艾B承包地3.24亩退回，于判决生效后立即执行；(2)驳回原告艾B的其他诉讼请求。

［根据梅河口市人民法院(2015)梅民初字第2515号民事判决书编写］

【裁判案例12】承包地因相邻间地段四至不清引起纠纷，经测量确定后，多占方拒不返还构成土地经营权侵权。

［案情简介］

蔡某某、魏A同为某村村民，在二轮土地承包时，魏B(魏A的兄弟)的承包地与蔡某某相邻。与蔡某某相邻的土地，魏B应分得8垄。2015年，魏A转包魏B的承包地33.93亩，承包期限为10年。

2016年，蔡某某认为魏A种植了其家1垄承包地而与魏A发生纠纷。2016年5月20日，村委会为了解决蔡某某与魏A之间的1垄承包地纠纷，与县土地确权工作人员一起，在没有用仪器测量的情况下，对魏A经营的土地进行了测量，然后出具一份证明书。该证明书证明："从东往西按户排土地面积时，魏A多1.30米。"该证明加盖村委会公章，支部书记顾某某、村委会主任马某、调解员矫某某在上签字。

由于2016年5月20日没有用仪器测量，魏A对测量结果有异议，双方纠纷未能化解。2016年9月16日，蔡某某强行抢收了魏A种植在争议1垄地上的花生，双方又发生争执。

2016年9月29日，在魏A的要求下，村委会将县里土地确权的工作人员请来，带上测量仪器，按照公示的确权台账，对魏A承包地再次进行测量，测量结果显示，现魏A承包的土地面积比公示的台账少1垄，也就是说，蔡某某抢占的1垄地是魏A的。在这次测量时，村书记顾某某、村委会主任马某在场，蔡某某、张某某也在场。2019 年 3 月 28 日,村委会就此经过、结果以及其他有关情况,出具《关于蔡某某与魏 A 承包地边界纠纷的核实情况证明》。

2019 年 1 月,经土地确权,魏 A 取得农村土地承包经营权证,此证也证明魏 A 现在少 1 垄。后经村委会多次调解,蔡某某仍拒不返还。

2016 年、2017 年和 2018 年,该 1 垄争议土地由蔡某某经营,2019 年由魏 A 经营。

[法院判决]

2019 年,魏 A 向一审法院提起土地承包经营权侵权诉讼,请求依法判决蔡某某立即停止侵害,退还魏 A 承包田旱田 1 条垄,赔偿实际经济损失 1000 元。

一审法院认为,国家保护土地承包方的土地承包经营权,任何组织和个人不得侵犯。二轮土地承包后,魏 A 承包魏 B 33.93 亩承包地,享有该地块的经营权,该地块与蔡某某家庭承包的土地相邻,现双方发生争议,均主张双方土地相邻的 1 垄为自己一方享有承包经营权。因双方农村土地承包经营权证已经下发,双方土地界限明确。双方所在的村委会于 2019 年 3 月 28 日出具了《关于蔡某某与魏 A 承包地边界纠纷的核实情况证明》,该证明书载明"2016 年 9 月 29 日,在魏 A 的要求下,村委会将县里土地确权的工作人员请来,带上测量仪器,按照公示的确权台账对魏 A 的土地进行了测量,测量时村书记顾某某,村委会主任马某在场,蔡某某也在场,测量结果是现魏 A 的土地比公示的台账少 1 垄"。该证明载明,双方土地已经过仪器测量,涉案 1 垄地在魏 A 承包经营权范围内。据此,魏 A 要求蔡某某返还 1 垄地的诉讼请求,予以支持。魏 A 要求蔡某某赔偿 2016 年至 2018 年的损失 1000 元,蔡某某对此数额表示认可。

一审法院判决:一、蔡某某立即返还魏 A 1 垄的土地;二、蔡某某赔偿魏 A2016 年、2017 年、2018 年因未能耕种该地可得的经济损失人民币 1000 元,本判决生效后立即给付。

蔡某某不服一审判决,向松原市中院提起上诉。松原市中院判决:驳回上诉,维持原判。

［根据吉林省松原市中级人民法院(2019)吉07民终1400号民事判决书编写］

【裁判案例13】镇政府擅自利用承包地建设幼儿园，法院认定其侵犯农户土地承包经营权违法。

［案情简介］

高某某系A镇B村二组村民，承包有B村二组土地。2014年1月16日，A镇政府为了建设幼儿园，指派相关工作人员组织、协调，并由B村支部书记带领几名村干部和施工队，在没有办理树木采挖许可证的情况下，对位于B村西北地的枣树进行移植，市林业局对被A镇政府作出补种滥伐株数5倍即9500株树木的处理决定。

高某某的承包地在上述范围内。高某某等多名群众均不同意A镇政府移植枣树并占用其承包土地。后高某某及其他村民通过多种渠道得知，A镇政府在该涉案土地上建设的幼儿园项目无任何土地征收、审批、规划等手续，市国土资源局认定争议土地上所建幼儿园未经批准，系违法占地。

［双方诉辩］

2016年，高某某以A镇政府为被告，向惠济区法院提起侵犯土地承包经营自主权的行政诉讼。

高某某诉称：2014年1月16日，B村村民发现A镇政府干部带领B村村干部，雇用他人开着铲车，在没有取得任何许可、未经原告同意的情况下，擅自将原告承包的土地破坏，并将承包地上的27棵枣树，公开用挖掘机和汽车毁损、铲除，对原告承包的土地进行破坏导致无法经营，村民发现后进行了阻止。被告A镇政府将原告承包的枣树毁损后，又阻止原告耕种承包地，毁坏水电，让基本农田荒芜，至今无法耕种。原告承包枣林地5亩，枣树27棵，平均每棵产量204斤，市场零售价每斤大枣15元到20元，自被告A镇政府将原告承包的枣树毁坏，至今已经两年枣树没有收成。

基于上述事实，原告认为：该宗土地是原告依法承包的，土地承包经营权应当受到法律保护。被告A镇政府擅自破坏承包地、砍伐原告承包地枣树的行为,已经使原告的承包地至今无法耕种,原告依据《最高人民法院关于审理涉及农村集体土地行政案件若干问题的规定》等法律规定,提起诉讼,请求确认被告A镇政府破坏原告承包土地行政行为违法。

被告A镇政府辩称:被告认为本案属于民事纠纷,不属于行政纠纷,且原告已经向法院提起过民事诉讼,人民法院处理结果是主体不符,而不是不予受理;涉案土地是租赁使用,租金及附属物的赔偿款已经到位。被告认为本案不属于行政纠纷,应驳回原告起诉。

［法院判决］

惠济区法院另经现场勘验查明,现涉案土地上已建成三层楼房一座,旁边公示显示A镇某某幼儿园总平面规划图。

惠济区法院认为:

1. 关于本案是否属于行政诉讼受案范围。《最高人民法院关于审理涉及农村集体土地行政案件若干问题的规定》第1条规定:农村集体土地的权利人或者利害关系人认为行政机关作出的涉及农村集体土地的行政行为侵犯其合法权益,提起诉讼的,属于人民法院行政诉讼的受案范围。本案原告高某某系集体土地承包人,要求确认被告A镇政府破坏其承包土地的行政行为违法应属于人民法院行政诉讼的受案范围。被告A镇政府辩称本案不属于行政诉讼受案范围的意见本院不予支持。

2.《土地管理法》第61条规定:"乡(镇)村公共设施、公益事业建设,需要使用土地的,经乡(镇)人民政府审核,向县级以上地方人民政府土地行政主管部门提出申请,按照省、自治区、直辖市规定的批准权限,由县级以上地方人民政府批准;其中,涉及占用农用地的,依照本法第四十四条的规定办理审批手续。"《农村土地承包法》第25条规定:国家机关及其工作人员不得利用职权干涉农村土地承包或者变更、解除承包合同。被告A镇政府为建造幼儿园,在未按法律规定办理各种审批手续的情况下,组织人员将原告等村民承包地上的枣树移植,现正在承包地上建设幼儿园。被告A镇政府在未办理合法征地、审批等手续的情况下组织人员移植枣树、建造房屋，致使原告的承包地无法耕种、使用，原告要求确认被告破坏其承包土地的行政行为违法的诉讼请求本院予以支持。

惠济区法院判决：被告A镇政府破坏原告承包土地行政行为违法。

［根据郑州市惠济区人民法院(2016)豫0108行初8号行政判决书编写］

第七节　土地经营权流转的纠纷处理

《农村土地承包法》规定的土地经营权流转是在土地承包经营的基础上进行的，故土地承包经营合同与土地经营权流转合同有关联性，且两者有许多内容具有共性，但土地经营权流转合同毕竟不是土地承包经营合同，两者形成的原因和发生纠纷的原因以及处理也就有所不同。这里从土地经营权流转的特性出发，根据《农村土地承包法》及其司法解释的有关规定和司法实践的情况，分析土地经营权流转合同（以下简称流转合同）纠纷及其处理的问题。

一、土地经营权流转方式纠纷及处理

《民法典》第339条规定："土地承包经营权人可以自主决定依法采取出租、入股或者其他方式向他人流转土地经营权。"

《农村土地承包法》第53条规定："通过招标、拍卖、公开协商等方式承包农村土地，经依法登记取得权属证书的，可以依法采取出租、入股、抵押或者其他方式流转土地经营权。"《农村土地承包法》还要求土地经营权流转应当依照法律规定签订书面合同，明确流转方式和相应的权利义务。但在实践中，由于流出方（承包方）和流入方法律意识淡薄，往往不采用有关部门制作的合同文本而随意流转，有的没有签订流转合同，有的流转合同过于简单，后发生流转方式纠纷，如流出方认为是出租，要求流入方交付租金，而流入方认为是无偿代耕，拒绝交付租金，于是双方发生土地经营权流转方式纠纷。

在没有订立流转合同或者流转合同没有约定流转方式的情况下，根据《民

法典》的有关规定，双方当事人可以协议补充，不能达成补充协议的，按照合同有关条款或者交易习惯确定。在具体处理时，可以根据流转原因、合同履行情况、权证登记、农业补贴领取、实际耕作期限长短等因素综合认定流转的性质和方式。

江西省高级人民法院《农村土地承包纠纷案件审判工作指引》规定的以下两种处理方法值得参考：

一是“当事人将其家庭承包土地交由本集体经济组织其他成员（或为耕作土地将户籍从其他集体经济组织迁入本集体经济组织的成员）长期耕作，未签订书面合同，土地承包经营权已经登记到实际耕作人名下的，视为经发包方同意转让土地承包经营权，当事人主张系出租（转包）或代耕，要求耕作人返还土地或主张取得该土地征收补偿费用的，一般不予支持”。也就是说，家庭承包方将承包地交由同一集体经济组织其他成员长期耕作而未签订书面合同，土地承包经营权已经登记在实际耕作人名下的，一般应作转让土地承包经营权处理，而不能认为是出租、转包或代耕。

二是“当事人将其家庭承包土地交由本集体经济组织其他成员耕作，未签订书面合同，土地承包经营权证仍登记为该当事人、农业补贴亦由该当事人领取，其主张系出租（转包）或代耕，要求耕作人返还土地或主张取得该土地征收补偿费用的，一般应予支持。因收回承包土地造成耕作人实际损失的，当事人应根据过错程度予以补偿”。也就是说，家庭承包方将承包地交由同一集体经济组织其他成员耕作未签订书面合同，但土地承包经营权证仍登记为该承包方、农业补贴亦由该承包方领取的，应当认定为土地经营权流转或代耕，而不能认定为转让。但承包方收回承包地时，对耕作人造成的实际损失，应当根据过错程度予以补偿。

二、流转合同效力纠纷及处理

流转合同效力与家庭承包合同效力的认定和处理基本一致，但流转合同有着自身的特点，某些纠纷的认定和处理需要再行分析。

1. 发包方强迫承包方流转纠纷及处理

根据《农村土地承包法》第 9 条的规定:“承包方承包土地后,享有土地承包经营权,可以自己经营,也可以保留土地承包权,流转其承包地的土地经营权,由他人经营。”也就是说,土地承包合同订立后,承包地由承包方自行决定自己经营或者流转经营。当承包方决定自行经营时,农村集体组织作为发包方,违背承包方的意愿,强迫其将承包地流转给他人经营,属于对承包方土地经营权的侵权行为。对此,《最高院土地承包纠纷解释》第 12 条第 1 款规定:“发包方胁迫承包方将土地经营权流转给第三人,承包方请求撤销其与第三人签订的流转合同的,应予支持。”由此造成承包方损失的,发包方应当承担赔偿责任。第三人(流入方)明知承包方(流出方)受强迫而与承包方订立流转合同的,根据其过错程度承担相应的民事责任;如果第三人与发包方恶意串通,通过发包方实施强迫手段,迫使承包方与第三人订立流转合同的,该流转合同无效,第三人和发包方负有连带赔偿责任,第三人已经占有承包地的,应当由第三人返还。发包方强迫承包方流转,但未造成承包方与第三人签订流转合同的后果,承包地也未被第三人侵占的,则不构成侵权。

2. 发包方阻碍承包方流转纠纷及处理

发包方借助自己的强势地位,无论是采取强迫手段,还是采取阻碍手段,非法干预承包方流转土地经营权都是对承包方的侵权行为。《最高院土地承包纠纷解释》第 12 条第 2 款规定:“发包方阻碍承包方依法流转土地经营权,承包方请求排除妨碍、赔偿损失的,应予支持。”例如,发包方因反对承包方流转,故意在流转地周围设置障碍,致使流入方无法入地耕种。发包方实施这些行为,实际上也是侵害土地经营权的行为,应当相应地承担排除妨碍、赔偿损失的法律责任。

但是,发包方基于监督权合法干涉承包方非法流转的,不能认定为侵权行为。例如,承包方向本集体组织以外的单位或者个人流出承包地,而本集体组织成员在同等条件下向其提出优先流入,而承包方不予优先。承包方这一行为违反了《农村土地承包法》第 38 条“在同等条件下,本集体经济组织成员享有优先权”的规定。为了保护本集体组织成员的流入优先权，发包方采取措施制止承包方对外流出承包地是合法行为，而不是侵害或者阻碍承包方流转土地经营权的行为。

3. 发包方要求报请土地经营权备案纠纷及处理

承包方流转土地经营权后，发包方根据《农村土地承包法》第 36 条的规定，要求承包方向其报请土地经营权流转备案，而承包方拒绝报请备案，这种纠纷如果发生在《民法典》实施前，则应认定发包方的主张合法，承包方应当依法向发包方报请备案。但《民法典》为了进一步放活土地经营权的自由流转，在第 339 条规定中取消了“向发包方备案”制度，故在《民法典》实施后，应当认定发包方强迫承包方报请土地经营权备案的行为无效。《最高院土地承包纠纷解释》第 14 条也规定：“承包方依法采取转包、出租、入股或者其他方式流转土地承包经营权，发包方仅以该土地承包经营权流转合同未报其备案为由，请求确认合同无效的，不予支持。”这一司法解释是符合《民法典》上述规定的。也就是说，发包方在《民法典》施行后，以承包方未向其报告备案为由主张流转合同无效缺乏法律依据，流转合同不得因此而无效。

4. 再流转合同纠纷及处理

《农村土地承包法》许可土地经营权再流转，且再流转合同与流转合同也没有多大差别。《民法典》实施前，再流转土地经营权适用《农村土地承包法》第 46 条“流转合同经承包方书面同意，并向本集体经济组织备案，受让方可以再流转土地经营权”的规定，但在《民法典》实施后需要注意以下两个问题：

一是关于未经流出方同意而发生的纠纷如何处理的问题。流入方再流转土地经营权需经流出方（承包方、受让方）书面同意，未经流出方书面同意就擅自再流转土地经营权的，我们认为，可以参照《民法典》第 716 条至第 718 条有关“转租”的规定做解除处理，即流入方（如土地经营权承租人）未经流出方（如土地经营权出租人）同意再流转的，流出方可以行使流转合同解除权，使流转合同关系消灭，流转合同关系一旦消灭，再流转也就失去基础合同而无法履行，从而达到阻却再流转合同履行的效果；流转合同解除后，该合同尚未履行的，终止履行，已经履行的，根据履行的情况和合同的性质，流出方可以要求流入方恢复原状、采取其他补救措施，并有权要求赔偿损失。但是，流出方知道或者应当知道流入方再流转，在6个月内未提出异议或者行使解除权的，视为流入方同意再流转。

二是关于再流转是否“向本集体经济组织备案”的问题。《民法典》第339规定删除了《农村土地承包法》第36条流转土地经营权“向发包方备案”的规定，基于此，《农村土地承包法》第46条规定的土地经营权再流转也无须“向本集体经济组织备案”。在《民法典》实施后，本集体经济组织强制土地经营权再流转向其备案的，再流转当事人可以拒绝，但再流转当事人自愿报请备案的除外。

三、流转经营权重复流转纠纷及登记对抗主义

在流转实践中有可能出现这样一种纠纷：流出方先将土地经营权出租给甲，后又将同一承包地上的土地经营权转包给乙，于是产生重复流转纠纷。此类流转纠纷的解决涉及土地经营权的物权效力问题。

《民法典》第502条规定，“依法成立的合同，自成立时生效”，据此，流出方与流入方自愿依法成立土地经营权流转合同，该合同自成立时生效。《民法典》第341条规定：“流转期限为五年以上的土地经营权，自流转合同生效时设立。”由于国务院在决定不动产统一登记的时给予农村土地承包经营权5年过渡期，过渡期结束农村土地承包经营权可以登记发证，故这里有个“流转期限为五年以上”的规定。据此规定，流转合同约定流转期限5年以上的，自流转合同生效时设立土地经营权。但《民法典》没有将土地经营权固定为一种用益物权，因此，流转合同生效和土地经营权设立不一定就能产生物权效力，土地经营权产生物权效力还必须经过依法登记。《民法典》第341条继续规定，“当事人可以向登记机构申请土地经营权登记；未经登记，不得对抗善意第三人”。流转当事人向登记机构申请土地经营权登记，登记机构予以办理登记手续后才产生物权效力，这种登记的物权效力可以对抗善意第三人；如果未经登记，则不得

对抗善意第三人。如上述纠纷，流出方虽然先将土地经营权出租给甲但未办理登记手续，而后又将同一承包地上的经营权转包给乙，乙在不知道或者不应知道流出方土地经营权已经出租给甲的情况下接受转包，且转包经营权已经办理登记手续的，这种善意接受转包所取得的转包经营权可以对抗甲的租赁经营权，也就是说，应当由乙取得转包经营权，而甲与流出方订立的租赁合同应由双方作解除处理。

【裁判案例 14】流转经营权未订立合同而发生转包还是转让纠纷，法院根据实际履行情况下判。

[案情简介]

1997 年，杨 A 所在的甲村(原国营某某农场三分场)进行二轮土地承包，杨 A 户承包土地 13.4 亩。1999 年 3 月 26 日，杨 A 取得农村承包国有土地经营权证，证书上记载杨 A 承包耕地面积 13.4 亩，承包期限为 30 年，但未记载承包土地的坐落、等级、类别及块数等情况。

1999 年，杨 A 次子杨 B 结婚分家另过，后外出务工。

2001 年和 2002 年，杨 A 两次将自己承包经营的两块土地共计 7.04 亩转给同一村组的村民何某某耕种，双方未签订书面协议。何某某取得两块土地后，按照当时的惯例在甲村进行了经营权变更登记，甲村将杨 A 的承包面积减掉流转面积 7.04 亩，增加到何某某承包面积中。后何某某按照新的承包面积承担上交农业税、“三提五统”等税费和相关义务。后遇国家农村税费改革，甲村对农村承包土地再次进行登记、核实，杨 A 流转给何某某的 7.04 亩土地仍由何某某办理相关申报、登记手续。农村税费改革结束后，流转 7.04 亩土地的粮食直补和相关惠农政策一直由何某某享受和领取。

2013 年甲村部分土地被征收。同年 10 月，杨 B 务工回家，要求何某某返还其父转包的 7.04 亩土地，何某某以 7.04 亩土地已经合法转让为由，拒绝返还。

[一审判决]

2015年,杨A、杨B共同向南漳县法院提起诉讼,认为涉案承包地的流转方式是转包,故请求判令被告何某某返还7.04亩承包地;而被告何某某认为是转让,拒绝返还。

南漳县法院认为,依法通过承包方式取得土地承包经营权的承包方,可以在符合法律和政策规定内通过转包、转让等方式进行流转,合法流转的土地承包经营权应受法律保护。本案原、被告自行协商一致后,将承包地通过转让方式进行流转,并经发包方予以认可和登记,该流转系双方自愿,且合法有效,应予确认。被告何某某自转让后即取得7.04亩土地承包经营权,该土地承包经营权应受《农村土地承包法》的调整和保护。两原告主张与被告之间的土地流转属转包关系未能提供相应证据证实,故对其诉讼主张不予支持。

南漳县法院判决:驳回原告杨A、杨B的诉讼请求。

[二审判决]

杨A、杨B不服上述判决,向襄阳市中院上诉,请求二审法院依法撤销原审判决,依法改判或将本案发回重审。

襄阳市中院认为,本案争议焦点为案涉土地流转方式系转让还是转包。

从查明的事实来看,诉争土地发包时,发包方均未与承包方签订承包经营合同,杨A将其家庭承包的部分土地流转时亦未与何某某签订书面协议对流转方式进行约定,而何某某依据某某农场当时习惯做法,在所属的甲村进行变更登记,并按照规定上缴了"三提五统"和税费,发包方对此予以认可。期间农业税费进行相应改革,何某某按照新的承包土地面积办理各项申报、登记手续,负担相应税费,享受相应惠农政策和补贴,作为同一村组村民的杨A对此应当知晓,但并未提出异议。而杨B虽常年在外务工,但基本每年春节回家,对父亲杨A流转土地承包经营权的做法也未提出异议和及时主张权利。此后,诉争土地各项惠农政策和粮食直补均由何某某享受,直至2013年后,双方当事人所在地部分土地被征收才引发本案争议,届时土地经营权发生改变时间长达14年之久。此外,杨A提供的承包国有土地经营权证上也未具体载明承包土地的坐落位置、四至范围及土地经营权流转等信息。

综合分析以上事实，本院依法认定当事人之间的土地经营权改变为转让而非转包。故何某某自转让后即取得7.04亩土地承包经营权，该土地承包经营权应受《农村土地承包法》的调整和保护。

襄阳市中院判决：驳回上诉，维持原判。

［根据湖北省襄阳市中级人民法院（2016）鄂06民终2812号民事判决书编写］

【裁判案例15】户主即持证人有权代表本户将家庭承包地进行流转，其他家庭成员主张其侵权不能成立。

［案情简介］

王A为甲村乙屯农民。在1998年第二轮土地承包时，王A户共5口人，其哥王B为该家庭承包经营户的户主，也是农村土地经营权证书的持证人，该农户包括王A在内，每人分得承包地3.66亩，共分得18.3亩。

2013年5月23日，王B户为养车向同村村民高某某借款5万元，约定利息2分，由本村村民国某提供担保。2015年，高某某向王B索要借款。王B无钱给付，便找到国某说：这钱我给不上，我这里有地，问高某某要不要。国某向高某某转达此意后，高某某与王B于2016年3月26日协商后，签订了一份《卖地合同书》。该合同约定：王B现有承包地25亩，转租给同村高某某租种，租种年限为12年，即2016年3月26日至2017年12月26日为止；租金总额为12万元，高某某一次性交齐；王B如有变化，导致高某某种不上地，所有产生的损失由王B负责；如国家土地政策发生变化，从变化之日到合同终止，租金由王B返回高某某；如不到合同终止抽回土地，王B付本金及违约金20%。该合同签订后，高某某按照约定，将王B欠的5万元债务抵顶部分价款，另付王B 7万元，共12万元。王B向高某某出具收据一份。后王B将包括家庭承包所分得的土地在内的25亩土地交高某某经营。

[双方诉辩]

2017 年 4 月 20 日,王 A 向兰西县法院提起土地承包经营权侵权诉讼称:1998 年二轮土地承包,原告王 A 分得了 3.66 亩家庭承包田,2016 年王 B 未经原告同意,将原告所享有的 3.66 亩土地承包经营权以抵债的形式抵给被告高某某,原告向被告高某某索要土地,被告高某某拒不返还原告所分得的 3.66 亩土地。请求法院:依法判令被告高某某立即停止侵权行为,返还原告家庭承包土地 3.66 亩。

被告高某某辩称:事情不是原告起诉状所述,被告没有侵占原告的土地。起初王 B 借被告 5 万元,后把 25 亩地转租给被告,双方商议 12 万元,不存在抵债问题,被告是花现钱买的。

[法院判决]

兰西县法院认为,原告王 A 主张,其哥哥王 B 未经原告同意将其承包的土地承包经营权以抵债的形式抵给被告高某某,原告经索要,被告拒不返还,认为被告侵犯了其土地承包经营权,故要求被告停止侵权,返还土地 3.66 亩。按我国法律规定,农村土地承包采取农村集体经济组织内部的家庭承包方式,家庭承包的承包方是本集体经济组织的农户。王 B 是原告所在的家庭承包农户的户主,也是该农户农村土地经营权证书的持有人。土地承包经营权的流转是承包方依法享有的权利,王 B 有权代表该农户将家庭承包的土地在法律允许的范围内进行流转,王 B 与被告经自愿协商签订了上地流转协议,被告以 5 万元债权和 7 万元现金,按约定向王 B 交付土地转包费 12 万元,符合法律规定的平等协商自愿有偿的原则。王 B 与被告签订的虽为“卖地合同书”,未改变土地所有权性质,未改变原有的承包合同关系,实为转包合同。被告经过转包而取得的对争议土地经营的权利,不构成对原告承包土地经营权的侵犯,对原告的诉讼请求不予支持。

兰西县法院判决:驳回原告的诉讼请求。

[根据兰西县人民法院(2017)黑 1222 民初 759 号民事判决书编写]

第八节　土地承包经营权继承的纠纷处理

继承是按照法律或遵照遗嘱继受死者遗留的个人合法财产的一种法律制度。根据《民法典》有关继承的规定,继承人有权依法从被继承人死亡时开始继承被继承人遗留的个人合法财产。土地承包经营权作为一种具有财产内容的权利,属于遗产继承范畴。这里分析土地承包经营权的继承及其纠纷处理的问题。

一、土地承包经营权继承的法律适用

土地承包经营权通常适用《民法典》有关规定进行继承,但因土地承包经营有其自身的特殊性,故同时适用《农村土地承包法》的有关特别规定。《农村土地承包法》第 32 条第 1 款规定:"承包人应得的承包收益,依照继承法的规定继承。"第 2 款规定:"林地承包的承包人死亡,其继承人可以在承包期内继续承包。"这是土地承包经营权的继承规定和法律依据。根据"特别规定优于一般规定"的法律适用规则,在土地承包经营权继承问题上,应当优先适用《农村土地承包法》的上述规定,除此之外仍应适用《民法典》一般性继承规定。

二、农户成员死亡引起的继承纠纷及处理

在现实生活中,家庭承包农户中某一成员死亡,特别是"户主"死亡,兄弟姐妹儿孙往往为争夺死者的承包地发生纠纷,还有非户内的继承人也参与进来闹继承,那么如何依法处理这类继承纠纷?

根据《农村土地承包法》第 19 条的规定,本集体经济组织按照规定统一组织承包时其成员依法享有平等的土地承包权利,但这仅仅解决本集体经济组织成员及农户成员的土地承包资格权的问题。在家庭承包土地中,根据该法第 16 条规定,承包方是本集体经济组织的农户,而不是本集体经济组织的成员个人及农户的成员个人,而且在承包期内"生不增死不减",因此,家庭土地承包

经营权属于农户的用益物权而非农户成员的个人财产，只要承包方农户尚有一人生存而未绝户的，作为承包主体的农户仍然存在，故家庭成员尚未全部死亡的，不发生土地承包经营权作为个人遗产继承问题，该户的承包地仍应由该户生存者继续承包。

在承包期内，承包户成员全部死亡而绝户的，该户成员的承包经营资格权全部丧失，承包户主体资格也随之消失，土地承包经营合同依法终止，承包地应由本集体组织收回，在此情形下，本集体组织内的其他成员，即使属于继承法上的死亡公民继承人，也不得通过继承取得绝户的土地承包经营权；继承法上的继承人如果是非本集体组织成员，因其不具有本集体组织的土地承包资格权，故也不得通过继承取得本集体组织绝户的土地承包经营权。

三、家庭承包收益的继承纠纷及处理

家庭土地承包经营权不可继承，但“承包人应得的承包收益”属于可继承的财产。《农村土地承包法》第 32 条第 1 款规定的“承包收益”，包括承包经营土地的生产收益和土地经营权流转的收益。但“承包收益”的继承实质上还是有一定局限的。

这里的“承包人”如果是家庭承包中的农户，该农户只有一人的，该人死亡后的“承包收益”属于遗产，应当按照《民法典》一般性继承规定由继承人继承。农户一家有多位成员，其“承包收益”实际上是家庭承包收益。家庭承包收益除有特别约定外，一般属于家庭共同共有财产，而不是家庭某个成员的财产，因此，只要该家庭仍有一位成员存在，就应归该成员享有。但家庭成员将承包收益分割为个人财产后，死者个人所得“承包收益”份额才可以作为遗产继承。农户如果绝户而留有家庭“承包收益”遗产的，才可以依照《民法典》的有关规定由家庭成员之外的继承人继承。

四、林地承包经营权继承及纠纷处理

《农村土地承包法》第 32 条第 2 款规定：“林地承包的承包人死亡，其继承人可以在承包期内继续承包。”《农村土地承包法》第 54 条规定：“承包人通过其他方式承包林地后死亡的，其应得的承包收益，依照继承法的规定继承；在承包期内，其继承人可以继续承包。”《最高院土地承包纠纷解释》第 23 条第 1 款也规定：“林地家庭承包中，承包方的继承人请求在承包期内继续承包的，应予支持。”根据上述规定，在家庭承包期内，林地承包人死亡的，林地承包经营权可以作为遗产，由继承人继续承包经营，而发包方不得收回承包地。这是因为林地承包经营与耕地承包经营相比有其特殊性，除林业生产经营周期和承包期很长外，因承包林地上成长的林木归承包人所有，林木所有权与林地又不能分离，故若不允许林地继承而予以收回，则会侵害承包人和继承人的合法收益，由此很可能造成继承人乱砍滥伐，破坏生态环境。因此，林地承包人死亡的，继承人可以按照《民法典》有关规定在承包期内继续承包。但需要注意的是，林地采取家庭方式承包的，同耕地家庭承包一样，农户中部分成员死亡，无须通过继承方式，继承人就可以继续承包经营。

五、以其他方式承包的继承纠纷及处理

《农村土地承包法》第 54 条规定：“依照本章规定通过招标、拍卖、公开协商等方式取得土地经营权的，该承包人死亡，其应得的承包收益，依照继承法的规定继承；在承包期内，其继承人可以继续承包。”《最高院土地承包纠纷解释》第 23 条第 2 款也规定：“其他方式承包中，承包方的继承人或者权利义务承受者请求在承包期内继续承包的，应予支持。”其他方式中承包人可以是单位，也可以是个人。根据上述规定，承包人作为自然人以招标、拍卖、公开协商等方式取得土地经营权后死亡的，其应取得的承包收益属于遗产，继承人有权按照继承法律的规定进行继承；如果承包期未满，发包方不得收回承包地，而由继承人继续承包。法律许可其他方式承包的继承人继续承包的主要理由：一是承包人通过招标、拍卖、公开协商等方式取得土地经营权是付出金钱代价有偿取得的，如果该承包人死亡，其生前付出金钱代价换取的土地承包经营权当然具有个人财产内容，故该土地承包经营权是可以由继承人继受的；二是让继承人继续承

包，有利于稳定承包合同关系，能使经营项目得以继续进行，能使经营项目的期待收益得以有效保护。

六、土地经营权流转的继承纠纷及处理

《农村土地承包法》《最高院土地承包纠纷解释》均未规定土地经营权的流转继承问题，但这并不意味着全盘否定土地经营权的流转继承。我们认为，流出方的流转收益属于死者个人合法财产的，应当适用继承法律的规定由继承人继承；家庭承包方作为流出方绝户的，在绝户前已将土地承包经营权的流转给他人，由此产生的遗留收益，应由该农户成员外的继承人继承。

在家庭承包方式中，承包方在流出期间绝户的，该流转合同在一般情况下亦应随之终止，至于遗留财产问题，可另行处理。但这种简单的做法往往对发包方和流入方都不利。我们认为，流入方与发包方农村集体组织可以通过协商，由发包方代替承包方（流出方）继续履行流转合同，或者在原流转合同的基础上，以其他方式与流入方重新订立承包合同，让流入方继续经营，从而避免各自的损失。

流入方在流转期间死亡，流出方也可以终止流转合同，但流入方的继承人要求继承经营的，我们认为应当参照《农村土地承包法》第 54 条规定由继承人继续经营，但继承人继续经营土地，应当具有《农村土地承包法》规定的“农业经营能力或者资质”。

【裁判案例 16】农户成员户口迁出为城镇非农业户口不再享有土地承包经营权的继承权。

［案情简介］

刘 A 全家成员系甲村村民。2000 年甲村调整承包地时，刘 A 户分得四口成员的 2.6 亩承包地。当时家庭成员有刘 A、王某某（刘 C 的爷爷和奶奶）、刘 B（刘 C 的父亲）、刘 C。刘 C 系刘 B 与李某某所生，刘 B 与李某某离婚后，刘 C 户籍迁往城镇为非农业户口。刘 A 于 2011 年秋去世，刘 B 于 2014 年 3 月 14

日去世。刘 B 于 2008 年与郑某某结婚。现刘 A 户的承包地由郑某某经营管理。

［双方诉辩］

2015 年,刘 C 以郑某某为被告,向宽城县法院提起土地承包经营权继承纠纷诉讼。

原告刘 C 诉称:2000 年 2 月,我的爷爷刘 A 是家庭联产承包户主,家里 4 口按每人产量分地 438 斤,共分得 2152 斤产量地。之后,我奶奶的那份产量地被分出另行耕种。剩有我爷爷刘 A、我父亲刘 B 和我本人共 3 口的产量地为 1614 斤。2008 年 11 月,被告郑某某与我父亲登记结婚,但没分得到承包地。我爷爷和父亲去世后,我家 3 口承包地就应归我耕种。被告郑某某的土地份额在其娘家,却强行占有我享有的 3 口承包地进行耕种,严重侵犯了我的家庭联产承包经营权。请求法院判令被告郑某某返还我全部 3 口 1614 斤的产量承包地。

被告郑某某辩称:原告刘 C 所诉没有事实和法律依据,被告自 2008 年与原告的父亲结婚后就一直耕种涉案土地,原告系非农业户口,出生后就随其母亲生活,且户籍也迁往城镇,不是本村集体成员,不能依法获得承包地。2014 年原告的爷爷去世以后,被告成为该户的户主,有权继续经营该户的承包地。被告与原告的父亲结婚后,已经把户口迁至原告的父亲处,被告有土地承包经营权,所以应依法驳回原告的诉讼请求。

［一审判决］

宽城县法院认为,我国家庭联产承包责任制政策规定,土地承包是以农户家庭为单位,承包人是指承包土地的农户家庭,而不是指家庭中的某个成员。承包耕地的家庭中某一个人死亡,其他成员还在的时候,不发生继承问题,仍由其他成员继续承包经营。被告郑某某与刘 B 结婚后,将户口迁入甲村,即为以刘 A 为户主的农村联产承包责任制家庭户成员,现承包户中刘 A、刘 B 已死亡,被告郑某某仍有经营管理家庭户内承包地的权利。原告刘 C 在土地承包调整时虽然是刘 A 家庭户的成员,但其现为非农业户口,且现户籍地为宽城镇,不在甲村。《农村土地承包法》第 15 条规定,家庭承包的承包方是本集体经济组织的农户,故原告刘 C 要求返还被告郑某某经营的承包地无法律依据,本院不予支持。

宽城县法院根据《农村土地承包法》判决:驳回原告刘 C 的诉讼请求。

[根据宽城满族自治县人民法院(2016)冀 0827 民初 320 号民事判决书编写]

【裁判案例 17】父母死亡后,家庭承包土地流转取得的收益,属于家庭合法财产,应当由户内兄弟共同继承并平均分配。

[案情简介]

周 A 与王某某系夫妻关系,其子有周 B、周 C。1984 年 11 月 30 日,周家所在的镇政府以家庭为单位向周 A 颁发土地长期承包使用证。该证载明:周家成员为上述 4 人,土地使用面积 4.3 亩。王某某和周 A 先后于 2011 年 10 月 6 日、2015 年 6 月 28 日去世后,上述土地由周 B、周 C 兄弟经营管理。2016 年 3 月,周 C 与范某某签订了《土地承包经营权流转合同》,周 C 将家庭承包中的 2.7 亩自留地通过转租方式流转给范某某,租期 13 年,租金 324,000 元。

[双方诉辩]

周 B 向广阳区法院提起土地承包经营权收益继承纠纷诉讼称:被告周 C 与案外人范某某签订土地承包经营权流转合同,约定将家中承包的 2.7 亩土地 13 年的承包经营权转让给范某某,每亩土地使用权转让费 12 万元,总转让费共计 324,000 元。被告转让上述土地承包经营权未经原告同意,所得土地使用权转让费亦未支付原告。原告多次找到被告协商,但一直未达成一致意见。请求法院判令被告周 C 给付原告土地承包经营权转让费 162,000 元并支付利息。

被告周 C 辩称:范某某已将全部租金支付给我,原告主张没有依据,我不同意给付原告土地流转租金。

[法院判决]

广阳区法院认为,家庭土地承包方依法享有承包地使用、收益和土地承包经营权流转的权利,因土地流转取得的收益,属于合法财产。本案诉争土地是以家庭为单位进行的承包经营管理,原、被告父母去世后,其父母在该宗土地流转所得的收益应当由原、被告共同继承。原告周 B 要求平分该宗家庭承包土地经营收益的主张,合法有据,本院予以支持。利息损失应按同期银行存款利率计算。

广阳区法院依照《继承法》第 3 条、第 4 条,《农村土地承包法》第 16 条之规定,判决如下:被告周 C 于判决生效之日起 15 日内给付原告周 B 土地流转款 162,000 元,并支付自 2016 年 5 月 5 日起至给付之日止的利息,按银行同期存款利率计算。

[根据廊坊市广阳区人民法院(2016)冀 1003 民初 2859 号民事判决书编写]

【裁判案例 18】土地承包经营权流转收益应属家庭全部成员共有,承包合同签订后的新增家庭成员有权继承土地流转收益。

[案情简介]

曹某某与张某某于 1994 登记结婚,婚后于 1994 年生育长女张 A,于 2007 年生育次女张 B。2014 年法院判令曹某某与张某某离婚,张 B 由曹某某抚养。张甲为张某某之父。张 D 系张甲之父,于 2011 年去世。张甲为非农业户口。

2004 年 10 月 1 日,张某某之父张甲与 × × 村民委员会签订《农村土地承包合同书(确权确地)》,约定张甲承包 × × 村 16 亩土地,承包期限自 2005 年 1 月 1 日至 2027 年 12 月 31 日。上述土地于 2005 年开始流转,流转收益均由张甲领取。2015 年 1 月 20 日,× × 村委会出具证明,证明内容如下:"根据中央的政策,我村于 2005 年 1 月 1 日在原来土地承包的基础上实行农村土地确权,根据我村土地现状人均确权土地 3.2 亩,不足 3.2 亩的不足部分给予一定的经济补偿,超过 3.2 亩部分交承包费。我村张甲家当时确权的总亩数 16 亩,人口 5 人,分别是:张某某、张 C、张 D、曹某某、张 A。"

张甲提交 × × 村委会出具的证明两份。其中 2015 年 7 月 30 日出具的证明内容为:“张 B 于 2007 年 9 月 23 日出生,自上户口起,村委会按照相关规定已给张 B 土地补偿款 640 元(共计 3 亩 2 分),张 B 已不再享有流转收益的 1/5,因此不能顶替承包合同中的任何一人。”2015 年 9 月 14 日出具的证明内容为:“根据增人不增地,减人不减地的精神,我们通过村民代表会议决定,对 2005 年以后出生的孩子均按 3.2 亩土地标准,适当给予经济补偿,老人去世后土地仍由家属继续经营,队里不收任何费用。直至 2027 年土地承包期结束。”

[双方诉辩]

曹某某、张 B 向通州区法院提起诉讼称:家庭承包土地共确权 16 亩,已经流转,张 B 作为新生儿,有权享有土地流转收益,不应按照签订土地承包经营合同时所确定的人口为准,张 D 享有的土地流转收益在其去世后应由其他家庭成员共同享有。因此,请求判令:(1) × ×村土地 16 亩流转收益的 1/5 归曹某某所有;(2) × ×村土地 16 亩流转收益的 1/5 归张 B 所有。

张甲、张 C、张某某、张 A 共同辩称:2004 年所签土地承包合同书载明人口五人,分别为张某某、张 D、张 C、张 A、曹某某,当时张 B 尚未出生,故张 B 不应享有该土地流转收益,而张 D 于 2011 年已经去世,其所享有的土地流转收益份额,在其去世后应依法作为遗产进行继承。

[法院判决]

通州区法院判决:(1)张甲与× ×村民委员会签订的农村土地承包合同书(确权确地)中 16 亩土地流转收益的 1/5 归曹某某所有;(2)张甲与× ×村民委员会签订的《农村土地承包合同书(确权确地)》中 16 亩土地流转收益的 1/5 归张 B 所有。

张甲、张 C、张某某、张 A 不服一审上述判决,向北京市第三中院提出上诉。北京市第三中院经审理认为:

首先,虽然土地承包经营权的内容由土地承包合同确立,但该合同只是取得土地承包经营权的方式和条件,并不能因此否定土地承包经营权的物权属性。

其次，由于土地承包经营权是通过本集体经济组织内部以农户家庭为单位的家庭土地承包经营来实现的，强调的是村民人人有份、农村福利性及生活保障性，是集体成员权最重要、最集中的体现。在此前提下，由土地承包经营权所衍生出的土地流转收益亦应属于本集体经济组织内一户家庭的全部成员共同享有。××村委会所说中央"增人不增地、减人不减地"的政策，旨在在我国人多地少的现状下固定土地承包亩数，确保农民承包土地的期限、亩数不因行政手段频繁调整而遭受侵害。但并未干涉农户内部家庭之间的利益分配，不影响农户内部成员平等享有土地流转收益的权利。本案中，张B的出生虽不能再为张甲家增加土地，但其作为××村村民，亦属于张甲一户新增家庭成员，与其他家庭成员地位平等，仍同样有权利享有土地流转的收益。

最后，张甲一户中张甲之父张D已于2011年死亡，张D生前所获土地流转收益作为一项财产权利可由其继承人继承，但其死亡后新取得的土地流转收益不再作为遗产予以继承，而是分摊在其他家庭成员的份额里，由这一户包括张B在内的剩余在册人口享有。但同时，张B对流转收益的享有及份额的确定问题应以其为该集体经济组织成员的身份及张甲一户家庭人口为依据，如将来出现变化，可另做调整。

北京市第三中院认定，原审法院结合我国土地流转政策及张甲一户目前家庭人口等情况，在查清事实的基础上认定曹某某、张B分别享有土地流转收益的1/5，是正确的，本院予以维持。于是判决：驳回上诉，维持原判。

[根据北京市第三中级人民法院(2015)三中民终字第11238号编写]

第九节　土地承包经营权分割的纠纷处理

根据《土地管理法》《农村土地承包法》的规定，无论是土地承包经营还是土地流转经营，都不改变农村土地的集体所有权，故这里分割的标的只能是土地承包经营权或者土地经营权，而这两种权利的分割实际上是承包地和收益的分割。在实践中，土地承包经营的收益分割是比较好处理的，比较难以处理的是承包地分割。

农户承包地分割主要有三种情况:一是两个以上承包人对共同承包地进行分割;二是夫妻离婚时对承包地进行分割;三是分家析产时农户成员内部对承包地进行分割。承包地分割纠纷主要涉及有无分割资格权、是否进行分户、分割面积多少以及如何分割等争议。

一、两户以上共同承包的承包地分割纠纷及处理

根据《民法典》的有关规定,共有财产的分割方式主要有实物分割,变价分割和折价赔偿这三种方式。对家庭土地承包而言,因《农村土地承包法》规定以户为单元进行承包,故一般不存在两户或者两户以上联合为一个承包体进行家庭承包的问题,随之也就不存在户与户之间分割承包地的纠纷。但由于历史原因,也有可能遗留此类纠纷。对历史遗留的这种纠纷,现在需要解决的,应当本着尊重历史和现状事实的原则,结合现行法律规定进行处理。例如,在当时第一轮家庭联产承包时,甲户 3 人和乙户 5 人共同承包集体土地 8 亩耕地,现在发生分割纠纷,一般根据现行《农村土地承包法》规定的“本集体经济组织成员依法平等地行使承包土地的权利”原则和当时的农户成员数量进行分割,结果应当是甲户 3 人分割得 3 亩,乙户 5 人分割得 5 亩,而不能通过分割各得 4 亩。但在第二轮土地承包时已经重新确定各自承包地,现在再发生这种纠纷的,应当以第二轮土地承包合同以及确权登记为准进行处理。

两个以上承包人以其他方式共同承包土地而需分割的,共同承包合同对分割承包地有约定的,应当按照约定进行分割;共同承包合同没有分割约定的,由当事人自行协商分割,并与发包方重新分别订立承包合同;不愿协商或者协商不成的,应当根据各自的投入比率,结合共同承包合同有关内容进行分割。

二、家庭承包地因分家析产的分割纠纷及处理

在农户家庭中,子女结婚成家,绝大多数会与父母、兄弟姐妹分家而另立门户,这就会涉及家庭承包地的分割问题。因分家析产分割家庭承包地的,一般

应由家庭成员根据《农村土地承包法》的规定和家庭土地承包合同的内容，自行协商处理，然后依法办理土地承包经营权的变更登记手续。但若自行协商不成酿成纠纷，在司法方面处理起来是比较麻烦的。

对家庭承包地分割纠纷的处理是一个法律规定不明确的问题，近几年来，法院对此类纠纷的受理和处理也存在不同的认识。

一种意见认为，根据《农村土地承包法》“家庭承包的承包方是本集体经济组织的农户”的规定，家庭成员个人不是家庭承包经营的主体，家庭成员之间经营权分割纠纷不是土地经营权纠纷，也不是农村土地承包合同纠纷，因此，对家庭成员之间要求分割承包地的纠纷，不属于法院的受案范围，而应由乡镇政府处理。

另一种意见认为，家庭承包地的分割纠纷根本问题是经营权纠纷，当事人不愿协商调解、协商调解不成的，根据《农村土地承包法》第 55 条的规定可以直接向法院起诉，法院根据户内成员平等原则，并结合案件的具体情况，酌情判决分割。

我们认为，根据《农村土地承包法》“家庭承包的承包方是本集体经济组织的农户”的规定，家庭承包主体的定位是农户，故其中“户”是关键因素。在农户分家析产时，从原家庭分离出来的成员，尚未另行登记立户，本集体组织也不予认可其立户的，该成员仍为原农户中的人员，此时发生的承包地分割纠纷，应当根据《最高院土地承包纠纷解释》第 1 条第 2 款“集体经济组织成员因未实际取得土地承包经营权提起民事诉讼的，人民法院应当告知其向有关行政主管部门申请解决”规定的精神，不属法院受理范围，当事人应当向乡镇政府申请解决纠纷。若农户成员分家析产后另行登记立户，或者经本集体组织认可分出立户的，法院应当予以受理，且应按两个不同的农户进行分割处理。

总之，家庭承包户成员未分户前闹分家而分割承包地的纠纷案件，不属法院受理范围；如果已经明确另行立户的，当事人请求分割承包地的，法院应当予以受理并作出裁判。

三、夫妻离婚的承包地分割纠纷及处理

夫妻离婚与分家析产一样，也会涉及承包地分割及其纠纷处理的问题。夫妻离婚所涉承包地分割纠纷的处理以及遇到的问题，总体上与分家析产相似。

有人认为，根据《农村土地承包法》第 15 条“家庭承包的承包方是本集体经济组织的农户”的规定，家庭土地承包经营权的主体是农村承包经营户，而不属于某一个家庭成员或者夫妻一方的个人财产，因此，不能将家庭土地承包经营权作为夫妻共同财产进行分割，而应通过基层组织协调处理。

也有人认为，在准予离婚的情况下，若不予分割承包地，因双方不能再共同经营，就会使其中的一方特别是女方在事实上丧失承包经营权，这不符合《农村土地承包法》第 6 条“承包中应当保护妇女的合法权益，任何组织和个人不得剥夺、侵害妇女应当享有的土地承包经营权”规定的精神，所以，在当事人双方有分割意愿的情况下，应当在解除婚姻关系的同时分割承包地。

我们认为，《农村土地承包法》第 55 条虽然规定，土地承包经营发生纠纷的，可以通过协商，或者请求村民委员会、乡镇政府调解等方式解决，但当事人已将离婚案件起诉到法院的，都是不愿协商、调解或者协商、调解不成的案件。在此情况下，法院再把准予离婚案件中的承包地分割纠纷推回给自行协商、村委会调解或者乡镇政府处理，实有推卸责任之嫌疑。据此，我们认为，在以下三种情况下，法院应当对准予离婚案件中的承包地分割纠纷作出处理：一是离婚双方都有分割承包地的意愿；二是双方离婚前后已经在同一集体组织分别立户；三是离婚后另行提起承包地分割诉讼。

关于夫妻离婚如何分割承包地的问题，无论是调解、仲裁还是诉讼，根据《农村土地承包法》《民法典》有关婚姻规定和土地经营权不同取得的情况，我们认为，原则上应当做如下处理：

(1)不论婚前还是婚后，双方各自在其集体组织以原家庭承包方式取得的土地承包经营权，因对方不是本集体组织成员，故在离婚时不能要求分割另一方的承包地，而应归各自行使承包经营权。但是，女方在娘家农村没有承包地，

入嫁后依赖男方承包地生存，离婚后仍有可能依赖男方承包地生存的，不论其户籍是否迁入男方集体组织，在离婚时均应酌情考虑给予分割承包地。

（2）在婚姻存续期间，夫妻俩都具有本集体组织成员资格而取得家庭承包经营权的，在离婚时，双方可以协商分割承包地，也可以变价补偿方式进行处理。但是，当事人就承包地分割纠纷单独或者随离婚提起诉讼的，为了保障双方各自的基本生活权利，应当坚持男女平等原则，依照《农村土地承包法》第19条“本集体经济组织成员依法平等地行使承包土地的权利”的规定，按份分割承包地。

（3）离婚所涉的抚养子女，除离婚当事人自愿协商和放弃承包地外，即使在家庭承包时其没有承包地份额，亦应根据《农村土地承包法》第16条“农户内家庭成员依法平等享有承包土地的各项权益”的规定，从家庭承包地中按照农户成员人数，平等分出份额给予承包地，经营权随抚养方。

（4）以其他方式承包取得的承包地和以流转方式取得的流转地，该地上的经营权所涉的财产，通常为夫妻共同共有财产或者家庭共同共有财，夫妻应当根据婚姻法律的有关规定进行分割。

当事人协议离婚、调解离婚或者诉讼离婚分割承包地后，应向发包方集体组织提供离婚协议、调解、裁判等文书和承包地分割方案，并向集体组织提出分户申请，经分户后，由本集体组织再行分别与之签订土地承包经营合同，然后再行登记确权。

【裁判案例19】家庭内部成员因分户而分割承包地造成的纠纷，不属于法院受理范围，而应自行协商决定，然后依法办理有关手续。

［案情简介］

程A与程B系兄妹关系。其父程某某（已死亡）在1995年和2000年第一轮、第二轮土地承包中，作为承包方与所在社签订两份土地承包合同，分别承包了本社7份、6份土地。在两轮土地承包中，程A、程B均是户内成员。程B在外打工,家庭承包土地都由程 A 耕种。2009 年因政府修桥征用土地,程 B 多次要求程 A 划出自己的那份承包地,但被告一直拒绝。

[一审裁定]

2017 年 9 月 5 日,程 B 向合江县法院提起诉讼称:原告一直在外打工,2009 年因修桥征用土地,在原告不知情的情况下,家人擅自将原告和妹妹程某的户口分成一个户口,之后于 2013 年 8 月又擅自将原告与妹妹程某分户,各自一个户口,后原告多次要求被告程 A 划出其那份承包地,但被告一直拒绝。请求法院判令被告程 A 划出属于原告的承包田 0.7 亩、承包土 0.2 亩。

合江县法院认为:程 B 要求程 A 分割出自己的那份承包土地,系家庭成员之间农村土地承包经营权分割纠纷,不是土地承包经营权纠纷。农村土地承包经营权的主体是承包经营户(以户为单位),而非家庭成员个人,家庭成员个人并未实际取得承包经营权的,根据《最高院土地承包纠纷解释》第 1 条第 2 款"集体经济组织成员因未实际取得土地承包经营权提起民事诉讼的,人民法院应当告知其向有关行政主管部门申请解决"的规定,原告应向有关行政部门申请解决。同时,家庭成员之间农村土地承包经营权分割纠纷,也不是农村土地承包合同纠纷或农村土地承包经营纠纷,农村土地承包合同的主体是发包方(村集体经济组织或社)与承包方(家庭承包户),即家庭成员个人不是农村土地承包合同的主体,也不是承包合同经营的主体,故不能按照《农村土地承包法》第 51 条第 2 款"当事人不愿协商、调解或者协商、调解不成的,可以向农村土地承包仲裁机构申请仲裁,也可以直接向人民法院直接起诉"和《农村土地承包经营纠纷调解仲裁法》第 4 条的规定向法院起诉。原、被告之间的纠纷系家庭成员之间农村土地承包经营权分割纠纷,属于个人之间的土地使用权争议,可以按照《土地管理法》第 16 条"土地所有权和使用权争议,由当事人协商解决;协商解决不成的,由人民政府处理。单位之间的争议,由县级以上人民政府处理,个人之间、个人与单位之间的争议,由乡级人民政府或者县级以上人民政府处理"的规定,申请人民政府处理。据此,合江县法院作出民事裁定,裁定驳回程 B 的起诉。

2018 年 1 月 11 日，程 B 以某某镇政府不依法履行法定职权“分割其与程 A 的承包地”为由，向合江县法院提起行政诉讼。合江县法院审理后认为，程 B 系家庭土地承包经营权的共有人之一，与程 A 之间系共有关系，不存在土地权属争议，不属于某某镇政府土地权属争议处理的法定职权范围，故裁定驳回程 B 的起诉。程 B 不服向泸州市中院上诉，泸州市中院维持了合江县法院的行政裁定。

［再审裁定］

程 B 不服合江县法院的民事裁定向合江县法院申请再审。程 B 申请再审称：程 B 与程 A 因分割家庭承包地纠纷形成诉讼后，合江县法院作出的民事裁定以该纠纷应由人民政府处理为由，驳回了原审原告起诉。此后，某某镇政府依法处理未果，故又向合江县法院提起行政诉讼。合江县法院作出行政裁定书，但该裁定书以处理该纠纷不属某某镇政府法定职权为由，驳回了原审原告的起诉。现两份裁定书相互矛盾，且民事裁定书错误，请求撤销并改判。

程 A 辩称：程 B 要求分割的承包地已因农村家庭土地承包中的“死不减、生不增”等原因而减少，程 B 的分割请求过高。

合江县法院再审认为，程 B 与程 A 之间的纠纷，系因农村土地承包到户后，户内家庭成员之间在具体使用问题上的纠纷，故双方间的纠纷不属人民法院受案范围，原审裁定驳回程 B 的起诉并无不当。由于程 B 与程 A 之间的使用纠纷既非户与户之间的使用权纠纷，更非土地权属纠纷，故原审裁定告知程 B 依据《土地管理法》第 16 条的规定向某某镇政府申请处理不当，应予纠正。如程 B 认为其合法权益受到侵犯，可依照《四川省〈中华人民共和国农村土地承包法〉实施办法》第 14 条“承包期内，承包方家庭内部成员分户需要对承包地分割经营的，应当自行协商决定，并依法办理有关手续”之规定进行处理。

合江县法院再审认定，原审裁定查明事实清楚，虽在告知程 B 适用《土地管理法》第 16 条上存在不当，但驳回程 B 的起诉并无不当。于是裁定：维持本院民事裁定。

［根据合江县人民法院（2018）川 0522 民再 4 号民事判决书编写］

【裁判案例20】农户成员分户生活后请求分割承包地承包经营权的，法院认为符合事实及法律规定判决当酌情予以分割。

［案情简介］

1982年1月1日，甲村村实施第一轮农村土地承包，当时马A的土地分配在其父亲的户名下。1982年10月10日，马A与高某某（女）登记结婚，结婚后共生育三子女，即马B（长子）、马C（长女）和马D（次女），现户籍均登记在原告高某某的户名下。

马A家庭从其父亲的户名下分得14.7亩家庭承包土地经营。后因农村承包户向村经济合作社缴纳的乡提统筹、义务工等费用任务较重，马E家将家庭承包的10亩土地退回给了本村经济合作社。当时马A家庭正在申请耕种，村委会同意将将马E家退回的10亩土地发包给了马A家庭经营，据此，甲村于1997年续签了第二轮土地承包合同。1998年1月1日，马A作为户主与发包方甲村经济合作社签订正式《土地承包合同》时，马A家庭承包土地的面积共为24.7亩。后经甲村委会同意，马A将其中4亩承包地转让给了清真寺作为墓地使用，但在土地承包档案中至今未予变更。

2014年11月11日，马A与高某某离婚，法院在判决准予离婚时，未对马A家庭承包土地的承包经营权作出处理，现全部20.7亩土地由马A一人耕种。

［双方诉辩］

2015年，高某某、马B、马C向焉耆县法院提起农村土地承包经营权分割诉讼，请求法院对上述家庭承包土地的经营权进行分割。焉耆县法院受理后，认为原告马D与本案有利害关系，便依法通知马D作为本案原告参加诉讼，但马D未参加诉讼。

原告高某某、马B、马C起诉称：甲村将27.7亩土地以户为单位发包给马A一家四口，即原告高某某、马B、马C和被告马A。依据法律规定，上述四人对该27.5亩土地平均享有承包经营权，因原告高某某与被告马A离婚，原告马某、马C也已成年，而被告马A一人耕种该27.5亩土地，致使三原告无法享有承包经营权，故三原告要求按人数平均分割该承包土地，但被告拒绝。现三原告请求法院依法按人数平均分割家庭承包土地 27.5 亩。

原告马 D 诉称：我们家与村委会签订《土地承包合同》时我还没有出生，对本案所涉及的土地承包经营权的分割，我没有请求和意见。

被告马 A 辩称：现在我承包的土地是村委会发包给我父母一家后，我父母分给我的。第一轮土地承包的时候原告马 B 还没有出生，马 B 由我抚养大并已安家落户，且原告马 B 现在也有固定工作不需以种地为生。原告马 C、马 A 出生时村委会并没有给她们分地，且我向原告马 D 提供了抚养费。为此，请求法院依法驳回原告的诉讼请求。

[法院判决]

焉耆县法院认为，当事人的合法权益，应受法律保护。本案原、被告原系同一家庭的成员，该家庭作为甲村的农户，于 1998 年 1 月 1 日承包该村土地 24.7 亩的经营权，应属该家庭成员共有。经甲村村委会同意，且被告马 A 自愿已将上述土地中的 4 亩转让给清真寺作为公墓使用。因此，现实际上述家庭所保留的承包土地只有 20.7 亩。又因原告高某某与被告离婚后，上述家庭成员现已分成两户生活，即四原告与被告马 A 各为一户。为此，现原告高某某、马 B、马 C 请求分割上述土地的承包经营权，符合事实及法律规定，本院予以支持。但综合考虑原告高某某在甲村的第一轮土地承包时在该村并未分得土地，且原告马 B 已在县城有稳定的职业和收入、原告马 C 也已出嫁另居生活的实际情况，本院予以酌情分割承包地。

焉耆县法院依照《民法通则》第 78 条、第 134 条第 1 款第 4 项和《婚姻法》第 39 条第 2 款及《民事诉讼法》第 64 条第 1 款之规定判决如下：

1. 被告马 A 原家庭于 1998 年 1 月 1 日承包土地中位于一号条田中的 10 亩土地的承包经营权，归原告高某某、马 B、马 C；位于四号条田的 10.7 亩土地的承包经营权，归被告马 A。被告马 A 于判决生效后 10 日内将上述 10 亩承包土地交付原告高某某、马 B、马 C。

2. 驳回原告高某某、马某、马 C 的其他诉讼请求。

［根据焉耆回族自治县人民法院(2015)焉民初字第370号民事判决书编写］

【裁判案例21】婚姻存续期间取得的家庭承包地，夫妻离婚后一方占有经营对方的承包地，法院判决返还。

［案情简介］

孙某某与宋某某(女)原系夫妻关系，生育一子一女，家庭四口在本村有承包地四块，A地10垄、B地21垄、C地9垄、D地7垄、E地7垄。

1998年宋某某起诉与孙某某离婚。法院判决：准予离婚，婚生长子由孙某某抚养，婚生长女由宋某某抚养，原被告夫妻共同财产瓦房3间、门房4间等归被告所有。但未判决家庭承包地分割耕种事宜。

双方离婚后，孙某某长期外出打工，家庭承包地一直由宋某某耕种收益，婚生子女随宋某某共同生活。

［双方诉辩］

2016年，孙某某向平泉县法院提起诉讼称：原告离婚后外出打工，现在打工归来，多次向被告宋某某要回原告的承包地，被告以各种理由不同意返还。后来原告找到村委会调解，被告仍然是拒绝返还原告的承包地。现请求法院判决被告将C地9垄返还给原告经营管理，放弃其他诉讼请求。

被告宋某某辩称：原被告离婚时并未涉及承包地的分割。原告孙某某多年来没有承担婚生子抚育费。我和原被告婚生子在一起共同生活。原被告及其婚生子女四口人承包地均由儿子耕种。

［法院判决］

平泉县法院认为：《农村土地承包法》第9条规定，“国家保护集体土地所有者的合法权益，保护承包方的土地承包经营权，任何组织和个人不得侵犯”。第53条规定，“任何组织和个人侵犯承包方的土地承包经营权的，应当承担民事责任”。《婚姻法》第39条规定，“离婚时，夫妻的共同财产由双方协议处理；协议不成时，由人民法院根据财产的具体情况，照顾子女和女方权益的原则判决。夫或妻在家庭土地承包经营中享有的权益等，应当依法予以保护”。《物权法》第 34 条规定，“无权占有不动产或者动产的，权利人可以请求返还原物”。原告要求被告返还 C 地 9 垄，放弃其他诉讼请求，本院依法予以支持。

平泉县法院判决：被告宋某某于 2017 年 3 月 1 日将位于 C 地 9 垄的承包地返还给原告孙某某承包经营。

［根据平泉县人民法院（2016）冀 0823 民初 1763 号民事判决书编写］

【裁判案例 22】夫妻共为农户成员承包集体土地，离婚时要求分割承包地，法院认为符合法律规定判决分割。

［案情简介］

李某某与刘某某婚姻关系存续期间，李某某作为家庭承包方代表在本村 B 组共承包 6 块土地（其中包括“姑娘茔”的 3.40 亩土地）总面积 10.24 亩，当时家庭承包地为李某某、刘某某、女儿刘 A 三人份额。刘某某另在本村本村 B 组分得山岚 3.778 公顷，本村村委会证实山岚承包地为李某某、刘某某、刘 A、刘某某父母、哥哥 6 人份额。1992 年 3 月，李某某与刘某某登记结婚，2000 年 9 月 18 日经东港市法院调解离婚。女儿刘 A 于 2001 年死亡。

李某某与刘某某经东港市法院调解离婚时，李某某与刘某某约定，各自口粮地由各自管理，收益归各自所有。后李某某未申请法院执行，涉案土地、山岚一直由刘某某经营管理。

2017 年 4 月，李某某要求刘某某交付承包地，刘某某给付李某某 600 元，但未交付李某某要求的承包地，对方酿成纠纷。

［双方诉辩］

2018 年，李某某向东港市法院提出诉讼称：原告与被告刘某某于 2000 年离婚后，原告多年来一直要求对承包地进行分割，被告无理拒绝，被告 15 年来无理占有并耕种原告的土地，按当地出租最低价每亩 200 元计算，此一项就造成了原告 5910 元的损失，但被告无理由拒不同意返还。请求判令被告刘某某将其占有原告的旱田 3.85 亩、水田 1.145 亩、山岚 1.889 公顷返还给原告。

被告刘某某辩称:当初原被告离婚时,被告都没有要原告的抚养费;山岚是 6 个人的份额,原告只能分得一人份;原告分多少亩土地,被告就返还原告多少,孩子的份额不能给原告。被告不同意原告的诉讼请求。

［法院判决］

东港市法院认为,原告李某某原为被告刘某某家庭组织成员,所分配的承包地与被告家庭承包地在一起,由于原、被告离婚,现原告因土地确权要求从家庭承包户中分割承包地符合法律规定,被告应将原告分得的 3.41 亩承包地分割给原告。为了管理经营方便,根据地块的面积确定被告将地块"姑娘茔" 3.40 亩和山岚划分 0.6915 公顷交付给原告。

东港市法院判决:(1)被告刘某某于判决生效后 3 日内将位于某村 B 组"姑娘茔"3.40 亩和山岚划分 0.6915 公顷给原告李某某;(2)驳回原告李某某的其他诉讼请求。

［根据东港市人民法院(2018)辽 0681 民初 1493 号民事判决书编写］

第十节　土地经营权抵押的纠纷处理

此后,《民法典》第 342 条规定:"通过招标、拍卖、公开协商等方式承包农村土地,经依法登记取得权属证书的,可以依法采取出租、入股、抵押或者其他方式流转土地经营权。"

《农村土地承包法》在 2018 年修正时,新增第 47 条第 1 款和第 2 款规定:"担保物权自融资担保合同生效时设立。当事人可以向登记机构申请登记;未经登记,不得对抗善意第三人。"第 3 款规定:"实现担保物权时,担保物权人有权就土地经营权优先受偿。"

土地经营权抵押,是指抵押人与债权人约定以土地经营权为债务的履行提供担保,在债务人不履行到期债务或者依当事人约定实现债权时,债权人有权就土地经营权上的财产优先受偿的一种担保方式。土地经营权抵押包括家庭承包的土地经营权抵押、其他方式承包的土地经营权抵押和土地流转经营权抵押，为了方便阐述，我们将这三种抵押统称为“土地经营权抵押”。这里根据《民法典》《农村土地承包法》《农村承包土地的经营权抵押贷款试点暂行办法》的有关规定，专题介绍和分析土地经营权抵押及其纠纷处理的问题。

一、土地经营权抵押的政策和法律

《中共中央、国务院关于全面深化农村改革加快推进农业现代化的若干意见》（中发〔2014〕1 号）第 17 条提出：“稳定农村土地承包关系并保持长久不变，在坚持和完善最严格的耕地保护制度前提下，赋予农民对承包地占有、使用、收益、流转及承包经营权抵押、担保权能。在落实农村土地集体所有权的基础上，稳定农户承包权、放活土地经营权，允许承包土地的经营权向金融机构抵押融资。”

《国务院关于开展农村承包土地的经营权和农民住房财产权抵押贷款试点的指导意见》（国发〔2015〕45 号）指出：“在维护农民合法权益前提下，妥善处理好农民、农村集体经济组织、金融机构、政府之间的关系，慎重稳妥推进农村承包土地的经营权抵押贷款试点和农民住房财产权抵押、担保、转让试点工作。抵押仅限于流转期内的收益。”

根据党中央和国务院上述政策精神，《农村土地承包法》在 2018 年修正时新增第 47 条第 1 款规定：“承包方可以用承包地的土地经营权向金融机构融资担保，并向发包方备案。受让方通过流转取得的土地经营权，经承包方书面同意并向发包方备案，可以向金融机构融资担保。”根据这条规定，家庭承包的土地经营权和流转土地经营权都可以设定抵押，于是突破了原《物权法》第 133 条土地经营权抵押限于“以招标、拍卖、公开协商等方式取得的荒地等土地承包经营权”的规定。

二、关于耕地经营权抵押的问题

原《物权法》第 184 条规定，耕地使用权不得抵押。《全国人民代表大会常务委员会关于授权国务院在北京市大兴区等232个试点县(市、区)、天津市蓟县等59个试点县(市、区)行政区域分别暂时调整实施有关法律规定的决定》暂时调整了实施原《物权法》《担保法》农村集体所有的耕地使用权不得抵押的规定,决定在试点地区赋予耕地经营权的抵押融资功能,允许农民以耕地经营权向金融机构抵押贷款。

在上述试点的基础上,《民法典》第399条删除了原《物权法》第184条中的"耕地"二字,也就是说,法律不再禁止耕地经营权抵押。《民法典》第395条规定"法律、行政法规未禁止抵押的其他财产"可以抵押。据此,在《民法典》实施后,耕地经营权在全国范围内都可用于抵押融资。

三、关于土地经营权的担保方式问题

我国债权担保有保证、抵押、质押、留置和定金五种方式,其中,抵押适用于不动产和动产物权担保,质押和留置适用于动产物权担保。当事人经营土地需要贷款,可以由第三人提供保证担保,也可以提供其他财产抵押、质押,但若提供土地经营权抵押,因土地经营权经登记后属于用益物权,具有不动产性质,不属于"权利质权"中的可质押的"权利",不适用质押、留置这两种担保方式。故《民法典》和《农村土地承包法》规定的土地经营权担保实际上只适用于抵押担保,中国人民银行、原银监会、原保监会、财政部、原农业部于2016年制定的《农村承包土地的经营权抵押贷款试点暂行办法》(以下简称《土地经营权抵押贷款办法》)也规定土地经营权担保只适用抵押一种方式。

四、关于土地经营权抵押的适用范围问题

土地经营权抵押适用范围有以下两个问题值得分析:

1. 关于土地经营权是否只适用于金融机构贷款抵押的问题

《民法典》第387条规定,"债权人在借贷、买卖等民事活动中,为保障实现其债权,需要担保的,可以依照本法和其他法律的规定设立担保物权"。但《农村土地承包法》第47条规定,土地经营权抵押的适用范围限于金融机构融资,

而《民法典》没有明确规定土地经营权抵押限于金融机构融资抵押。

我们认为，土地经营权融资抵押今后的发展趋势，应当与一般不动产一样广泛地适用于“借贷、买卖等民事活动”之中，使土地经营权在不改变农业用途的基础上，在发展农村经济中更具活力。但因当前的《农村土地承包法》规定仅限于金融机构贷款抵押，故这里只是分析土地经营权贷款抵押的问题。至于土地经营权人向非金融机构的企业或者个人借款融资可否提供土地经营权抵押的问题，有待行政规章和司法解释作出规定。

2. 关于农户土地承包权可否抵押的问题

土地承包权与土地经营权也是有区别的。农户土地承包权是基于本集体组织成员资格而取得的，是一种法定的承包资格权，任何单位和个人都不得予以剥夺，因而农户土地承包权不得用于抵押，如果允许农户土地承包权设定抵押，则有可能使其永久失地；另外，农户土地承包权是无偿取得的，不含财产内容，因而不符物权担保的基本条件。所以，法律和政策只许土地经营权抵押，而不许农户土地承包权抵押。在此情况下，农户提供土地经营权抵押所承担的抵押风险，只是失去土地经营权及其收益，而承包权仍为其享有，在抵押期过后或者抵押权实现后，农户在承包期内仍可经营土地。据此，一方当事人认为是农户土地承包权抵押，另一方认为是土地经营权抵押，双方就此发生纠纷的，法院对土地承包权抵押的主张不予支持，如无特别情况，则应认定为土地经营权抵押。

五、关于土地经营权抵押贷款的申请条件问题

《土地经营权抵押贷款办法》就土地经营权抵押贷款分以下两种情况规定了不同的申请条件：

1. 家庭承包的土地经营权抵押贷款申请条件

根据《土地经营权抵押贷款办法》第 6 条的规定，通过家庭承包方式取得土地承包经营权的农户以其获得的土地经营权作抵押申请贷款的，应同时符合以下条件：

(1)具有完全民事行为能力,无不良信用记录;

(2)用于抵押的承包土地没有权属争议;

(3)依法拥有县级以上人民政府或政府相关主管部门颁发的土地承包经营权证;

(4)承包方已明确告知发包方承包土地的抵押事宜。

2. 流转承包的土地经营权抵押贷款申请条件

根据《土地经营权抵押贷款办法》第7条的规定,通过合法流转方式获得承包土地的经营权的农业经营主体申请贷款的,应同时符合以下条件:

(1)具备农业生产经营管理能力,无不良信用记录;

(2)用于抵押的承包土地没有权属争议;

(3)已经与承包方或者经承包方书面委托的组织或个人签订了合法有效的经营权流转合同,或依流转合同取得了土地经营权权属确认证明,并已按合同约定方式支付了土地租金;

(4)承包方同意承包土地的经营权可用于抵押及合法再流转;

(5)承包方已明确告知发包方承包土地的抵押事宜。

土地经营权人符合上述抵押贷款的申请条件,只能说明其具有抵押贷款的基本资格,但这种资格并非法定资格而使金融机构必须接受抵押。金融机构与借款人之间的借贷是一种民事行为,两者是否就抵押贷款形成合同,还要由金融机构是否接受抵押和发放贷款的意愿而定。

六、关于土地经营权抵押贷款的用途问题

贷款用途是借款人使用贷款的范围和内容。土地经营权人申请抵押贷款应当实事求是地说明用途,金融机构在订立这种抵押贷款合同前也必须审查贷款用途是否合法以及能否保障贷款收回,然后再决定是否给予贷款,以防今后因贷款人用途不当或者违法致使贷款不能收回的风险。

《土地经营权抵押贷款办法》第8条规定:“借款人获得的承包土地经营权抵押贷款,应主要用于农业生产经营等贷款人认可的合法用途。”由此可见,承

包土地经营权抵押贷款的主要用途是农业生产经营所需,但若用于非农业生产经营的,须经贷款人认可,并在抵押贷款合同中载明。若抵押贷款合同约定的用途为"农业生产经营",而土地经营权人借款用于其他方面(如用于建设住宅)的,属于贷款用途违约,贷款人可以提前收回贷款。

至于土地经营权抵押贷款的具体操作,应当执行《土地经营权抵押贷款办法》,这里不再阐述。

七、未取得土地经营权证的抵押效力纠纷及处理

《民法典》第342条规定,以其他方式承包农村土地,经依法登记取得权属证书的,可以抵押;《土地经营权抵押贷款办法》第6条规定,提供家庭土地承包经营权抵押的,应当"依法拥有县级以上人民政府或政府相关主管部门颁发的土地承包经营权证";第7条规定,提供流转承包土地经营权抵押的,应有"合法有效的经营权流转合同""或依流转合同取得了土地经营权权属确认证明"。土地经营权证是国家依法确认承包方、流入方享有土地经营权的法律凭证,其记载的内容具有法律效力,国家根据该证记载的内容对承包方、流入方的承包经营权予以保护。据此,金融机构为了保证土地经营权抵押贷款债权安全,都会要求抵押人提供土地经营权证才愿意与其订立抵押借款合同。

根据《农村土地承包法》第24条的规定,农村集体组织与农户订立家庭土地承包经营合同后,登记机构应当向承包方农户颁发土地承包经营权证或者林权证等证书。据此,农户以家庭土地经营权进行抵押贷款,提供土地承包经营权证在通常情况下是没有问题的。实践中遇到的问题是,在以其他承包方式和流转方式取得的土地承包经营权,由于某种原因,土地经营权人作为借款人持有承包合同但未取得土地经营权证的情况下,金融机构也予接受抵押,那么该抵押合同是否有效?

我们认为,强调借款人提供土地经营权证方可抵押,仅为一种保障抵押贷款安全的一种规范性行为,并不决定土地经营权抵押合同的效力。《民法典》

第341条规定:“流转期限为五年以上的土地经营权,自流转合同生效时设立。当事人可以向登记机构申请土地经营权登记;未经登记,不得对抗善意第三人。”《农村土地承包法》第41条也规定:“土地经营权流转期限为五年以上的,当事人可以向登记机构申请土地经营权登记。未经登记,不得对抗善意第三人。”根据债权与物权的分离规则,土地经营权抵押合同依法成立并产生土地经营权后,当事人在未取得土地承包经营权证的情况下在土地经营权上设立抵押权并不影响抵押合同的效力和抵押权的效力,只是抵押合同项下的土地经营权不得对抗善意第三人而已,如果不涉及善意第三人的,则应作为有效处理。因此,新《最高院土地承包纠纷解释》删除了原《最高院土地承包纠纷解释》第21条“承包方未依法登记取得土地承包经营权证等证书,即以转让、出租、入股、抵押等方式流转土地承包经营权,发包方请求确认该流转无效的,应予支持”的规定。

八、未办理抵押登记的抵押合同效力纠纷及处理

在抵押担保活动中,抵押登记是一种非常重要的法律行为,那么土地经营权抵押已登记与未登记对抵押权设立的效力有何影响,由此产生的纠纷又如何处理?

根据《民法典》第402条和第403条的规定,以土地经营权作为不动产物权抵押的,应当办理抵押登记,抵押权自登记时设立。也就是说,金融机构接受土地经营权抵押,并与抵押人订立抵押合同,若未办理抵押登记的,该抵押合同有效,但抵押权未能设立。在抵押权未能设立的情形下,金融机构对土地经营权享有优先受偿权的主张不能成立。

九、抵押物土地经营权的处置

1. 抵押物土地经营权的一般处置规则

土地经营权抵押贷款到期,借款人不履行债务或者发生当事人约定的情形需要实现抵押债权时,土地经营权的一般处置应当适用《民法典》第410条“抵

押权人可以与抵押人协议以抵押财产折价或者以拍卖、变卖该抵押财产所得的价款优先受偿”。因此，抵押权人在实现抵押债权时，可与抵押人协议折价处置抵押财产，在不采取协议或者未达成折价协议的情况下，抵押权人可以请求人民法院根据“拍卖、变卖抵押财产”的规定处置土地经营权，从其收益中得以优先受偿。

2. 抵押权人自行拍卖、变卖土地经营权

《最高院民法典担保解释》第 45 条第 1 款规定：“当事人约定当债务人不履行到期债务或者发生当事人约定的实现担保物权的情形，担保物权人有权将担保财产自行拍卖、变卖并就所得的价款优先受偿的，该约定有效。因担保人的原因导致担保物权人无法自行对担保财产进行拍卖、变卖，担保物权人请求担保人承担因此增加的费用的，人民法院应予支持。”我们从中可以看出，抵押权实现首先应当尊重当事人意思自治原则。土地经营权抵押合同有抵押权人在实现抵押权时有权将抵押财产自行拍卖、变卖并就所得的价款优先受偿的约定的，抵押权人就有权自行拍卖、变卖土地经营权；因抵押人的原因，导致抵押权人无法自行拍卖、变卖土地经营权的，抵押权人可以请求法院予以拍卖、变卖，由此增加的费用由抵押人承担。

3. 土地经营权抵押的特别处置

《土地经营权抵押贷款办法》第 15 条根据土地经营权的特点，就土地经营权的抵押处置方式作出特别规定，即“贷款人可依法采取贷款重组、按序清偿、协议转让、交易平台挂牌再流转等多种方式处置抵押物”。据此规定，土地经营权抵押权的处置方式，除采取折价、拍卖、变卖方式进行处置外，可以采取如下措施进行处置：

贷款重组，即金融机构在借款人财务状况恶化或无力还款时，对借款合同还款条款以及抵押条款重新进行调整。贷款重组后的贷款称为重组贷款。贷款重组的措施有贷款展期、借新还旧、重新担保、减免利息还本、债权转化股权等。贷款重组将有效地缓解借款人的资金压力，也有利于金融机构保全贷款债权。

协议转让,即将抵押物土地经营权通过协商方式转让给他人,以转让款清偿贷款债务或者抵押债务。

挂牌再流转,即通过交易平台,将抵押物土地经营权挂牌再流转,利用收取的租金、转让费等清偿贷款债务或者抵押债务。

变更土地经营权,即将抵押物土地经营权交付给新的土地经营人,新的土地经营人经依法变更登记取得农村土地经营权证后,由新的土地经营人代替借款人履行贷款债务,原土地经营权人的贷款债务和抵押人抵押责任相应消灭。

按序清偿,即将土地经营权的处置所得按照约定或者法定的顺序清偿贷款债务,在通常情况下,应当先清偿实现债权的有关费用,后偿付利息,最后偿还贷款主债务。

【裁判案例 23】农户向金融机构贷款提供耕地经营权抵押,法院根据"两权"抵押贷款试点精神,认定抵押合同有效。

[案情简介]

2016 年 12 月 30 日,杨某某向 A 县信用社借款 140 万元,当日,杨某某与 A 县信用社签订借款抵押合同,约定杨某某以其承包的 1789.5 亩土地使用权为上述借款提供抵押担保,后双方办理了抵押登记。2017 年 5 月 17 日,杨某某又将该块耕地抵押给了 B 村镇银行,并在县农村综合产权改革办公室办理了抵押登记。

杨某某向 A 县信用社的借款到期后,未按期偿还借款本息。

2019 年 6 月,A 县信用社向玛纳斯县法院提起土地承包经营权抵押合同纠纷诉讼,请求:(1)确认原告与被告签订的土地承包经营权抵押合同有效;(2)赔偿原告律师代理费 2 万元;(3)原告对被告承包的 1789.5 亩土地的土地承包经营权享有优先受偿权。

2018 年 5 月 3 日,玛纳斯县法院作出民事调解书,确定杨某某向 A 县信用社偿还借款本金 140 万元、利息 24,210.56 元、并按月利率 10.58771‰计算支付自 2018 年 2 月 11 日之后的利息至本金还清为止。该调解书生效后进入执行程序,玛纳斯县法院将杨某某抵押的土地承包经营权全部作价抵付给A县信用社,该案件执行完毕。

因该调解结果对杨某某承包的1789.5亩土地使用权抵押担保事项未做审理,又因杨某某将该块抵押给了B村镇银行,A县信用社为此申请再审。

[一审判决]

玛纳斯县法院认为,《物权法》第184条规定,下列财产不得抵押:(一)土地所有权;(二)耕地、宅基地、自留地、自留山等集体所有的土地使用权,但法律另有规定的除外。本案中,被告杨某某抵押给原告A县信用社的某村1789.5亩土地,是被告杨某某从同村农户处承包的耕地,不属于法律规定可以设定抵押的范围,《物权法》明确规定不得设定抵押。原告与被告签订的土地承包经营权抵押合同违反《物权法》的强制性法律规定。《合同法》第52条规定"违反法律、行政法规的强制性规定合同无效";第56条规定:无效的合同或者被撤销的合同自始没有法律约束力。故原告与被告签订的土地承包经营权抵押合同无效,且抵押合同自始没有法律约束力。对原告要求对被告抵押担保的某村1789.5亩耕地的土地承包经营权享有优先受偿权的诉讼请求,因抵押合同无效且自始无效,原告该诉求无法律依据,一审法院不予支持。

玛纳斯县法院判决:驳回原告A县信用社的全部诉讼请求。

[上诉理由]

A县信用社不服上述判决,向昌吉州中院上诉称:被上诉人给上诉人抵押的是其从其他农户处已经合法取得的农地流转期间的经营权,被上诉人合法取得了涉案农地的流转经营权,不属于《物权法》不得规定的范畴。根据《农村承包土地经营权抵押贷款试点暂行办法》第5条、第7条的规定,本案中上诉人与被上诉人签订的抵押合同,被上诉人将其合法取得的农地流转经营权抵押给上诉人的行为完全符合《农村承包土地经营权抵押贷款试点暂行办法》的规定,应当认定为合同有效。原审驳回上诉人的诉讼请求错误,应当予以纠正。请求撤销原审判决,改判确认上诉人与被上诉人签订的土地承包经营权抵押合同有效。

［二审判决］

昌吉州中院认为，自2015年12月28日起施行的《全国人大常委会关于授权国务院在北京市大兴区等232个试点县（市、区），天津市蓟县等59个试点县（市、区）行政区域分别暂时调整实施有关法律规定的决定》授权国务院在北京市大兴区等232个试点县（市、区），天津市蓟县等59个试点县（市、区）行政区域，暂时调整实施《物权法》《担保法》关于集体所有的耕地使用权不得抵押的规定。为了进一步深化农村改革，昌吉州委员会于2015年下发了《关于自治州开农村综合产权制度改革试点的意见》。具体到本案中，涉案土地系被上诉人杨某某从同村农户处承包的土地，且已临近承包期限，上诉人A县信用社根据上述意见开展的抵押贷款，实际未产生农户失地的风险，故本院对上诉人A县信用社主张确认双方签订的《农村信用社借款抵押合同》有效的上诉请求予以支持。

昌吉州中院判决：维持玛纳斯县法院民事判决；上诉人A县信用社与被上诉人杨某某签订的《农村信用社借款抵押合同》有效。

［根据新疆维吾尔自治区昌吉回族自治州中级人民法院（2019）新23民终1059号民事判决书编写］

【裁判案例24】金融机构接受耕地经营权抵押，法院根据国家抵押贷款试点政策认定有效。

［案情简介］

2015年6月28日，农行某支行与李某某签订《农户贷款借款合同》约定：农行某支行向李某某发放农村土地经营权抵押贷款20万元，借款期限60个月，借款到期日为2020年7月9日，借款用途为农业基础设施建设，还款方式为等额本息，还款周期为6个月；借款利率为6.825%，逾期借款从逾期之日起在借款执行利率基础上上浮50%计收罚息，直至本息清偿为止，对应付未付利息，贷款人依据中国人民银行规定计收复利；担保方式为抵押，抵押物为李某某等9人的农村土地经营权，土地（耕地）面积为77.25亩。2015年6月28日，双方办理了农村土地经营权抵押登记，农行某支行取得了他项权利证。

合同签订后，农行某支行向李某某发放贷款20万元，但李某某只有两期按约还款，至2017年1月后就不再还款，现剩余贷款164,711.68元形成逾期。经农行某支行工作人员多次催要，李某某未能履行还款义务。至2017年11月23日，李某某贷款逾期2期，逾期天数317天。

［国家政策］

《国务院关于开展农村承包土地的经营权和农民住房财产权抵押贷款试点的指导意见》（国发〔2015〕45号）中明确为进一步深化农村金融改革创新，加大对“三农”的金融支持力度，引导农村土地经营权有序流转，慎重稳妥推进农民住房财产权抵押、担保、转让试点，要做好农村承包土地（指耕地）的经营权和农民住房财产权（以下统称为两权）抵押贷款试点工作。全部试点工作于2017年年底前完成。试点涉及突破（原）《物权法》第184条、《担保法》第37条等相关法律条款，由国务院按程序提请全国人大常委会授权，允许试点地区在试点期间暂停执行相关法律条款。《全国人民代表大会常务委员会关于授权国务院在北京市大兴区等232个试点县（市、区）、天津市蓟县等59个试点县（市、区）行政区域分别暂时调整实施有关法律规定的决定》（2015年12月27日第十二届全国人民代表大会常务委员会第十八次会议通过）授权国务院在北京市大兴区等232个试点县（市、区）行政区域，暂时调整实施《物权法》《担保法》关于集体所有的耕地使用权不得抵押的规定；在天津市蓟县等59个试点县（市、区）行政区域暂时调整实施《物权法》《担保法》关于集体所有的宅基地使用权不得抵押的规定。上述调整在2017年12月31日前试行。调整内容为：在防范风险、遵守有关法律法规和农村土地制度改革等政策的基础上，赋予农村承包土地（指耕地）的经营权和农民住房财产权（含宅基地使用权）抵押融资功能，在农村承包土地的经营权抵押贷款试点地区，允许以农村承包土地的经营权抵押贷款；在农民住房财产权抵押贷款试点地区，允许以农民住房财产权抵押贷款。

吉林省前郭尔罗斯蒙古族自治县是农村承包土地的经营权抵押贷款试

点县。

［法院判决］

2017 年 9 月，农行某支行以李某某和李某某等 9 位担保人为被告，向前郭县法院提起金融借款合同纠纷诉讼，请求：

（1）解除原告与第一被告李某某签订的《农户贷款借款合同》；

（2）第一被告李某某偿还借款本金 164, 711. 68 元，并按合同约定的利率给付利息，至执行终结之日止；

（3）如第一被告李某某不能偿还借款本息，要求以被告李某某等 9 人抵押的土地经营权处置收益优先受偿。

被告李某某等 9 人均未到庭，未提出答辩。

前郭县法院认为，原告农行某支行与被告李某某签订的《农户贷款借款合同》是双方当事人的真实意思表示，内容不违反法律、法规的禁止性规定，合同合法有效。根据《全国人民代表大会常务委员会关于授权国务院在北京市大兴区等 232 个试点县（市、区）、天津市蓟县等 59 个试点县（市、区）行政区域分别暂时调整实施有关法律规定的决定》，前郭县是农村承包土地的经营权抵押贷款试点县，允许以农村承包土地的经营权抵押贷款，故被告以农村土地承包经营权设定抵押亦为有效。原告按合同约定向被告李某某发放了贷款，有权收回贷款本金及利息。被告李某某未按期还款，已构成违约，故原告要求解除借款合同，本院予以支持。被告李某某应向原告履行还款付息义务，当被告李某某不履行还款义务时，原告可以被告李某某等 9 人抵押的农村土地经营权处置收益优先受偿。

前郭县法院判决如下：

1. 解除原告农行某支行与第一被告李某某签订的《农户贷款借款合同》。

2. 第一被告李某某于判决生效后立即给付原告农行某支行借款本金 164, 711. 68 元，并按合同约定给付利息和罚息（借款利率为 6. 825%，逾期在借款执行利率基础上上浮 50% 计收罚息）。

3. 如第一被告李某某逾期不履行判决书第二项给付义务，原告可以被告李某某等9人抵押的77.25亩家庭承包土地的经营权处置收益优先受偿。

［根据前郭尔罗斯蒙古族自治县人民法院(2017)吉0721民初4326号民事判决书编写］

【裁判案例25】同一法定代表人的一家公司为另一家公司借款提供草原承包经营权抵押应当承担连带清偿责任。

［案情简介］

2017年2月17日,某某实业公司(时任法定代表人董某某)与市草原工作站签订《草原承包合同书》约定:市草原工作站将273.12公顷草原承包给实业公司;承包期共50年,从2017年2月17日起至2067年2月17日止;承包费每年41,000元整。同日,市畜牧业管理局给实业公司发放了［2017］第××号草原承包经营权证。2017年8月29日,乳业公司(时任法定代表人也为董某某)与王某签订《借款合同》约定:乳业公司向王某借款100万元,借款期限自2017年8月29日起至11月29日止,借款月利率按每月3%计算,按月结息;乳业公司提供草原承包经营权证［2017］第××号抵押。同日,王某按合同约定将借款100万元打入实业公司账户。借款到期后,乳业公司未按约定偿还借款本息,王某将乳业公司、董某某诉至洮南市法院,洮南市法院于2018年11月20日作出民事调解书,同时作出民事裁定书,裁定查封实业公司拥有［2017］第××号草原承包经营权证的草原。由于乳业公司未按民事调解书履行还款义务,王某申请向洮南市法院强制执行。洮南市法院在执行过程中发现抵押物草原承包经营权［2017］第××号草原使用权不属于乳业公司,而是属于实业公司,王某对抵押物的优先受偿权未能实现。

［法院判决］

2020年9月,王某以实业公司为被告,向洮南市法院提起抵押合同纠纷诉讼称:实业公司因欠工程款,于2017年从王某处借款100万元,当时该公司法定代表人是董某某,用实业公司(2017)第××号草原经营权证作抵押担保,当时借款是以乳业公司的名义借的款,但实际借款人是实业公司,当时王某也将

100 万元直接打入实业公司账户。借款到期后,乳业公司和实业公司没还王某一分钱。请求判令实业公司偿还王某借款 100 万元及利息。

洮南市法院认为,本案的争议焦点是实业公司应否承担抵押担保责任。

2017 年 8 月 29 日,乳业公司与王某签订《借款合同》,借款人乳业公司以实业公司具有使用权的拥有草原承包经营权证[2017]第 × × 号的草原作抵押,向王某借款 100 万元,乳业公司方签名人为法定代表人董某某,《借款合同》加盖了借款人乳业公司公章,但未加盖抵押人实业公司公章,因为当时乳业公司、实业公司的法定代表人均为董某某;《借款合同》上虽然没有加盖抵押人实业公司公章,但有实业公司法定代表人董某某签名,足以认定实际抵押人为实业公司。实业公司与王某之间的抵押担保关系成立,合法有效。乳业公司的借款责任和实业公司的抵押担保责任应加以区分,王某应依据《借款合同》的约定向实业公司主张承担抵押担保责任,而不是主张还款责任,故实业公司在抵押草原使用权价值范围内,对乳业公司所借王某的借款本金 100 万元及利息承担连带清偿责任。

关于本案利息,实业公司应承担抵押担保责任的利息,并按本院生效调解书适用的利率标准计算。

洮南市法院判决:被告实业公司在抵押草原使用权(草原承包经营权证[2017]第 × × 号)价值范围内,对乳业公司所借原告王某的借款本金 100 万元及利息承担连带清偿责任。

[根据洮南市人民法院(2020)吉 0881 民初 2438 号民事判决书编写]

第十一节　农村土地优先承包权和流转权的纠纷处理

从民事法理上看,优先权是法律基于特殊性考虑而赋予并保障某些特种权利较之普通权利而优先实现的权利,如物权担保中的抵押权、质权等相对普通债权具有优先受偿权。在家庭承包方式中,因本集体经济组织成员内部实行“平均主义”,故不存在内部成员谁优先承包的问题。但在其他承包方式和土地经营权流转中，本集体组织成员基于成员资格和对本集体土地的依赖，《农村土地承包法》赋予其一定条件下的优先承包权和流转权。

一、关于本集体组织成员优先承包权和流转权

《农村土地承包法》第38条规定，土地经营权流转应当遵循“在同等条件下，本集体经济组织成员享有优先权”原则；第51条规定，“以其他方式承包农村土地，在同等条件下，本集体经济组织成员有权优先承包”。根据这两条规定，本集体经济组织成员的优先承包权和流转权适用于以下两种情形：

一是在土地经营权流转中，在同等条件下，本集体经济组织成员对非本集体经济组织的组织和个人享有优先流转权；

二是在招标、拍卖、公开协商等方式承包中，在同等条件下，本集体经济组织成员对非本集体组织的组织和个人享有优先承包权。

所要注意的是，本集体经济组织成员的优先承包权和流转权，是在本集体经济组织成员与非本集体组织的组织、个人同时参与其他方式承包或者土地流转经营的情况下产生的，如果只有本集体经济组织成员参与，或者只有非本集体组织的组织和个人参与，则不产生本集体经济组织成员的优先承包权或者流转权。

二、关于“同等条件”纠纷的认定与处置

本集体经济组织成员与非本集体组织的组织或个人发生优先承包权和优先流转权纠纷，关键在于“同等条件”的认定和判断，那么如何理解“同等条件”？

这里的“同等条件”是指本集体经济组织成员提出承包或流转的主要条件与非本集体组织的组织、个人提出的主要条件基本一致的状况。同等条件应当综合转让价格、价款履行方式及期限等因素确定。《最高院土地承包纠纷解释》第18条规定，“本集体经济组织成员在承包费、承包期限等主要内容相同的条件下主张优先承包权的，应予支持”。

本集体经济组织成员和非本集体组织的组织或个人，在同时参与本集体经济组织土地承包或者流转竞争时，应当参照上述规定理解“同等条件”进行判断。此外，还可以综合考虑农业技术、农业投入、对土地保护义务等因素是否相同或者相近来判断同等条件的问题。两者条件基本相同的，根据上述规定，应当由本集体经济组织成员优先承包或者优先流入。需要注意的是，这里的“同等条件”是指约定条件而非法定条件，法定条件是决定合同的效力问题，而不是优先条件问题。

三、关于优先承包权的丧失

根据《最高院土地承包纠纷解释》第11条和第18条规定，如有下列情形之一的，本集体经济组织成员不再享有优先承包权：

(1)本集体经济组织在书面公示以其他方式对外承包土地的合理期限内，本集体经济组织成员未提出优先权主张的；

(2)本集体经济组织未书面公示以其他方式对外承包土地的，在本集体经济组织以外的人开始使用承包地两个月内未提出优先权主张的；

(3)在发包方将农村土地发包给本集体经济组织以外的组织或者个人，已经法律规定的民主议定程序通过，并由乡镇政府批准后，本集体经济组织成员主张优先承包权的。

这里的“民主议定程序”是指《农村土地承包法》第52条“发包方将农村土地发包给本集体经济组织以外的单位或者个人承包，应当事先经本集体经济组织成员的村民会议三分之二以上成员或者三分之二以上村民代表的同意”。农村集体经济组织经上述法定程序通过，并由乡镇政府批准后，对外发包“四荒地”等土地的，本集体经济组织成员不再享有优先承包权。

有上述三种情形之一的，本集体经济组织成员实际上已经丧失优先承包权，在此情况下向法院提起诉讼主张优先承包权的，法院将驳回其诉讼请求。

【裁判案例26】本集体经济组织成员在本集体经济组织采取其他方式发包山场时享有法定优先承包权。

［案情简介］

2006年1月3日，××屯经联社与谢某某签订《承包龟岭山合同书》约定：××屯经联社将龟岭山承包给谢某某开采，期限为2006年1月3日至2016年1月3日。从2013年始，谢某某将龟岭山承包经营权交由张某某投资，张某某在龟岭山建立石场进行经营，并分别于2014年1月10日及12月30日交纳了2014年、2015年两年度的租金各12,000元。

2016年1月15日，××屯经联社作为发包方与李某某（南宁市江南区人，非××屯经联社成员）作为承包方签订《承包龟岭山合同书》约定：××屯经联社将龟岭山承包给李某某开采，期限为从2016年1月15日至2026年1月15日。

2016年3月4日，龟岭山石场作为原告向横县法院起诉被告××屯经联社，即原告龟岭山石场与被告××屯经联社、第三人李某某、谢某某确认合同无效纠纷一案。该案原告龟岭山石场诉讼请求：（1）判决确认被告××屯经联社与第三人李某某于2016年1月15日签订的《承包龟岭山合同书》无效；（2）判令延长原告龟岭山石场与被告××屯经联社之间租赁龟岭山合同期限10年。2016年12月15日，横县法院作出（2016）桂0127民初495号判决书，判决驳回原告龟岭山石场请求优先承租龟岭山并延长10年租赁期限的诉讼请求。龟岭山石场不服一审判决，上诉于南宁市中院。2017年7月11日，南宁市中院裁定：（1）撤销一审判决；（2）准许上诉人龟岭山石场撤回起诉。

［双方诉辩］

2017年1月，××屯经联社村民何某某，以××屯经联社为被告、以李某某为第三人，以其为××屯经联社成员对本社龟岭山享有优先承包权为由，向横县法院提起侵害集体经济组织成员权益纠纷诉讼，请求依法判令原告何某某具有龟岭山的优先承包权。

被告××屯经联社辩称:原告何某某起诉要求确认对龟岭山的优先承包权不适,龟岭山已经于2016年1月15日与本案第三人李某某签订承包合同,本案原告提交的合同已经在另案审理,至今未能确定该合同的合法性,但该合同未解除前申请优先权,故本案不应继续审理,因为本案被告已经收到第三人的两年租金,即合同已经实施两年多。本案原告何某某享有优先权应在发包前或发包后两个月内提出,但至今已经超过差不多1年,故对原告的诉请应予以驳回。

第三人李某某述称,同意被告的答辩意见。

[法院判决]

横县法院认为,原告何某某请求判令原告具有被告××屯经联社龟岭山的优先承包权,这是一种确认之诉,即请求确认原告何某某具有土地承包优先权。土地承包优先权是指在农村土地发包或流转时,法定优先权人对该土地享有优先承包的权利,是一种基于集体经济组织成员特定身份关系而产生的权利,在同等条件下对发包人另行发包时有优先取得承包经营权的权利。

本案的争议焦点为,原告何某某对涉案龟岭山是否享有优先承包权。依照《农村土地承包法》第5条"农村集体经济组织成员有权依法承包由本集体经济组织发包的农村土地。任何组织和个人不得剥夺和非法限制农村集体经济组织成员承包土地的权利"和第47条"以其他方式承包农村土地,在同等条件下,本集体经济组织成员享有优先承包权"的规定,本集体经济组织成员所享有的优先承包权,源于法律的直接规定,因而具有法定性。本案中,原告何某某是被告××屯经联社的内部成员,龟岭山是被告××屯经联社的土地,且系以其他方式承包农村的土地,对此事实,双方当事人均无异议。作为被告××屯经联社成员之一的原告何某某在本集体经济组织以其他方式承包农村土地的情况下,同外部竞争者在同等条件下享有优先承包权,即被告××屯经联社在另行发包龟岭山时,原告何某某在同等条件下享有优先承包权。因此,原告何某某请求判令其具有被告××屯经联社龟岭山在同等条件下优先承包权,依法有据,本院予以支持。

关于被告××屯经联社与第三人李某某于2016年1月15日签订的《承包龟岭山合同书》的法律效力，本院（2016）桂0127民初495号案虽然已经涉及但是没有予以确认，而且该案的判决已经被终审生效裁定予以撤销，所以，原告何某某行使优先承包权的客观条件和机会还存在。法律赋予了原告何某某享有优先的权利，至于原告何某某是否主张或者放弃，如何去主张对龟岭山的优先承包权问题，本案不予理涉，利害关系人可另案处理。

综上所述，被告××屯经联社在另行发包龟岭山时原告何某某在同等条件下享有优先承包权。原告何某某的诉讼请求依法有据，本院予以支持。

横县法院依照《农村土地承包法》第5条和第47条的规定判决：被告××屯经联社在另行发包龟岭山时原告何某某在同等条件下享有优先承包权。

［根据横县人民法院（2017）桂0127民初261号民事判决书编写］

（作者说明：本案发生在2016年，适用2009年《农村土地承包法》第47条“以其他方式承包农村土地，在同等条件下，本集体经济组织成员享有优先承包权”的规定，这条规定与2018年修改的《农村土地承包法》第51条“以其他方式承包农村土地，在同等条件下，本集体经济组织成员有权优先承包”规定基本一致，故类似本集体经济组织成员享有优先承包权案件发生在新《农村土地承包法》施行后，亦应如此处理。）

【裁判案例27】农村集体经济组织以其他方式发包土地，其成员超过两个月期限才主张承包优先权，法院不予支持。

［案情简介］

2009年，在A屯与B屯就“岑银山”荒山土地权属争议期间，黄A、黄B采取走家串户、村民相互传话的方式，与××村村民多次接触，提出承包“岑银山”荒山的意见。2009年5月2日，黄A、黄B制作《同意林业用地发包决议（代表）签名册》交由××村民签字，时任××村村委会支书、××村民小组长等93位村民在该决议上签字确认，该决议确认集体讨论表决同意和超过2/3村民代表同意将“岑银山”发包给黄A、黄B，并推举邓A、邓B等四人为村民代表，授权经办订立发包协议事宜。该决议确认黄A、黄B为承包经营人，承包期20年，承包费为16万元整，自土地权属纠纷终结双方确认交地之日算起。2009年5月5日，发包方邓A作为村民小组负责人以及村民决议推举的村民代表邓B等四人在合同上签字确认。承包方黄A、黄B也签字确认合同。该合同书所附有地图显示，发包范围与此前A屯与B屯就"岑银山"荒山土地所争议的权属四至范围一致。黄A于当日向××村民小组长邓A支付了1000元承包费，邓A向黄A、黄B出具了收据。

2014年6月，崇左市中院作出了2012年崇行终字第32－2号行政判决书，确认本案的"岑银山"归××村民小组所有。2014年6月27日，××村民小组长邓A及村民授权代表邓C、邓D与承包方黄A、黄B在交地确认书上签字，确认自2014年6月27日起将"岑银山"交付承包方经营管理。

2015年，承包方黄A、黄B对先期抢占"岑银山"荒山种植"速丰桉"拒不退地的邓B等八人，向扶绥县法院分别提起土地承包经营权纠纷诉讼。扶绥县法院一审判决和崇左市中院二审判决，认定邓B等8人在"岑银山"范围内林地进行经营没有合法依据。

[一审判决]

2017年1月，邓B等8人向扶绥县法院提起侵害集体经济组织成员权益纠纷诉讼，请求判令××村民小组停止侵害邓B等8人在"岑银山"林地的集体经济组织成员承包经营权和优先承包权。

扶绥县法院认为，邓B等8人作为××村民小组的八位村民，没有主张黄A、黄B签订的《林业用地承包合同书》效力问题的主体资格。因此，是否有超过2/3的村民同意发包在本案不宜予以认定。

关于邓B等8人在"岑银山"范围内林地是否享有承包经营权的问题。××村民小组与黄A、黄B于2009年5月5日签订《林业用地承包合同书》时，该合同书确定发包的四至范围内的林地权属尚未确权。本院于2014年6月作出的(2012)崇行终字第32－2号行政判决书，确认了本案的"岑银山"归××村民小组所有。2014年6月27日，××村民小组与黄A、黄B签订《交地确认书》及《补充协议书》将“岑银山”交付承包方经营，黄A、黄B据此取得本案《林业用地承包合同书》确定的“岑银山”范围内林地的承包经营权。因此，邓B等八人在“岑银山”范围内林地进行经营没有合法依据，故邓B等8人在“岑银山”范围内林地不享有承包经营权。

关于邓B等8人在“岑银山”范围内林地是否享有优先承包权问题。《农村土地承包法》第47条规定，以其他方式承包农村土地，在同等条件下，本集体经济组织成员享有优先承包权。优先权人只有提供同等的条件才可以主张优先权，主张优先权的人所提出的流转费用或者承包费用、承包或者流转的期限等方面要大致等同于集体外的接包方。如果条件不同，例如所出的流转费多少不一、承包期间长短不同，那么根据“谁的条件优厚，谁获得土地承包权”的原则处理，由发包方或者流转方自主选择。邓B等8人未能提供证据证实在黄A、黄B取得“岑银山”范围内林地的承包经营权前，对承包“岑银山”范围内的林地明确向××村民小组提出与黄A、黄B同等的承包条件，××村民小组有权自主选择承包人。因此，在黄A、黄B取得“岑银山”范围内林地的承包经营权之后，邓B等8人已丧失在该林地的优先承包权。

扶绥县法院判决：驳回邓B等8人的诉讼请求。

[上诉理由]

邓B等8人不服一审上述判决，向崇左市中院上诉称：××村民小组于2009年5月5日与黄A、黄B签订《林业用地承包合同书》将邓B等8人已形成承包经营事实的“岑银山”林地直接发包给黄A、黄B，并导致邓B等8人无法承包经营。邓B等8人已在“岑银山”林地上种植林木，已形成经营管理的客观事实。邓B等8人承包本集体林地已是既定事实在前，××村民小组与黄A、黄B以人多欺少等违法方式强行发包在后，侵害少数人的合法承包权和优先权已将近十年之久。××村民小组与黄A、黄B虽存在承包关系，但确无履行承包事实，××村民小组未实际交付承包土地，黄A、黄B亦未实际管理承包土地。同时，××村民小组未召开村民会议或者村民代表大会，私下由黄A、黄B采取走家串户获得部分村民的签字的方式强行获得承包。合同签订后，该合同并未向村民公示,邓B等8人根本不知道发包事宜,且当时未超过全体村民2/3村民(签字)讨论和表决同意,未报乡镇人民政府批准。邓B等8人认为,根据《农村土地承包法》的规定,××村民小组不能直接向本村集体以外的人发包土地,且在同等条件下,邓B等8人有优先承包经营管理本集体经济组织所有的土地合法权利。故××村民小组与黄A、黄B签订的合同无效,其行为严重违反《村民委员会组织法》有关民主议定程序和《农村土地承包法》有关土地承包经营权、优先权、承包主体限制性、发包方侵权责任等规定。"岑银山"应当由××村民小组的村集体成员家庭承包,黄A、黄B不是本小组的村集体成员,不具有承包经营资格。××村民小组直接发包给黄A、黄B是违法,已侵害邓B等8人承包经营权和优先权。请求二审法院:撤销一审判决,改判支持邓B等8人的诉讼请求。

黄A、黄B述称,××村民小组与黄A、黄B签订的《林业用地承包合同书》是通过××村民小组的2/3村民同意,为合法的合同,且黄A、黄B已经交付1000元定金。双方当事人按照合同的约定,进场砍伐林木交付第二期8万元承包费,但由于邓B等8人侵占领地,导致黄A、黄B无法砍伐属于其的林木,以至于第三期租也没有交付,故邓B等8人称该合同实际上没有履行错误。请求二审法院驳回上诉,维持原判。

[二审判决]

崇左市中院认为:

1. 关于××村民小组是否侵害邓B等8人在"岑银山"林地的承包经营权的问题。土地承包经营权的主体可以是本集体经济组织的成员,也可以是本集体经济组织以外的单位和个人。土地承包经营权是根据发包人和承包人依法订立承包合同而产生。2009年5月5日,××村民小组与黄A、黄B签订《林业用地承包合同书》,约定将"岑银山"范围内的林地出租给黄A、黄B经营,该出租林地已经由××村民小组93位村民签名同意发包。2014年6月27日,××村民小组与黄A、黄B订立《补充协议书》及《交地确认书》,确认了交付租赁林地。据此,黄A、黄B从2014年6月27日起取得了在"岑银山"林地的承包经营权。在本案双方当事人发生纠纷时，黄A、黄B对"岑银山"林地仍处于承包经营期间，该林地的承包经营权由黄A、黄B享有，邓B等8人不享有承包经营权。邓B等8人不是承包经营"岑银山"林地的合同当事人，××村民小组无侵害其承包经营权的事实，故其主张××村民小组侵害其承包经营权无事实依据，本院不予支持。邓B等8人主张在××村民小组发包争议地前其已形成了承包经营该地的事实，邓B等8人主张××村民小组与黄A、黄B订立的《林业用地承包合同书》未依法经××村民会议表决或2/3以上村民同意等应为违法以及该合同未履行均不属于本案审理范围，故本院不予审理。

2. 关于邓B等8人在"岑银山"范围内的林地是否享有承包优先权，其承包优先权是否予以支持的问题。土地承包优先权是指农村土地发包或流转，法定优先权人对该土地享有优先承包的权利。《农村土地承包法》规定："以其他方式承包农村土地，在同等条件下，本集体经济组织成员有优先承包。"《最高院土地承包纠纷解释》（法释〔2005〕6号）第11条规定："土地承包经营权流转中，本集体经济组织成员在流转价款、流转期限等主要内容相同的条件下主张优先权的，应予支持。但下列情形除外：（一）在书面公示的合理期限内未提出优先权主张的；（二）未经书面公示，在本集体经济组织以外的人开始使用承包地两个月内未提出优先权主张的。"本案中，邓B等8人为××村民小组的村民，在村集体发包"岑银山"范围内的林地时，其应当提出表示承包林地的意愿和条件，也可在黄A、黄B开始使用承包林地两个月内提出优先权主张，其所享有的承包优先权才能依法得到保护。现黄A、黄B自2014年6月27日起确认接受租赁"岑银山"范围内的林地，即取得在该地的承包经营权至今（2019年）已4年多的时间，邓B等8人现才主张其享有承包优先权已超过两个月期限，故其主张在"岑银山"范围内的林地享有承包优先权，本院不予支持。

崇左市中院判决：驳回上诉，维持原判。

［根据广西壮族自治区崇左市中级人民法院（2019）桂14民终142号民事判决书编写］

【裁判案例28】村委会未经民主议定程序将原农户的承包地另行发包给其他农户，侵害原承包方的优先承包权无效。

[案情简介]

2004年，甲村村委会决定，从每个人的家庭承包土地中匀出0.2亩土地作为村里的机动用地，由村委会统一对外承包，收取的承包费由村里统一安排使用，包括村里修路等。2004年3月5日，孙A与甲村村委会签订《土地承包合同书》约定：孙A承包土地计3亩，承包期为10年，自2004年3月15日至2014年3月15日，承包费每亩每年200元，一次性交清10年承包费共计6000元。该合同签订后，孙A与甲村村委会均履行了合同义务。

2013年11月30日，甲村村委会向每户下发通知，该通知的注意内容为：各片承包地于2014年3月5日到期，为了继续延包，承包地按每人所分的土地交承包费，年限降低到15年，价格提高到每亩每年600元，一次性交清承包费；二队每人应分0.2亩，交款1800元。2013年12月25日，孙B与甲村村委会签订《土地承包合同书》约定：孙B承包甲村村第二生产小组土地12亩，承包使用年限为30年，自2014年5月1日至2044年4月31日止；承包费每年每亩300元。该合同签订后，孙B于2013年12月31日向甲村村委会交纳承包费10.8万元。

[双方诉辩]

2016年，孙A以孙B、甲村村委会为被告，向历城区法院提起诉讼称：孙B与甲村村委会于2013年12月25日签订的《土地承包合同书》，把孙A原有的3亩承包地包含在内，且把3亩承包地在内的12亩土地再次承包给了孙B。原告一直耕种该3亩承包地，也没有自愿交回承包地的意思表示，在原告承包期内，被告甲村村委会又与被告孙B签订了《土地承包合同书》，侵害了原告的土地承包权益及承包优先权。请求：(1)确认2013年12月25日被告甲村村委会与被告孙B签订的《土地承包合同书》中原属于原告承包地的部分无效；(2)确认原告对2004年3月5日与被告甲村村委会签订的《土地承包合同书》中的承包地继续享有承包权。

被告孙B辩称：被告孙B通过村委组织的招标、公告、公示等方式承包了涉案土地，并与村委会合法订立了土地承包合同，缴纳了承包费；原告既没有参与承包，也没有续订合同缴纳承包费，合同到期后原告无故不将土地转交，该行为直接侵犯了被告孙B的土地承包权。承包期间村委会做了大力宣传，家喻户晓，原告是明知的，原告既不参与承包，也不把地交出，本来是原告侵害了被告的土地承包权利，没想到两年后反而把被告起诉。原告的起诉没有任何法律依据，要求法院判决驳回原告的诉讼请求，并将其所占用的被告方的土地腾出。

被告甲村村委会辩称：2013年村委会与孙B签订的合同是前任村主任和支部书记办理的，要求法院依法公正处理。

［法院判决］

关于被告孙B与被告甲村村委会于2013年12月25日签订的《土地承包合同书》中原属于原告承包地3亩的部分是否有效问题。历城区法院认为，原告孙A于2004年3月5日与被告甲村村委会签订《土地承包合同书》，承包期限至2014年3月15日；2013年12月25日，被告甲村村委会与被告孙B签订《土地承包合同书》，将包括原告原承包地在内的12亩土地承包给被告孙B，现原告以甲村村委会和孙B为被告，请求确认其所签订的《土地承包合同书》中原属于原告承包地3亩的部分无效，符合法律规定。

涉案土地是2004年被告甲村村委会从甲村二组每个人的家庭承包土地中匀出0.2亩，作为甲村村的机动用地，由甲村村委会统一对外承包的土地。根据原告提供的公示及三位证人的证言，可以认定甲村村委会对即将到承包期限的土地于2013年9月9日上午在村委会办公室进行了公开招标，在公示的中标人名单中有原告孙A及被告孙B，但甲村均未与其签订土地承包合同。甲村村部分村民认为，9月9日的公开招标未召开村民代表会议，于是到街道办事处上访，甲村支部书记于9月10日上午在街道办事处宣布“9月9日的中标作废”。

甲村村委会于2013年11月30日向各户下发了有关土地承包的通知，该通知载明:土地承包费价格提高到每亩每年 600 元,并应于 12 月 3 日至 7 日到村委交承包费。在甲村村委会规定的时间内,原、被告均未交纳承包费。此后,被告孙 B 找到被告甲村原支部书记,表示要承包土地;被告甲村村委会在未召开村民代表会议或公开招标的情况下,于 2013 年 12 月 25 日与被告孙 B 签订了《土地承包合同书》,承包费为每年每亩 300 元。

历城区法院认为,被告甲村村委会在未经公开招标或召开村民代表会议确定承包费数额、承包方案等情况下,于 2013 年 12 月 25 日与被告孙 B 签订的《土地承包合同书》,侵害了原告孙 A 的优先承包权,故被告孙 B 与被告甲村村委会于 2013 年 12 月 25 日签订的《土地承包合同书》中原属于原告承包地 3 亩的部分无效。原告孙 A 原承包土地 3 亩,根据法律规定,在承包费、承包期限等主要内容相同的条件下,原告有优先承包权,原告也表示继续承包该土地,但被告甲村村委会未通过民主议定程序设定承包条件,原告优先承包权目前无法行使。

历城区法院依照《农村土地承包法》第 3 条、第 18 条,《最高院土地承包纠纷解释》第 6 条、第 19 条,《民事诉讼法》第 64 条的规定,判决如下:

1. 确认被告孙 B 与被告甲村村委会于 2013 年 12 月 25 日签订的《土地承包合同书》中原属于原告孙 A 承包地 3 亩的部分无效。

2. 驳回原告孙 A 的其他诉讼请求。

[根据济南市历城区人民法院(2016)鲁 0112 民初 5526 号民事判决书编写]

第十二节　承包地征收补偿的纠纷处理

为了公共利益的需要,市县级政府依照法律规定的权限和程序可以征收农村集体所有的土地。因农村集体土地绝大多数已经承包到户经营,故征收农村集体土地必然涉及土地承包经营权以及承包户的利益问题,由此也容易引起承包户与本集体组织以及政府之间的征收承包地纠纷。这里分析承包地征收补偿及纠纷处理的问题。

一、承包地征收补偿的基本内容

土地征收，是指国家为了公共利益需要，依照法律规定的程序和权限将农民集体所有的土地转化为国有土地，并依法给予被征地的农村集体经济组织和被征地农民合理补偿和妥善安置的法律行为。因土地征收的对象是农村集体土地，而农村集体土地因已承包到户，故在实践中有“征收承包地”之说，当然，这种说法不是很确切，但能反映土地征收对象与承包地的直接关系。

市县级政府依照法律规定的权限和程序征收土地，虽然应当与被征收人订立相关的行政协议，但政府征收土地具有法定性和强制性，同时应当依法及时足额支付土地补偿费，并安排被征地农民的社会保障费用，保障被征地农民的生活，维护被征地农民的合法权益。土地征收的对象如果是承包地的，就会出现承包地征收补偿的问题。

征地补偿是国家为了公共利益的需要，依法对农民集体土地进行征收、征用，并按照被征地的原用途给予的补偿。征地补偿所产生补偿费用叫征地补偿费，包括土地补偿费、地上附着物补偿费、青苗补偿费和安置补助费等。其中，土地补偿费是征用农民集体土地时，用地单位依法向被征地人支付的费用；地上附着物补偿费是征用农民集体土地时由用地单位支付给被征地人的对地上物损失的补偿费用；安置补助费是征用农民集体土地时，为了解决以土地为主要生产资料并取得生活来源的农业人口因失去土地造成生活困难所给予的补助费用；青苗补偿费是指征用农民集体土地时对被征用土地上生长的农作物造成损失所给予的一次性经济补偿费用。

《民法典》第338条规定：“承包地被征收的，土地承包经营权人有权依据本法第二百四十三条的规定获得相应补偿。”《农村土地承包法》第17条也规定，承包地被依法征收、征用、占用的，承包方有权依法获得相应的补偿。根据国务院《土地管理法实施条例》第32条规定：“省、自治区、直辖市应当制定公布区片综合地价，确定征收农用地的土地补偿费、安置补助费标准，并制定土地补偿费、安置补助费分配办法。地上附着物和青苗等的补偿费用，归其所有权人所有。社会保障费用主要用于符合条件的被征地农民的养老保险等社会保险缴费补贴，按照省、自治区、直辖市的规定单独列支。申请征收土地的县级以上地方人民政府应当及时落实土地补偿费、安置补助费、农村村民住宅以及其他地上附着物和青苗等的补偿费用、社会保障费用等，并保证足额到位，专款专用。有关费用未足额到位的，不得批准征收土地。"

二、政府征收承包地补偿的行政性

承包地征收补偿纠纷的产生，原因多种多样，有农村集体组织及其成员与政府之间的因征地补偿标准引起的纠纷，有村民与本集体组织之间因土地补偿费、安置补助费分配引起的纠纷，有农户之间因承包地侵权引起的征地补偿归属纠纷，还有农户家庭内部成员分割承包地征地补偿引起的纠纷。就此，《最高人民法院、国家发展和改革委员会关于为新时代加快完善社会主义市场经济体制提供司法服务和保障的意见》(法发〔2020〕25 号)第 9 条指出："遵循及时合理补偿原则，综合运用多种方式对被征收征用者进行公平合理补偿，维护被征收征用者的合法权益。妥善审理承包地征收补偿费用分配纠纷案件，防止农村集体经济组织非法截留土地承包经营权人应得的补偿。"这是征收农村集体土地以及处理相关纠纷的指导性意见。

市县级政府因公共利益的需要征收农村集体所有的土地，首先是一种行政行为，但政府实施这种行政行为必须"遵循及时合理补偿原则"，以契约方式与被征收征用者协商订立安置补偿协议，于是，安置补偿协议具有行政与民事的双重属性，但行政是第一性，民事则是第二性，故安置补偿协议被定性为"行政协议"。因此，《行政诉讼法》第 12 条将被征收征用者"对征收、征用决定及其补偿决定不服的""认为行政机关不依法履行、未按照约定履行或者违法变更、解除政府特许经营协议、土地房屋征收补偿协议等协议的"诉讼纳入行政诉讼受案范围，由此产生的纠纷适用《行政诉讼法》的规定进行审理。

三、征地补偿标准纠纷及处理

征地补偿标准，是指在县市行政区的土地根据政府总体规划确定的用地范围，依据土地类型、土地年产值、土地区位登记、农用地等级、人均耕地数量、土地供求关系、当地经济发展水平和城镇居民最低生活水平保障等因素，再依据片区划分用于征地补偿综合计算的标准。征地补偿标准方案由县市级政府土地管理部门拟制，经被征用土地所在地的乡、镇、村公告，听取被征用土地的农村集体组织和农民的意见后，由县市级政府批准实施。

在实践中，有些承包地被征用的村民认为征地补偿标准过低，以政府为被告向法院提起行政诉讼，请求法院判令政府制定、公布的征地补偿标准方案无效，或者请求提高征地补偿标准。制定征地补偿标准方案是县市级政府的职责，人民法院不能以行政审判权代替行政机关履行此职责。据此，村民提起此种纠纷诉讼，人民法院不予受理，而应由批准征收土地的政府裁决。

四、土地补偿费分配方案纠纷及处理

农村集体组织因土地征用取得土地补偿费后，可以依照法律规定的条件和民主议定程序，决定在本集体组织内部进行分配。《最高院土地承包纠纷解释》第 22 条规定，“农村集体经济组织或者村民委员会、村民小组，可以依照法律规定的民主议定程序，决定在本集体经济组织内部分配已经收到的土地补偿费”。本集体组织未经民主议定程序未决定分配土地补偿费，而本集体经济组织成员要求分配而与之发生纠纷的，这类纠纷不是安置补偿协议纠纷，而是土地补偿费分配纠纷。被征收征用承包地的集体经济组织成员向法院就此类纠纷提起民事诉讼请求分配的，因土地补偿费分配属于农村民主议定程序决定范围，法院不能利用审判权代替农村民主议定程序判决分配，故不能予以受理。

但是，农村集体组织作出土地补偿费分配方案后，部分村民对土地补偿费分配方案有异议，向法院提起诉讼的，法院不能一概不予受理，而应先予以受理，经审查后分别以不同情况再做如下处理：

一是土地补偿费分配方案由村民会议或村民代表会议依照《村民委员会组织法》规定的民主议定程序作出的，除有明显违法外，法院应当尊重村民自治权，确认该分配方案的效力；村民提起补偿费分配的诉讼请求与其不一致的，不应予以支持。

二是农村集体组织未依照《村民委员会组织法》规定的民主议定程序，就作出土地补偿费分配方案并组织实施的，因该方案违反法定程序，应当依法确认无效。

三是土地补偿费分配方案已经依照《村民委员会组织法》规定的民主议定程序通过，但其内容违反法律规定、国家政策，或剥夺、侵害特定集体经济组织成员分配权的，应当确认其相关内容无效。例如，对具有本集体经济组织成员资格的村民，土地补偿费分配方案没有其分配份额的，根据《最高院土地承包纠纷解释》第 22 条“征地补偿安置方案确定时已经具有本集体经济组织成员资格的人，请求支付相应份额的，应予支持”的规定，该村民可以提起民事诉讼，请求法院判令本集体经济组织向其支付相应份额的土地补偿费。

五、土地补偿费数额纠纷及其处理

农村集体经济组织成员的土地补偿费数额由民主议定程序通过土地补偿费分配方案决定。农村集体组织成员就该土地补偿费分配方案决定的土地补偿费数额，与本集体组织发生纠纷提起民事诉讼的，根据《最高院土地承包纠纷解释》第 1 条第 3 款的规定，法院不予受理。但是，农村集体组织未按土地补偿费分配方案确定的数额分配，侵害农村集体经济组织成员分配权益的，本集体经济组织成员可以提起民事诉讼，法院应当予以支持。

六、土地补偿费分配比例纠纷及处理

农村集体组织根据本集体组织的实际情况和征收土地的性质，经民主议定程序作出的土地补偿费分配方案，决定对本农村集体组织不同成员按不同比例分配，或者对户籍已迁出的村民、已取得非农业户口的村民予以一定比例分配，因该分配方案已具有执行效力，部分集体经济组织成员要求按相同比例分配而与本集体组织发生纠纷的，在一般情况下不予支持。但该分配方案有违法之处或者明显不合理的，当事人起诉后，法院可以予以适当调整。

七、集体经济组织成员分配权纠纷及处理

集体组织成员分配权纠纷主要是当事人有无本集体经济组织成员资格的问题。当事人认为自己具有本集体经济组织成员资格，而本集体组织没有按照土地补偿费分配方案给予分配土地补偿费的，首先应当按照上述农村集体经济组织成员资格认定的方法进行确认，经确认其具有成员资格的，应当肯定其与其他成员一样有分配权。此外，集体经济组织成员土地补偿费分配，还要结合承包地是否被征收征用的具体情况，按照土地补偿费分配方案确定其应得的土地补偿费金额。

八、地上附着物和青苗补偿纠纷及处理

承包方与发包方就地上附着物和青苗补偿发生纠纷，土地承包合同或者流转合同已经明确约定归属的，应当按照约定进行处理；没有约定或者约定不明确，双方不愿协商解决或者协商不成的，根据《最高院土地承包纠纷解释》第20条“承包地被依法征收，承包方请求发包方给付已经收到的地上附着物和青苗的补偿费的，应予支持”的规定，承包方请求发包方给付已经收到的地上附着物和青苗补偿费的，发包方应当向承包方支付，而不得扣留；承包方已将土地经营权流转给第三人的，除当事人另有约定外，青苗补偿费归实际投入人所有，地上附着物补偿费归附着物所有人所有。

此外，本集体经济组织成员应得的土地补偿费被发包方截留、克扣，或者被他人冒领、侵占的，可以提起民事诉讼，请求法院判令行为人返还并赔偿损失。

【裁判案例29】承包人提起行政诉讼，请求被告政府因征收承包地对其承包权、经营权所受损害进行补偿，法院认定该请求缺乏法律依据。

［案情简介］

2005年1月1日，甲村村委会与吴某某签订《土地承包合同书》，约定从

2005 年 1 月 1 日起至 2034 年 12 月 31 日止,甲村村委会将 1700 亩的土地承包给吴某某承包。

2015 年,A 市政府与 B 镇政府签订《征地拆迁工作协议》,约定将高速公路 C 段项目征地拆迁工作委托 B 镇政府负责实施完成。

2015 年 8 月 25 日,A 市政府发出《征收土地预公告》,吴某某承包经营的土地属于征收范围。

2016 年 12 月 17 日,高速公路 B 镇征地办向吴某某发出《办理征地地上附着物和青苗补偿手续通知书》,其中要求吴某某收到通知书 2 个工作日内办理地上附着物及青苗登记确认手续,并签订《征收土地地上附着物和青苗补偿合同书》,领取补偿款。2016 年 12 月 21 日,B 镇征地办向吴某某发出《办理腾地工作通知书》,其中要求吴某某收到通知书 2 天内对地上附着物及青苗进行迁移,腾出涉案地段土地给高速公路项目建设之用,并到 B 镇政府办理领取补偿款手续。2016 年 12 月 26 日,B 镇征地办向吴某某发出《催告书》,要求吴某某收到《催告书》2 天内对地上附着物及青苗进行移除,否则将强制移除。2016 年 12 月 28 日,B 镇征地办向吴某某发出《强制清除通知书》,决定于 2016 年 12 月 30 日对吴某某在征地红线范围内的青苗及地上附着物实施强制清除。

B 镇政府认定吴某某在征地红线范围内的地上附着物和青苗的补偿款合计 229,082.4 元,经催告吴某某至今未前往 B 镇政府办理领取手续,该款项仍存放在 B 镇政府有关账户上。

[一、二审判决]

吴某某对 B 镇政府上述土地征收行为不服,认为 A 市政府未依法、足额履行对其承包土地上的青苗及地上附着物进行补偿的义务,向江门市中院提起行政诉讼。

江门市中院认为:《土地管理法》第 47 条规定,征收土地的,按照被征收土地的原用途给予补偿。征收耕地的补偿费用包括土地补偿费、安置补助费以及地上附着物和青苗的补偿费。《土地管理法实施条例》第 26 条第 1 款进一步规定,土地补偿费归农村集体经济组织所有,地上附着物及青苗补偿费归地上附着物及青苗的所有者所有。吴某某并非被征土地所有权人,其作为土地承包经营权人所应获得的法定补偿项目为被征土地地上附着物及青苗的补偿费。吴某某主张地上附着物及青苗补偿费以外的所谓承包权、经营权补偿费欠缺法律依据,A 市政府对此无法定补偿职责。吴某某主张其承包经营权的其他损失,应当按照其与甲村村民委员会之间的承包经营合同之约定另寻民事途径解决。

江门市中院判决:驳回吴某某的诉讼请求。

吴某某不服一审判决,向广东省高院上诉。广东省高院判决:驳回上诉,维持原判决。

[申请再审]

吴某某不服广东省高院上述行政判决,向最高院申请再审称:吴某某与甲村村委会签订的《农村土地承包合同书》合法有效,吴某某对承包的土地拥有合法的承包权和经营权。二审判决混淆所有权、用益物权两个概念,以所有权的补偿替代承包权、经营权的补偿。法律对承包权、经营权的征收补偿有明确的规定。根据《宪法》《农村土地承包法》《物权法》相关规定,承包权和经营权作为用益物权在土地被征收时应当依法进行补偿。二审法院根据《土地管理法》第 47 条、《土地管理法实施条例》第 26 条第 1 款,认定吴某某主张承包权、经营权补偿费欠缺法律依据,属于认定事实及适用法律错误。此外,侵犯吴某某权益的主体是 A 市政府,甲村村委会并未解除承包经营合同或违约,二审判决认为承包经营权的损失应按照承包经营合同约定另寻民事途径解决,将诉讼主体指向甲村村委会错误。故根据《行政诉讼法》相关规定申请再审。

A 市政府答辩称:A 市政府在征收案涉土地时,已依法对吴某某所承包的土地上的附着物及青苗给予补偿,且补偿标准符合 A 市政府文件的要求。该补偿工作由 B 镇政府具体负责实施。2016 年 12 月 17 日,B 镇政府向吴某某送达了相关补偿通知书、腾地通知书等,明确在征地红线范围内吴某某的地上附着物和青苗的补偿款合计 229,082.4 元,但吴某某一直置之不理。在此情况下,B 镇政府向吴某某送达《强制清除通知书》,并于 2016 年 12 月 30 日强行清除了相关青苗和地上附着物。该补偿款目前仍存放在B镇政府账户,吴某某可随时领取。吴某某作为案涉土地的承包经营者,要求A市政府对其因征收所致承包权和经营权所受损失进行补偿,于法无据。故请求驳回吴某某的再审申请。

[最高院裁定]

最高院经审查认为:《农村土地承包法》第17条第4项规定,承包地被依法征收、征用、占用的,承包方有权依法获得相应的补偿。《物权法》第132条规定,承包地被征收的,土地承包经营权人有权依照本法第42条第2款的规定获得相应补偿。以上法律规定中“相应补偿”的具体内容,应以《物权法》第42条第2款以及《土地管理法》《土地管理法实施条例》的相关规定为准。《物权法》第42条第2款规定,征收集体所有的土地,应当依法足额支付土地补偿费、安置补助费、地上附着物和青苗的补偿费等费用,安排被征地农民的社会保障费用,保障被征地农民的生活,维护被征地农民的合法权益。该条文未规定集体土地被征收时应支付土地承包权、经营权补偿费。《土地管理法》第47条规定,征收土地的,按照被征收土地的原用途给予补偿;征收耕地的补偿费用包括土地补偿费、安置补助费以及地上附着物和青苗的补偿费。《土地管理法实施条例》第26条第1款规定,土地补偿费归农村集体经济组织所有,地上附着物及青苗补偿费归地上附着物及青苗的所有者所有。本案中,吴某某因与甲村村委会签订《农村土地承包合同书》而在合同约定的期限内享有对案涉土地的承包经营权。案涉土地被A市政府征收,吴某某作为被征收土地的地上附着物及青苗的所有者,依法有权获得相应补偿。但其作为土地承包经营者,就其根据土地承包合同所享有的承包权与经营权受到损害的,应当依法通过民事法律途径解决。A市政府作为土地征收主体,对此项损失并无法定补偿义务。因此,吴某某关于A市政府应当对其就案涉土地所享有的承包权与经营权因征收所受损害进行补偿的理由,缺乏法律依据,不能成立,原判决并无不当。

最高院认定,吴某某的再审申请不符合《行政诉讼法》第91条规定的情形。依照《最高人民法院关于适用〈中华人民共和国行政诉讼法〉的解释》第

116 条第 2 款的规定，裁定：驳回吴某某的再审申请。

［根据广东省高级人民法院（2018）粤行终 406 号行政判决书和最高人民法院（2019）最高法行申 661 号行政裁定书编写］

【裁判案例 30】土地补偿费方案规定未出嫁女生育小孩不予分配，法院认定此内容侵害未出嫁女的合法分配权。

［案情简介］

龙某某（女）于 1978 年 8 月 13 日出生，户口一直随母登记在甲村第一村民小组未迁。1994 年，龙某某作为家庭成员参与了甲村第一村民小组的土地承包经营，获得土地承包经营权。后龙某某未婚与他人同居生育小孩。2016 年，甲村第一村民小组土地被依法征收，获得了土地征收补偿款 540 多万元。甲村第一村民小组经开会研究确定了土地征收补偿款分配方案，先后两次给每位小组成员分配土地补偿款共 27，000 元，但甲村第一村民小组以龙某某已与他人同居生育小孩为由，未分配给龙某某土地征收补偿款。

［双方诉辩］

2018 年 3 月，龙某某以甲村第一村民小组为被告，向东安县法院提起承包地征收补偿费用分配纠纷诉讼。

原告龙某某诉称：原告的父母亲是被告甲村第一村民小组的集体经济组织成员，原告于 1978 年 8 月 13 日出生并落户于被告住所地，后由于父母离异，原告跟随母亲一直生活在被告住所地。1994 年，原告作为家庭成员参与了被告的土地承包经营，因此取得了被告集体经济组织成员资格。2016 年 4 月，被告有土地被依法征收，获得了土地征收补偿款 540 多万元，被告经开会研究分配方案，按每人分配土地补偿款 23，000 元，2017 年 7 月又按 4000 元一人分配了一次，但被告以原告已与他人同居生育小孩为由没有分配给原告，原告的母亲多次找到被告负责人及镇、村干部反映，要求原告享有与其他集体经济组织成员同等待遇，可被告拒不同意给付。被告以原告未婚与他人同居生育了小孩为由，拒不分配土地征收补偿款的行为，违反了《农村土地承包法》的有关规定，严重侵害了原告的合法权益。请求判令原告享有与被告其他集体经济组织成员同等份额的土地征收补偿费27,000元的分配权。

被告甲村第一村民小组辩称,村里有村规民约,原告不享有参与分配承包地补偿款的分配权。

［法院判决］

东安县法院认为,原告是否具有被告集体经济组织成员资格是否享有征地补偿费分配权,是本案争议的焦点。原告的村民小组成员资格是原告取得征地补偿费的前提条件。原告一直是甲村第一村民小组成员,且是家庭承包人之一,经营土地是其重要生活来源。原告现虽然未婚已与他人生育小孩,但至今未嫁,其原有的村民小组成员资格未变,原有的承包土地仍由其耕种,承包地仍是其主要生活来源。《农村土地承包法》第6条规定,“农村土地承包,妇女与男子享有平等的权利。承包中应当保护妇女的合法权益,任何组织和个人不得剥夺、侵害妇女应当享有的土地承包经营权”。被告以村民集体达成的征地分配方案规定本组女孩嫁出去户口未迁走,或女孩未出嫁生了小孩的不参与本组分配,不能享有土地补偿费的分配权利的理由没有法律依据,女孩未出嫁生了小孩,并不产生失去村民成员资格的法律后果。

《最高院土地承包纠纷解释》第24条规定,“农村集体经济组织或者村民委员会、村民小组,可以依照法律规定的民主议定程序,决定在本集体经济组织内部分配已经收到的土地补偿费”。《村民委员会组织法》第27条规定,“村民自治章程、村规民约以及村民会议或者村民代表会议的决定不得与宪法、法律、法规和国家的政策相抵触,不得有侵犯村民的人身权利、民主权利和合法财产权利的内容”。被告村民小组集体决定的分配土地补偿费的方案中“女孩未出嫁生了小孩的不参与本组分配”的规定,侵害了原告的合法权利,与国家的法律相抵触,是对国家特别保护的妇女相关权利的侵害,不应当支持,原告的诉讼请求符合法律规定,本院予以支持。

东安县法院判决:被告甲村第一村民小组给付原告龙某某土地征收补偿费27,000元,此款在判决生效后10日内付清。

[根据东安县人民法院(2018)湘1122民初354号民事判决书编写]

【裁判案例31】父母遗留的承包地被征收所得的补偿费,应当作为遗产按照继承法分割继承。

[案情简介]

黄某某和徐某某夫妇系甲村乙组村民,生育7个子女,其中黄A、黄B、黄C、黄D系四兄弟。黄D于1970年过继到甲村丙组。1981年分田到户时,当时黄家包括黄某某、徐某某、黄A、黄B、黄C在内共7人为家庭成员,在黄某某、徐某某户(以下简称黄户)的名下分得甲村乙组承包地责任山、田、土。黄D因过继未作为黄户内的家庭成员参与分配。

1981年黄A结婚,次年与父母分家,从黄户家庭承包地中分得9分田。后黄B也与父母分家,从黄户家庭承包地中分得9分田。1993年,黄某某去世。

1998年实行第二轮土地承包时,因黄A、黄B已分家及黄某某去世,黄C即作为原黄户家庭的承包方代表,取得了家庭承包责任田的农村土地承包经营权证,该承包经营权证登记的共同人情况显示家庭人口4人。2006年林权制改革,原黄户原承包的林地办理了以徐某某为林地使用权人的山林权证。徐某某于2010年去世。

2013年,镇政府因用地需要,征收了林权登记为徐某某的林地两处12.21亩,旱土一处0.1亩,征收补偿款共计为108,547.5元。另征收了登记为黄C的农村土地承包责任田一处水田,征收补偿款为44,743.7元。黄C、黄B领取上述征收补偿款后给了黄A4万元,剩余款项由黄C、黄B分割占有。

2014年,黄D向定南县法院起诉黄A、黄B、黄C,要求分配给付上述征收补偿款。定南县法院判决黄A、黄B、黄C应给付黄D征收补偿款15,506.79元。

[双方诉辩]

2016年6月,黄D以黄B、黄C为被告,向定南县法院提起承包地征收补偿费用分配纠纷诉讼。

黄D诉称:原告黄D与被告黄B、黄C系胞兄弟。2013年镇政府征收了以原、被告父母为家庭承包人取得的山和田,被告黄B、黄C另将责任田租用给他人,征山、征田、租金获取利益共161,346.2元。原、被告共同赡养了父母及共同承担了父母百年归世的相关义务。该征山、征田款及租金款应按兄弟份额分配,原告应得53,782.07元,可被告黄C领取款项后和被告黄B私自占有。就此事发生纠纷后,二被告才给付原告4万元,经计算原告还应得剩余款13,782.07元,原告多次与二被告协商,二被告至今没有将13,782.07元给原告。请求判令二被告给付原告应得征地、征田、租金款共13,782.07元。

被告黄B辩称:原告黄D无理取闹,反映不事实,父母早已把土地划分开了,各人都领取了合法的土地承包证。

被告黄C辩称:原告起诉不是事实,征收的是我的田并不是我父母的,我也有承包证。

[法院判决]

定南县法院认为,本案中,根据原告黄D向法庭提交了征收土地费用发放表及领条,征收林地补偿款为108,547.5元,征收水田补偿款为44,743.7元,合计153,291.2元。原告黄D主张征山、征田、租金款161,346.2元的数额证据不足,应以本院查明的为准。

对于林地征收补偿款108,547.5元,该笔征收款系征收徐某某的林地、旱土所补偿的征收款。该笔征收所得款108,547.5元是徐某某的遗产,根据《继承法》的相关规定,原告黄D应得的林地征收补偿款为15,506.79元(108,547.5元÷7人)。

对于征收水田补偿款44,743.7元,经审查,该被征收水田登记在以被告黄C为承包方代表的农村土地承包经营权证名下。根据原、被告庭审中陈述,原告黄D、被告黄B在1981年分田到户后与父母进行了分家,并从黄户原家庭承包的责任田中分得了属于其个人名下的承包责任田。被告黄C因未与父母分家,黄某某于1993年去世后,1998年国家在实行第一轮土地承包基础上的第二轮承包时,原黄户家庭承包责任田在划出原告黄D、被告黄B个人的责任田外,剩余家庭承包责任田登记在被告黄C为承包方代表的农村土地承包经营权名下。经查,参与第一轮分田到户的原黄户家庭的成员有7人,1998年第二轮承包时,因黄某某已去世和原告黄D、被告黄B已分家,参与第二轮承包时黄户的家庭成员应是徐某某、黄C等4人。故政府征收水田补偿款44,743.7元应由徐某某、黄C等4人享有。因徐某某于2010年去世,徐某某名下的征收水田的补偿款应为11,185.92元(44,743.7元÷4人)。对于徐某某名下的征收水田补偿款11,185.92元应属于其遗产,根据《继承法》的相关规定,原告黄D应得的征收水田补偿款为1597.99元。经查,原告黄D从二被告处共领取了补偿款4万元,已经超出原告应得的补偿款,故原告诉求二被告再给付征地、征田、租金款共13,782.07元,理据均不充分。

定南县法院判决:驳回原告黄A的诉讼请求。

[根据定南县人民法院(2016)赣0728民初539号民事判决书编写]

附　录

1. 中华人民共和国民法典(节录)

(2020年5月28日第十三届全国人民代表大会第三次会议通过)

第五十五条　农村集体经济组织的成员,依法取得农村土地承包经营权,从事家庭承包经营的,为农村承包经营户。

第五十六条　个体工商户的债务,个人经营的,以个人财产承担;家庭经营的,以家庭财产承担;无法区分的,以家庭财产承担。

农村承包经营户的债务,以从事农村土地承包经营的农户财产承担;事实上由农户部分成员经营的,以该部分成员的财产承担。

第三百三十条　农村集体经济组织实行家庭承包经营为基础、统分结合的双层经营体制。

农民集体所有和国家所有由农民集体使用的耕地、林地、草地以及其他用于农业的土地,依法实行土地承包经营制度。

第三百三十一条　土地承包经营权人依法对其承包经营的耕地、林地、草地等享有占有、使用和收益的权利,有权从事种植业、林业、畜牧业等农业生产。

第三百三十二条　耕地的承包期为三十年。草地的承包期为三十年至五十年。林地的承包期为三十年至七十年。

前款规定的承包期限届满,由土地承包经营权人依照农村土地承包的法律规定继续承包。

第三百三十三条　土地承包经营权自土地承包经营权合同生效时设立。

登记机构应当向土地承包经营权人发放土地承包经营权证、林权证等证书，并登记造册，确认土地承包经营权。

第三百三十四条 土地承包经营权人依照法律规定，有权将土地承包经营权互换、转让。未经依法批准，不得将承包地用于非农建设。

第三百三十五条 土地承包经营权互换、转让的，当事人可以向登记机构申请登记；未经登记，不得对抗善意第三人。

第三百三十六条 承包期内发包人不得调整承包地。

因自然灾害严重毁损承包地等特殊情形，需要适当调整承包的耕地和草地的，应当依照农村土地承包的法律规定办理。

第三百三十七条 承包期内发包人不得收回承包地。法律另有规定的，依照其规定。

第三百三十八条 承包地被征收的，土地承包经营权人有权依据本法第二百四十三条的规定获得相应补偿。

第三百三十九条 土地承包经营权人可以自主决定依法采取出租、入股或者其他方式向他人流转土地经营权。

第三百四十条 土地经营权人有权在合同约定的期限内占有农村土地，自主开展农业生产经营并取得收益。

第三百四十一条 流转期限为五年以上的土地经营权，自流转合同生效时设立。当事人可以向登记机构申请土地经营权登记；未经登记，不得对抗善意第三人。

第三百四十二条 通过招标、拍卖、公开协商等方式承包农村土地，经依法登记取得权属证书的，可以依法采取出租、入股、抵押或者其他方式流转土地经营权。

第三百四十三条 国家所有的农用地实行承包经营的，参照适用本编的有关规定。

第三百八十六条 担保物权人在债务人不履行到期债务或者发生当事人约定的实现担保物权的情形，依法享有就担保财产优先受偿的权利，但是法律另有规定的除外。

第三百八十七条 债权人在借贷、买卖等民事活动中,为保障实现其债权,需要担保的,可以依照本法和其他法律的规定设立担保物权。

第三人为债务人向债权人提供担保的,可以要求债务人提供反担保。反担保适用本法和其他法律的规定。

第三百八十八条 设立担保物权,应当依照本法和其他法律的规定订立担保合同。担保合同包括抵押合同、质押合同和其他具有担保功能的合同。担保合同是主债权债务合同的从合同。主债权债务合同无效的,担保合同无效,但是法律另有规定的除外。

担保合同被确认无效后,债务人、担保人、债权人有过错的,应当根据其过错各自承担相应的民事责任。

第三百八十九条 担保物权的担保范围包括主债权及其利息、违约金、损害赔偿金、保管担保财产和实现担保物权的费用。当事人另有约定的,按照其约定。

第三百九十条 担保期间,担保财产毁损、灭失或者被征收等,担保物权人可以就获得的保险金、赔偿金或者补偿金等优先受偿。被担保债权的履行期限未届满的,也可以提存该保险金、赔偿金或者补偿金等。

第三百九十一条 第三人提供担保,未经其书面同意,债权人允许债务人转移全部或者部分债务的,担保人不再承担相应的担保责任。

第三百九十二条 被担保的债权既有物的担保又有人的担保的,债务人不履行到期债务或者发生当事人约定的实现担保物权的情形,债权人应当按照约定实现债权;没有约定或者约定不明确,债务人自己提供物的担保的,债权人应当先就该物的担保实现债权;第三人提供物的担保的,债权人可以就物的担保实现债权,也可以请求保证人承担保证责任。提供担保的第三人承担担保责任后,有权向债务人追偿。

第三百九十三条 有下列情形之一的,担保物权消灭:

(一)主债权消灭;

(二)担保物权实现;

（三）债权人放弃担保物权；

（四）法律规定担保物权消灭的其他情形。

第十七章　抵押权

第一节　一般抵押权

第三百九十四条　为担保债务的履行，债务人或者第三人不转移财产的占有，将该财产抵押给债权人的，债务人不履行到期债务或者发生当事人约定的实现抵押权的情形，债权人有权就该财产优先受偿。

前款规定的债务人或者第三人为抵押人，债权人为抵押权人，提供担保的财产为抵押财产。

第三百九十五条　债务人或者第三人有权处分的下列财产可以抵押：

（一）建筑物和其他土地附着物；

（二）建设用地使用权；

（三）海域使用权；

（四）生产设备、原材料、半成品、产品；

（五）正在建造的建筑物、船舶、航空器；

（六）交通运输工具；

（七）法律、行政法规未禁止抵押的其他财产。

抵押人可以将前款所列财产一并抵押。

第三百九十六条　企业、个体工商户、农业生产经营者可以将现有的以及将有的生产设备、原材料、半成品、产品抵押，债务人不履行到期债务或者发生当事人约定的实现抵押权的情形，债权人有权就抵押财产确定时的动产优先受偿。

第三百九十七条　以建筑物抵押的，该建筑物占用范围内的建设用地使用权一并抵押。以建设用地使用权抵押的，该土地上的建筑物一并抵押。

抵押人未依据前款规定一并抵押的，未抵押的财产视为一并抵押。

第三百九十八条　乡镇、村企业的建设用地使用权不得单独抵押。以乡镇、村企业的厂房等建筑物抵押的,其占用范围内的建设用地使用权一并抵押。

第三百九十九条 下列财产不得抵押:

(一)土地所有权;

(二)宅基地、自留地、自留山等集体所有土地的使用权,但是法律规定可以抵押的除外;

(三)学校、幼儿园、医疗机构等为公益目的成立的非营利法人的教育设施、医疗卫生设施和其他公益设施;

(四)所有权、使用权不明或者有争议的财产;

(五)依法被查封、扣押、监管的财产;

(六)法律、行政法规规定不得抵押的其他财产。

第四百条 设立抵押权,当事人应当采用书面形式订立抵押合同。

抵押合同一般包括下列条款:

(一)被担保债权的种类和数额;

(二)债务人履行债务的期限;

(三)抵押财产的名称、数量等情况;

(四)担保的范围。

第四百零一条 抵押权人在债务履行期限届满前,与抵押人约定债务人不履行到期债务时抵押财产归债权人所有的,只能依法就抵押财产优先受偿。

第四百零二条 以本法第三百九十五条第一款第一项至第三项规定的财产或者第五项规定的正在建造的建筑物抵押的,应当办理抵押登记。抵押权自登记时设立。

第四百零三条 以动产抵押的,抵押权自抵押合同生效时设立;未经登记,不得对抗善意第三人。

第四百零四条 以动产抵押的,不得对抗正常经营活动中已经支付合理价款并取得抵押财产的买受人。

第四百零五条 抵押权设立前,抵押财产已经出租并转移占有的,原租赁关系不受该抵押权的影响。

第四百零六条 抵押期间,抵押人可以转让抵押财产。当事人另有约定的,按照其约定。抵押财产转让的,抵押权不受影响。

抵押人转让抵押财产的,应当及时通知抵押权人。抵押权人能够证明抵押财产转让可能损害抵押权的,可以请求抵押人将转让所得的价款向抵押权人提前清偿债务或者提存。转让的价款超过债权数额的部分归抵押人所有,不足部分由债务人清偿。

第四百零七条 抵押权不得与债权分离而单独转让或者作为其他债权的担保。债权转让的,担保该债权的抵押权一并转让,但是法律另有规定或者当事人另有约定的除外。

第四百零八条 抵押人的行为足以使抵押财产价值减少的,抵押权人有权请求抵押人停止其行为;抵押财产价值减少的,抵押权人有权请求恢复抵押财产的价值,或者提供与减少的价值相应的担保。抵押人不恢复抵押财产的价值,也不提供担保的,抵押权人有权请求债务人提前清偿债务。

第四百零九条 抵押权人可以放弃抵押权或者抵押权的顺位。抵押权人与抵押人可以协议变更抵押权顺位以及被担保的债权数额等内容。但是,抵押权的变更未经其他抵押权人书面同意的,不得对其他抵押权人产生不利影响。

债务人以自己的财产设定抵押,抵押权人放弃该抵押权、抵押权顺位或者变更抵押权的,其他担保人在抵押权人丧失优先受偿权益的范围内免除担保责任,但是其他担保人承诺仍然提供担保的除外。

第四百一十条 债务人不履行到期债务或者发生当事人约定的实现抵押权的情形,抵押权人可以与抵押人协议以抵押财产折价或者以拍卖、变卖该抵押财产所得的价款优先受偿。协议损害其他债权人利益的,其他债权人可以请求人民法院撤销该协议。

抵押权人与抵押人未就抵押权实现方式达成协议的,抵押权人可以请求人民法院拍卖、变卖抵押财产。

抵押财产折价或者变卖的,应当参照市场价格。

第四百一十一条 依据本法第三百九十六条规定设定抵押的,抵押财产自下列情形之一发生时确定：

（一）债务履行期限届满，债权未实现；

（二）抵押人被宣告破产或者解散；

（三）当事人约定的实现抵押权的情形；

（四）严重影响债权实现的其他情形。

第四百一十二条 债务人不履行到期债务或者发生当事人约定的实现抵押权的情形，致使抵押财产被人民法院依法扣押的，自扣押之日起，抵押权人有权收取该抵押财产的天然孳息或者法定孳息，但是抵押权人未通知应当清偿法定孳息义务人的除外。

前款规定的孳息应当先充抵收取孳息的费用。

第四百一十三条 抵押财产折价或者拍卖、变卖后，其价款超过债权数额的部分归抵押人所有，不足部分由债务人清偿。

第四百一十四条 同一财产向两个以上债权人抵押的，拍卖、变卖抵押财产所得的价款依照下列规定清偿：

（一）抵押权已经登记的，按照登记的时间先后确定清偿顺序；

（二）抵押权已经登记的先于未登记的受偿；

（三）抵押权未登记的，按照债权比例清偿。

其他可以登记的担保物权，清偿顺序参照适用前款规定。

第四百一十五条 同一财产既设立抵押权又设立质权的，拍卖、变卖该财产所得的价款按照登记、交付的时间先后确定清偿顺序。

第四百一十六条 动产抵押担保的主债权是抵押物的价款，标的物交付后十日内办理抵押登记的，该抵押权人优先于抵押物买受人的其他担保物权人受偿，但是留置权人除外。

第四百一十七条 建设用地使用权抵押后，该土地上新增的建筑物不属于抵押财产。该建设用地使用权实现抵押权时，应当将该土地上新增的建筑物与建设用地使用权一并处分。但是，新增建筑物所得的价款，抵押权人无权优先受偿。

第四百一十八条 以集体所有土地的使用权依法抵押的，实现抵押权后，未经法定程序，不得改变土地所有权的性质和土地用途。

第四百一十九条 抵押权人应当在主债权诉讼时效期间行使抵押权；未行使的，人民法院不予保护。

第二节 最高额抵押权

第四百二十条 为担保债务的履行，债务人或者第三人对一定期间内将要连续发生的债权提供担保财产的，债务人不履行到期债务或者发生当事人约定的实现抵押权的情形，抵押权人有权在最高债权额限度内就该担保财产优先受偿。

最高额抵押权设立前已经存在的债权，经当事人同意，可以转入最高额抵押担保的债权范围。

第四百二十一条 最高额抵押担保的债权确定前，部分债权转让的，最高额抵押权不得转让，但是当事人另有约定的除外。

第四百二十二条 最高额抵押担保的债权确定前，抵押权人与抵押人可以通过协议变更债权确定的期间、债权范围以及最高债权额。但是，变更的内容不得对其他抵押权人产生不利影响。

第四百二十三条 有下列情形之一的，抵押权人的债权确定：

（一）约定的债权确定期间届满；

（二）没有约定债权确定期间或者约定不明确，抵押权人或者抵押人自最高额抵押权设立之日起满二年后请求确定债权；

（三）新的债权不可能发生；

（四）抵押权人知道或者应当知道抵押财产被查封、扣押；

（五）债务人、抵押人被宣告破产或者解散；

（六）法律规定债权确定的其他情形。

第四百二十四条 最高额抵押权除适用本节规定外，适用本章第一节的有关规定。

2. 中华人民共和国农村土地承包法

（2002年8月29日第九届全国人民代表大会常务委员会第二十九次会议通过，根据2018年12月29日第十三届全国人民代表大会常务委员会第七次会议《关于修改〈中华人民共和国农村土地承包法〉的决定》第二次修正）

第一章 总 则

第一条 为了巩固和完善以家庭承包经营为基础、统分结合的双层经营体制，保持农村土地承包关系稳定并长久不变，维护农村土地承包经营当事人的合法权益，促进农业、农村经济发展和农村社会和谐稳定，根据宪法，制定本法。

第二条 本法所称农村土地，是指农民集体所有和国家所有依法由农民集体使用的耕地、林地、草地，以及其他依法用于农业的土地。

第三条 国家实行农村土地承包经营制度。

农村土地承包采取农村集体经济组织内部的家庭承包方式，不宜采取家庭承包方式的荒山、荒沟、荒丘、荒滩等农村土地，可以采取招标、拍卖、公开协商等方式承包。

第四条 农村土地承包后，土地的所有权性质不变。承包地不得买卖。

第五条 农村集体经济组织成员有权依法承包由本集体经济组织发包的农村土地。

任何组织和个人不得剥夺和非法限制农村集体经济组织成员承包土地的权利。

第六条 农村土地承包，妇女与男子享有平等的权利。承包中应当保护妇女的合法权益，任何组织和个人不得剥夺、侵害妇女应当享有的土地承包经营权。

第七条 农村土地承包应当坚持公开、公平、公正的原则,正确处理国家、集体、个人三者的利益关系。

第八条 国家保护集体土地所有者的合法权益,保护承包方的土地承包经营权,任何组织和个人不得侵犯。

第九条 承包方承包土地后,享有土地承包经营权,可以自己经营,也可以保留土地承包权,流转其承包地的土地经营权,由他人经营。

第十条 国家保护承包方依法、自愿、有偿流转土地经营权,保护土地经营权人的合法权益,任何组织和个人不得侵犯。

第十一条 农村土地承包经营应当遵守法律、法规,保护土地资源的合理开发和可持续利用。未经依法批准不得将承包地用于非农建设。

国家鼓励增加对土地的投入,培肥地力,提高农业生产能力。

第十二条 国务院农业农村、林业和草原主管部门分别依照国务院规定的职责负责全国农村土地承包经营及承包经营合同管理的指导。

县级以上地方人民政府农业农村、林业和草原等主管部门分别依照各自职责,负责本行政区域内农村土地承包经营及承包经营合同管理。

乡(镇)人民政府负责本行政区域内农村土地承包经营及承包经营合同管理。

第二章 家庭承包

第一节 发包方和承包方的权利和义务

第十三条 农民集体所有的土地依法属于村农民集体所有的,由村集体经济组织或者村民委员会发包;已经分别属于村内两个以上农村集体经济组织的农民集体所有的,由村内各该农村集体经济组织或者村民小组发包。村集体经济组织或者村民委员会发包的,不得改变村内各集体经济组织农民集体所有的土地的所有权。

国家所有依法由农民集体使用的农村土地,由使用该土地的农村集体经济组织、村民委员会或者村民小组发包。

第十四条 发包方享有下列权利：

（一）发包本集体所有的或者国家所有依法由本集体使用的农村土地；

（二）监督承包方依照承包合同约定的用途合理利用和保护土地；

（三）制止承包方损害承包地和农业资源的行为；

（四）法律、行政法规规定的其他权利。

第十五条 发包方承担下列义务：

（一）维护承包方的土地承包经营权，不得非法变更、解除承包合同；

（二）尊重承包方的生产经营自主权，不得干涉承包方依法进行正常的生产经营活动；

（三）依照承包合同约定为承包方提供生产、技术、信息等服务；

（四）执行县、乡（镇）土地利用总体规划，组织本集体经济组织内的农业基础设施建设；

（五）法律、行政法规规定的其他义务。

第十六条 家庭承包的承包方是本集体经济组织的农户。

农户内家庭成员依法平等享有承包土地的各项权益。

第十七条 承包方享有下列权利：

（一）依法享有承包地使用、收益的权利，有权自主组织生产经营和处置产品；

（二）依法互换、转让土地承包经营权；

（三）依法流转土地经营权；

（四）承包地被依法征收、征用、占用的，有权依法获得相应的补偿；

（五）法律、行政法规规定的其他权利。

第十八条 承包方承担下列义务：

（一）维持土地的农业用途，未经依法批准不得用于非农建设；

（二）依法保护和合理利用土地，不得给土地造成永久性损害；

（三）法律、行政法规规定的其他义务。

第二节　承包的原则和程序

第十九条　土地承包应当遵循以下原则：

（一）按照规定统一组织承包时，本集体经济组织成员依法平等地行使承包土地的权利，也可以自愿放弃承包土地的权利；

（二）民主协商，公平合理；

（三）承包方案应当按照本法第十三条的规定，依法经本集体经济组织成员的村民会议三分之二以上成员或者三分之二以上村民代表的同意；

（四）承包程序合法。

第二十条　土地承包应当按照以下程序进行：

（一）本集体经济组织成员的村民会议选举产生承包工作小组；

（二）承包工作小组依照法律、法规的规定拟订并公布承包方案；

（三）依法召开本集体经济组织成员的村民会议，讨论通过承包方案；

（四）公开组织实施承包方案；

（五）签订承包合同。

第三节　承包期限和承包合同

第二十一条　耕地的承包期为三十年。草地的承包期为三十年至五十年。林地的承包期为三十年至七十年。

前款规定的耕地承包期届满后再延长三十年，草地、林地承包期届满后依照前款规定相应延长。

第二十二条　发包方应当与承包方签订书面承包合同。

承包合同一般包括以下条款：

（一）发包方、承包方的名称，发包方负责人和承包方代表的姓名、住所；

（二）承包土地的名称、坐落、面积、质量等级；

（三）承包期限和起止日期；

（四）承包土地的用途；

（五）发包方和承包方的权利和义务；

（六）违约责任。

第二十三条　承包合同自成立之日起生效。承包方自承包合同生效时取得土地承包经营权。

第二十四条　国家对耕地、林地和草地等实行统一登记，登记机构应当向承包方颁发土地承包经营权证或者林权证等证书，并登记造册，确认土地承包经营权。

土地承包经营权证或者林权证等证书应当将具有土地承包经营权的全部家庭成员列入。

登记机构除按规定收取证书工本费外，不得收取其他费用。

第二十五条　承包合同生效后，发包方不得因承办人或者负责人的变动而变更或者解除，也不得因集体经济组织的分立或者合并而变更或者解除。

第二十六条　国家机关及其工作人员不得利用职权干涉农村土地承包或者变更、解除承包合同。

第四节　土地承包经营权的保护和互换、转让

第二十七条　承包期内，发包方不得收回承包地。

国家保护进城农户的土地承包经营权。不得以退出土地承包经营权作为农户进城落户的条件。

承包期内，承包农户进城落户的，引导支持其按照自愿有偿原则依法在本集体经济组织内转让土地承包经营权或者将承包地交回发包方，也可以鼓励其流转土地经营权。

承包期内，承包方交回承包地或者发包方依法收回承包地时，承包方对其在承包地上投入而提高土地生产能力的，有权获得相应的补偿。

第二十八条　承包期内，发包方不得调整承包地。

承包期内，因自然灾害严重毁损承包地等特殊情形对个别农户之间承包的耕地和草地需要适当调整的，必须经本集体经济组织成员的村民会议三分之二以上成员或者三分之二以上村民代表的同意，并报乡（镇）人民政府和县级人民政府农业农村、林业和草原等主管部门批准。承包合同中约定不得调整的，按照其约定。

第二十九条 下列土地应当用于调整承包土地或者承包给新增人口：

（一）集体经济组织依法预留的机动地；

（二）通过依法开垦等方式增加的；

（三）发包方依法收回和承包方依法、自愿交回的。

第三十条 承包期内，承包方可以自愿将承包地交回发包方。承包方自愿交回承包地的，可以获得合理补偿，但是应当提前半年以书面形式通知发包方。承包方在承包期内交回承包地的，在承包期内不得再要求承包土地。

第三十一条 承包期内，妇女结婚，在新居住地未取得承包地的，发包方不得收回其原承包地；妇女离婚或者丧偶，仍在原居住地生活或者不在原居住地生活但在新居住地未取得承包地的，发包方不得收回其原承包地。

第三十二条 承包人应得的承包收益，依照继承法的规定继承。

林地承包的承包人死亡，其继承人可以在承包期内继续承包。

第三十三条 承包方之间为方便耕种或者各自需要，可以对属于同一集体经济组织的土地的土地承包经营权进行互换，并向发包方备案。

第三十四条 经发包方同意，承包方可以将全部或者部分的土地承包经营权转让给本集体经济组织的其他农户，由该农户同发包方确立新的承包关系，原承包方与发包方在该土地上的承包关系即行终止。

第三十五条 土地承包经营权互换、转让的，当事人可以向登记机构申请登记。未经登记，不得对抗善意第三人。

第五节　土地经营权

第三十六条 承包方可以自主决定依法采取出租（转包）、入股或者其他方式向他人流转土地经营权，并向发包方备案。

第三十七条 土地经营权人有权在合同约定的期限内占有农村土地，自主开展农业生产经营并取得收益。

第三十八条 土地经营权流转应当遵循以下原则：

（一）依法、自愿、有偿，任何组织和个人不得强迫或者阻碍土地经营权流转；

（二）不得改变土地所有权的性质和土地的农业用途，不得破坏农业综合生产能力和农业生态环境；

（三）流转期限不得超过承包期的剩余期限；

（四）受让方须有农业经营能力或者资质；

（五）在同等条件下，本集体经济组织成员享有优先权。

第三十九条　土地经营权流转的价款，应当由当事人双方协商确定。流转的收益归承包方所有，任何组织和个人不得擅自截留、扣缴。

第四十条　土地经营权流转，当事人双方应当签订书面流转合同。

土地经营权流转合同一般包括以下条款：

（一）双方当事人的姓名、住所；

（二）流转土地的名称、坐落、面积、质量等级；

（三）流转期限和起止日期；

（四）流转土地的用途；

（五）双方当事人的权利和义务；

（六）流转价款及支付方式；

（七）土地被依法征收、征用、占用时有关补偿费的归属；

（八）违约责任。

承包方将土地交由他人代耕不超过一年的，可以不签订书面合同。

第四十一条　土地经营权流转期限为五年以上的，当事人可以向登记机构申请土地经营权登记。未经登记，不得对抗善意第三人。

第四十二条　承包方不得单方解除土地经营权流转合同，但受让方有下列情形之一的除外：

（一）擅自改变土地的农业用途；

（二）弃耕抛荒连续两年以上；

（三）给土地造成严重损害或者严重破坏土地生态环境；

（四）其他严重违约行为。

第四十三条　经承包方同意，受让方可以依法投资改良土壤，建设农业生产附属、配套设施,并按照合同约定对其投资部分获得合理补偿。

第四十四条 承包方流转土地经营权的,其与发包方的承包关系不变。

第四十五条 县级以上地方人民政府应当建立工商企业等社会资本通过流转取得土地经营权的资格审查、项目审核和风险防范制度。

工商企业等社会资本通过流转取得土地经营权的,本集体经济组织可以收取适量管理费用。

具体办法由国务院农业农村、林业和草原主管部门规定。

第四十六条 经承包方书面同意,并向本集体经济组织备案,受让方可以再流转土地经营权。

第四十七条 承包方可以用承包地的土地经营权向金融机构融资担保,并向发包方备案。受让方通过流转取得的土地经营权,经承包方书面同意并向发包方备案,可以向金融机构融资担保。

担保物权自融资担保合同生效时设立。当事人可以向登记机构申请登记;未经登记,不得对抗善意第三人。

实现担保物权时,担保物权人有权就土地经营权优先受偿。

土地经营权融资担保办法由国务院有关部门规定。

第三章 其他方式的承包

第四十八条 不宜采取家庭承包方式的荒山、荒沟、荒丘、荒滩等农村土地,通过招标、拍卖、公开协商等方式承包的,适用本章规定。

第四十九条 以其他方式承包农村土地的,应当签订承包合同,承包方取得土地经营权。当事人的权利和义务、承包期限等,由双方协商确定。以招标、拍卖方式承包的,承包费通过公开竞标、竞价确定;以公开协商等方式承包的,承包费由双方议定。

第五十条 荒山、荒沟、荒丘、荒滩等可以直接通过招标、拍卖、公开协商等方式实行承包经营,也可以将土地经营权折股分给本集体经济组织成员后,再实行承包经营或者股份合作经营。

承包荒山、荒沟、荒丘、荒滩的，应当遵守有关法律、行政法规的规定，防止水土流失，保护生态环境。

第五十一条　以其他方式承包农村土地，在同等条件下，本集体经济组织成员有权优先承包。

第五十二条　发包方将农村土地发包给本集体经济组织以外的单位或者个人承包，应当事先经本集体经济组织成员的村民会议三分之二以上成员或者三分之二以上村民代表的同意，并报乡（镇）人民政府批准。

由本集体经济组织以外的单位或者个人承包的，应当对承包方的资信情况和经营能力进行审查后，再签订承包合同。

第五十三条　通过招标、拍卖、公开协商等方式承包农村土地，经依法登记取得权属证书的，可以依法采取出租、入股、抵押或者其他方式流转土地经营权。

第五十四条　依照本章规定通过招标、拍卖、公开协商等方式取得土地经营权的，该承包人死亡，其应得的承包收益，依照继承法的规定继承；在承包期内，其继承人可以继续承包。

第四章　争议的解决和法律责任

第五十五条　因土地承包经营发生纠纷的，双方当事人可以通过协商解决，也可以请求村民委员会、乡（镇）人民政府等调解解决。

当事人不愿协商、调解或者协商、调解不成的，可以向农村土地承包仲裁机构申请仲裁，也可以直接向人民法院起诉。

第五十六条　任何组织和个人侵害土地承包经营权、土地经营权的，应当承担民事责任。

第五十七条　发包方有下列行为之一的，应当承担停止侵害、排除妨碍、消除危险、返还财产、恢复原状、赔偿损失等民事责任：

（一）干涉承包方依法享有的生产经营自主权；

（二）违反本法规定收回、调整承包地；

(三)强迫或者阻碍承包方进行土地承包经营权的互换、转让或者土地经营权流转;

(四)假借少数服从多数强迫承包方放弃或者变更土地承包经营权;

(五)以划分“口粮田”和“责任田”等为由收回承包地搞招标承包;

(六)将承包地收回抵顶欠款;

(七)剥夺、侵害妇女依法享有的土地承包经营权;

(八)其他侵害土地承包经营权的行为。

第五十八条 承包合同中违背承包方意愿或者违反法律、行政法规有关不得收回、调整承包地等强制性规定的约定无效。

第五十九条 当事人一方不履行合同义务或者履行义务不符合约定的,应当依法承担违约责任。

第六十条 任何组织和个人强迫进行土地承包经营权互换、转让或者土地经营权流转的,该互换、转让或者流转无效。

第六十一条 任何组织和个人擅自截留、扣缴土地承包经营权互换、转让或者土地经营权流转收益的,应当退还。

第六十二条 违反土地管理法规,非法征收、征用、占用土地或者贪污、挪用土地征收、征用补偿费用,构成犯罪的,依法追究刑事责任;造成他人损害的,应当承担损害赔偿等责任。

第六十三条 承包方、土地经营权人违法将承包地用于非农建设的,由县级以上地方人民政府有关主管部门依法予以处罚。

承包方给承包地造成永久性损害的,发包方有权制止,并有权要求赔偿由此造成的损失。

第六十四条 土地经营权人擅自改变土地的农业用途、弃耕抛荒连续两年以上、给土地造成严重损害或者严重破坏土地生态环境,承包方在合理期限内不解除土地经营权流转合同的,发包方有权要求终止土地经营权流转合同。土地经营权人对土地和土地生态环境造成的损害应当予以赔偿。

第六十五条 国家机关及其工作人员有利用职权干涉农村土地承包经营,

变更、解除承包经营合同，干涉承包经营当事人依法享有的生产经营自主权，强迫、阻碍承包经营当事人进行土地承包经营权互换、转让或者土地经营权流转等侵害土地承包经营权、土地经营权的行为，给承包经营当事人造成损失的，应当承担损害赔偿等责任；情节严重的，由上级机关或者所在单位给予直接责任人员处分；构成犯罪的，依法追究刑事责任。

第五章　附　则

第六十六条　本法实施前已经按照国家有关农村土地承包的规定承包，包括承包期限长于本法规定的，本法实施后继续有效，不得重新承包土地。未向承包方颁发土地承包经营权证或者林权证等证书的，应当补发证书。

第六十七条　本法实施前已经预留机动地的，机动地面积不得超过本集体经济组织耕地总面积的百分之五。不足百分之五的，不得再增加机动地。

本法实施前未留机动地的，本法实施后不得再留机动地。

第六十八条　各省、自治区、直辖市人民代表大会常务委员会可以根据本法，结合本行政区域的实际情况，制定实施办法。

第六十九条　确认农村集体经济组织成员身份的原则、程序等，由法律、法规规定。

第七十条　本法自 2003 年 3 月 1 日起施行。

3. 中华人民共和国农村土地承包经营纠纷调解仲裁法

（中华人民共和国第十一届全国人民代表大会常务委员会第九次会议于2009年6月27日通过，自2010年1月1日起施行）

第一章　总　则

第一条　为了公正、及时解决农村土地承包经营纠纷，维护当事人的合法权益，促进农村经济发展和社会稳定，制定本法。

第二条　农村土地承包经营纠纷调解和仲裁，适用本法。

农村土地承包经营纠纷包括：

（一）因订立、履行、变更、解除和终止农村土地承包合同发生的纠纷；

（二）因农村土地承包经营权转包、出租、互换、转让、入股等流转发生的纠纷；

（三）因收回、调整承包地发生的纠纷；

（四）因确认农村土地承包经营权发生的纠纷；

（五）因侵害农村土地承包经营权发生的纠纷；

（六）法律、法规规定的其他农村土地承包经营纠纷。

因征收集体所有的土地及其补偿发生的纠纷，不属于农村土地承包仲裁委的受理范围，可以通过行政复议或者诉讼等方式解决。

第三条　发生农村土地承包经营纠纷的，当事人可以自行和解，也可以请求村民委员会、乡（镇）人民政府等调解。

第四条　当事人和解、调解不成或者不愿和解、调解的，可以向农村土地承包仲裁委员会申请仲裁,也可以直接向人民法院起诉。

第五条 农村土地承包经营纠纷调解和仲裁,应当公开、公平、公正,便民高效,根据事实,符合法律,尊重社会公德。

第六条 县级以上人民政府应当加强对农村土地承包经营纠纷调解和仲裁工作的指导。

县级以上人民政府农村土地承包管理部门及其他有关部门应当依照职责分工,支持有关调解组织和农村土地承包仲裁委员会依法开展工作。

第二章 调 解

第七条 村民委员会、乡(镇)人民政府应当加强农村土地承包经营纠纷的调解工作,帮助当事人达成协议解决纠纷。

第八条 当事人申请农村土地承包经营纠纷调解可以书面申请,也可以口头申请。口头申请的,由村民委员会或者乡(镇)人民政府当场记录申请人的基本情况、申请调解的纠纷事项、理由和时间。

第九条 调解农村土地承包经营纠纷,村民委员会或者乡(镇)人民政府应当充分听取当事人对事实和理由的陈述,讲解有关法律以及国家政策,耐心疏导,帮助当事人达成协议。

第十条 经调解达成协议的,村民委员会或者乡(镇)人民政府应当制作调解协议书。

调解协议书由双方当事人签名、盖章或者按指印,经调解人员签名并加盖调解组织印章后生效。

第十一条 仲裁庭对农村土地承包经营纠纷应当进行调解。调解达成协议的,仲裁庭应当制作调解书;调解不成的,应当及时作出裁决。

调解书应当写明仲裁请求和当事人协议的结果。调解书由仲裁员签名,加盖农村土地承包仲裁委员会印章,送达双方当事人。

调解书经双方当事人签收后,即发生法律效力。在调解书签收前当事人反悔的,仲裁庭应当及时作出裁决。

第三章　仲　裁

第一节　仲裁委员会和仲裁员

第十二条　农村土地承包仲裁委员会,根据解决农村土地承包经营纠纷的实际需要设立。农村土地承包仲裁委员会可以在县和不设区的市设立,也可以在设区的市或者其市辖区设立。

农村土地承包仲裁委员会在当地人民政府指导下设立。设立农村土地承包仲裁委员会的,其日常工作由当地农村土地承包管理部门承担。

第十三条　农村土地承包仲裁委员会由当地人民政府及其有关部门代表、有关人民团体代表、农村集体经济组织代表、农民代表和法律、经济等相关专业人员兼任组成,其中农民代表和法律、经济等相关专业人员不得少于组成人员的二分之一。

农村土地承包仲裁委员会设主任一人、副主任一至二人和委员若干人。主任、副主任由全体组成人员选举产生。

第十四条　农村土地承包仲裁委员会依法履行下列职责:

(一)聘任、解聘仲裁员;

(二)受理仲裁申请;

(三)监督仲裁活动。

农村土地承包仲裁委员会应当依照本法制定章程,对其组成人员的产生方式及任期、议事规则等作出规定。

第十五条　农村土地承包仲裁委员会应当从公道正派的人员中聘任仲裁员。

仲裁员应当符合下列条件之一:

(一)从事农村土地承包管理工作满五年;

(二)从事法律工作或者人民调解工作满五年;

(三)在当地威信较高,并熟悉农村土地承包法律以及国家政策的居民。

第十六条　农村土地承包仲裁委员会应当对仲裁员进行农村土地承包法

律以及国家政策的培训。

省、自治区、直辖市人民政府农村土地承包管理部门应当制定仲裁员培训计划,加强对仲裁员培训工作的组织和指导。

第十七条 农村土地承包仲裁委员会组成人员、仲裁员应当依法履行职责,遵守农村土地承包仲裁委章程和仲裁规则,不得索贿受贿、徇私舞弊,不得侵害当事人的合法权益。

仲裁员有索贿受贿、徇私舞弊、枉法裁决以及接受当事人请客送礼等违法违纪行为的,农村土地承包仲裁委员会应当将其除名;构成犯罪的,依法追究刑事责任。

县级以上地方人民政府及有关部门应当受理对农村土地承包仲裁委员会组成人员、仲裁员违法违纪行为的投诉和举报,并依法组织查处。

第二节 申请和受理

第十八条 农村土地承包经营纠纷申请仲裁的时效期间为二年,自当事人知道或者应当知道其权利被侵害之日起计算。

第十九条 农村土地承包经营纠纷仲裁的申请人、被申请人为当事人。家庭承包的,可以由农户代表人参加仲裁。当事人一方人数众多的,可以推选代表人参加仲裁。

与案件处理结果有利害关系的,可以申请作为第三人参加仲裁,或者由农村土地承包仲裁委员会通知其参加仲裁。

当事人、第三人可以委托代理人参加仲裁。

第二十条 申请农村土地承包经营纠纷仲裁应当符合下列条件:

(一)申请人与纠纷有直接的利害关系;

(二)有明确的被申请人;

(三)有具体的仲裁请求和事实、理由;

(四)属于农村土地承包仲裁委员会的受理范围。

第二十一条 当事人申请仲裁,应当向纠纷涉及的土地所在地的农村土地承包仲裁委员会递交仲裁申请书。仲裁申请书可以邮寄或者委托他人代交。

仲裁申请书应当载明申请人和被申请人的基本情况,仲裁请求和所根据的事实、理由,并提供相应的证据和证据来源。

书面申请确有困难的,可以口头申请,由农村土地承包仲裁委员会记入笔录,经申请人核实后由其签名、盖章或者按指印。

第二十二条 农村土地承包仲裁委员会应当对仲裁申请予以审查,认为符合本法第二十条规定的,应当受理。有下列情形之一的,不予受理;已受理的,终止仲裁程序:

(一)不符合申请条件;

(二)人民法院已受理该纠纷;

(三)法律规定该纠纷应当由其他机构处理;

(四)对该纠纷已有生效的判决、裁定、仲裁裁决、行政处理决定等。

第二十三条 农村土地承包仲裁委员会决定受理的,应当自收到仲裁申请之日起五个工作日内,将受理通知书、仲裁规则和仲裁员名册送达申请人;决定不予受理或者终止仲裁程序的,应当自收到仲裁申请或者发现终止仲裁程序情形之日起五个工作日内书面通知申请人,并说明理由。

第二十四条 农村土地承包仲裁委员会应当自受理仲裁申请之日起五个工作日内,将受理通知书、仲裁申请书副本、仲裁规则和仲裁员名册送达被申请人。

第二十五条 被申请人应当自收到仲裁申请书副本之日起十日内向农村土地承包仲裁委员会提交答辩书;书面答辩确有困难的,可以口头答辩,由农村土地承包仲裁委员会记入笔录,经被申请人核实后由其签名、盖章或者按指印。农村土地承包仲裁委员会应当自收到答辩书之日起五个工作日内将答辩书副本送达申请人。被申请人未答辩的,不影响仲裁程序的进行。

第二十六条 一方当事人因另一方当事人的行为或者其他原因,可能使裁决不能执行或者难以执行的,可以申请财产保全。

当事人申请财产保全的,农村土地承包仲裁委员会应当将当事人的申请提交被申请人住所地或者财产所在地的基层人民法院。

申请有错误的，申请人应当赔偿被申请人因财产保全所遭受的损失。

第三节 仲裁庭的组成

第二十七条 仲裁庭由三名仲裁员组成，首席仲裁员由当事人共同选定，其他二名仲裁员由当事人各自选定；当事人不能选定的，由农村土地承包仲裁委员会主任指定。

事实清楚、权利义务关系明确、争议不大的农村土地承包经营纠纷，经双方当事人同意，可以由一名仲裁员仲裁。仲裁员由当事人共同选定或者由农村土地承包仲裁委员会主任指定。

农村土地承包仲裁委应当自仲裁庭组成之日起二个工作日内将仲裁庭组成情况通知当事人。

第二十八条 仲裁员有下列情形之一的，必须回避，当事人也有权以口头或者书面方式申请其回避：

（一）是本案当事人或者当事人、代理人的近亲属；

（二）与本案有利害关系；

（三）与本案当事人、代理人有其他关系，可能影响公正仲裁；

（四）私自会见当事人、代理人，或者接受当事人、代理人的请客送礼。

当事人提出回避申请，应当说明理由，在首次开庭前提出。回避事由在首次开庭后知道的，可以在最后一次开庭终结前提出。

第二十九条 农村土地承包仲裁委员会对回避申请应当及时作出决定，以口头或者书面方式通知当事人，并说明理由。

仲裁员是否回避，由农村土地承包仲裁委员会主任决定；农村土地承包仲裁委员会主任担任仲裁员时，由农村土地承包仲裁委员会集体决定。

仲裁员因回避或者其他原因不能履行职责的，应当依照本法规定重新选定或者指定仲裁员。

第四节 开庭和裁决

第三十条 农村土地承包经营纠纷仲裁应当开庭进行。

开庭可以在纠纷涉及的土地所在地的乡（镇）或者村进行，也可以在农村土地承包仲裁委员会所在地进行。当事人双方要求在乡(镇)或者村开庭的,应当在该乡(镇)或者村开庭。

开庭应当公开,但涉及国家秘密、商业秘密和个人隐私以及当事人约定不公开的除外。

第三十一条 仲裁庭应当在开庭五个工作日前将开庭的时间、地点通知当事人和其他仲裁参与人。

当事人有正当理由的,可以向仲裁庭请求变更开庭的时间、地点。是否变更,由仲裁庭决定。

第三十二条 当事人申请仲裁后,可以自行和解。达成和解协议的,可以请求仲裁庭根据和解协议作出裁决书,也可以撤回仲裁申请。

第三十三条 申请人可以放弃或者变更仲裁请求。被申请人可以承认或者反驳仲裁请求,有权提出反请求。

第三十四条 仲裁庭作出裁决前,申请人撤回仲裁申请的,除被申请人提出反请求的外,仲裁庭应当终止仲裁。

第三十五条 申请人经书面通知,无正当理由不到庭或者未经仲裁庭许可中途退庭的,可以视为撤回仲裁申请。

被申请人经书面通知,无正当理由不到庭或者未经仲裁庭许可中途退庭的,可以缺席裁决。

第三十六条 当事人在开庭过程中有权发表意见、陈述事实和理由、提供证据、进行质证和辩论。对不通晓当地通用语言文字的当事人,农村土地承包仲裁委员会应当为其提供翻译。

第三十七条 当事人应当对自己的主张提供证据。与纠纷有关的证据由作为当事人一方的发包方等掌握管理的,该当事人应当在仲裁庭指定的期限内提供,逾期不提供的,应当承担不利后果。

第三十八条 仲裁庭认为有必要收集的证据,可以自行收集。

第三十九条 仲裁庭对专门性问题认为需要鉴定的,可以交由当事人约定的鉴定机构鉴定;当事人没有约定的,由仲裁庭指定的鉴定机构鉴定。

根据当事人的请求或者仲裁庭的要求，鉴定机构应当派鉴定人参加开庭。当事人经仲裁庭许可，可以向鉴定人提问。

第四十条 证据应当在开庭时出示，但涉及国家秘密、商业秘密和个人隐私的证据不得在公开开庭时出示。

仲裁庭应当依照仲裁规则的规定开庭，给予双方当事人平等陈述、辩论的机会，并组织当事人进行质证。

经仲裁庭查证属实的证据，应当作为认定事实的根据。

第四十一条 在证据可能灭失或者以后难以取得的情况下，当事人可以申请证据保全。当事人申请证据保全的，农村土地承包仲裁委员会应当将当事人的申请提交证据所在地的基层人民法院。

第四十二条 对权利义务关系明确的纠纷，经当事人申请，仲裁庭可以先行裁定维持现状、恢复农业生产以及停止取土、占地等行为。

一方当事人不履行先行裁定的，另一方当事人可以向人民法院申请执行，但应当提供相应的担保。

第四十三条 仲裁庭应当将开庭情况记入笔录，由仲裁员、记录人员、当事人和其他仲裁参与人签名、盖章或者按指印。

当事人和其他仲裁参与人认为对自己陈述的记录有遗漏或者差错的，有权申请补正。如果不予补正，应当记录该申请。

第四十四条 仲裁庭应当根据认定的事实和法律以及国家政策作出裁决并制作裁决书。

裁决应当按照多数仲裁员的意见作出，少数仲裁员的不同意见可以记入笔录。仲裁庭不能形成多数意见时，裁决应当按照首席仲裁员的意见作出。

第四十五条 裁决书应当写明仲裁请求、争议事实、裁决理由、裁决结果、裁决日期以及当事人不服仲裁裁决的起诉权利、期限，由仲裁员签名，加盖农村土地承包仲裁委员会印章。

农村土地承包仲裁委员会应当在裁决作出之日起三个工作日内将裁决书送达当事人，并告知当事人不服仲裁裁决的起诉权利、期限。

第四十六条 仲裁庭依法独立履行职责，不受行政机关、社会团体和个人的干涉。

第四十七条 仲裁农村土地承包经营纠纷，应当自受理仲裁申请之日起六十日内结束；案情复杂需要延长的，经农村土地承包仲裁委员会主任批准可以延长，并书面通知当事人，但延长期限不得超过三十日。

第四十八条 当事人不服仲裁裁决的，可以自收到裁决书之日起三十日内向人民法院起诉。逾期不起诉的，裁决书即发生法律效力。

第四十九条 当事人对发生法律效力的调解书、裁决书，应当依照规定的期限履行。一方当事人逾期不履行的，另一方当事人可以向被申请人住所地或者财产所在地的基层人民法院申请执行。受理申请的人民法院应当依法执行。

第四章 附 则

第五十条 本法所称农村土地，是指农民集体所有和国家所有依法由农民集体使用的耕地、林地、草地，以及其他依法用于农业的土地。

第五十一条 农村土地承包经营纠纷仲裁规则和农村土地承包仲裁委员会示范章程，由国务院农业、林业行政主管部门依照本法规定共同制定。

第五十二条 农村土地承包经营纠纷仲裁不得向当事人收取费用，仲裁工作经费纳入财政预算予以保障。

第五十三条 本法自 2010 年 1 月 1 日起施行。

4. 最高人民法院关于审理涉及农村土地承包纠纷案件适用法律问题的解释

（2005 年 3 月 29 日最高人民法院审判委员会第 1346 次会议通过，根据 2020 年 12 月 23 日最高人民法院审判委员会第 1823 次会议通过的《最高人民法院关于修改〈最高人民法院关于在民事审判工作中适用《中华人民共和国工会法》若干问题的解释〉等二十七件民事类司法解释的决定》修正）

为正确审理农村土地承包纠纷案件，依法保护当事人的合法权益，根据《中华人民共和国民法典》《中华人民共和国农村土地承包法》《中华人民共和国土地管理法》《中华人民共和国民事诉讼法》等法律的规定，结合民事审判实践，制定本解释。

一、受理与诉讼主体

第一条 下列涉及农村土地承包民事纠纷，人民法院应当依法受理：

（一）承包合同纠纷；

（二）承包经营权侵权纠纷；

（三）土地经营权侵权纠纷；

（四）承包经营权互换、转让纠纷；

（五）土地经营权流转纠纷；

（六）承包地征收补偿费用分配纠纷；

（七）承包经营权继承纠纷；

（八）土地经营权继承纠纷。

农村集体经济组织成员因未实际取得土地承包经营权提起民事诉讼的，人民法院应当告知其向有关行政主管部门申请解决。

农村集体经济组织成员就用于分配的土地补偿费数额提起民事诉讼的，人民法院不予受理。

第二条 当事人自愿达成书面仲裁协议的，受诉人民法院应当参照《最高人民法院关于适用〈中华人民共和国民事诉讼法〉的解释》第二百一十五条、第二百一十六条的规定处理。

当事人未达成书面仲裁协议，一方当事人向农村土地承包仲裁机构申请仲裁，另一方当事人提起诉讼的，人民法院应予受理，并书面通知仲裁机构。但另一方当事人接受仲裁管辖后又起诉的，人民法院不予受理。

当事人对仲裁裁决不服并在收到裁决书之日起三十日内提起诉讼的，人民法院应予受理。

第三条 承包合同纠纷，以发包方和承包方为当事人。

前款所称承包方是指以家庭承包方式承包本集体经济组织农村土地的农户，以及以其他方式承包农村土地的组织或者个人。

第四条 农户成员为多人的，由其代表人进行诉讼。

农户代表人按照下列情形确定：

（一）土地承包经营权证等证书上记载的人；

（二）未依法登记取得土地承包经营权证等证书的，为在承包合同上签名的人；

（三）前两项规定的人死亡、丧失民事行为能力或者因其他原因无法进行诉讼的，为农户成员推选的人。

二、家庭承包纠纷案件的处理

第五条 承包合同中有关收回、调整承包地的约定违反农村土地承包法第二十七条、第二十八条、第三十一条规定的，应当认定该约定无效。

第六条 因发包方违法收回、调整承包地,或者因发包方收回承包方弃耕、撂荒的承包地产生的纠纷,按照下列情形,分别处理:

(一)发包方未将承包地另行发包,承包方请求返还承包地的,应予支持;

(二)发包方已将承包地另行发包给第三人,承包方以发包方和第三人为共同被告,请求确认其所签订的承包合同无效、返还承包地并赔偿损失的,应予支持。但属于承包方弃耕、撂荒情形的,对其赔偿损失的诉讼请求,不予支持。

前款第(二)项所称的第三人,请求受益方补偿其在承包地上的合理投入的,应予支持。

第七条 承包合同约定或者土地承包经营权证等证书记载的承包期限短于农村土地承包法规定的期限,承包方请求延长的,应予支持。

第八条 承包方违反农村土地承包法第十八条规定,未经依法批准将承包地用于非农建设或者对承包地造成永久性损害,发包方请求承包方停止侵害、恢复原状或者赔偿损失的,应予支持。

第九条 发包方根据农村土地承包法第二十七条规定收回承包地前,承包方已经以出租、入股或者其他形式将其土地经营权流转给第三人,且流转期限尚未届满,因流转价款收取产生的纠纷,按照下列情形,分别处理:

(一)承包方已经一次性收取了流转价款,发包方请求承包方返还剩余流转期限的流转价款的,应予支持;

(二)流转价款为分期支付,发包方请求第三人按照流转合同的约定支付流转价款的,应予支持。

第十条 承包方交回承包地不符合农村土地承包法第三十条规定程序的,不得认定其为自愿交回。

第十一条 土地经营权流转中,本集体经济组织成员在流转价款、流转期限等主要内容相同的条件下主张优先权的,应予支持。但下列情形除外:

(一)在书面公示的合理期限内未提出优先权主张的;

(二)未经书面公示,在本集体经济组织以外的人开始使用承包地两个月内未提出优先权主张的。

第十二条 发包方胁迫承包方将土地经营权流转给第三人,承包方请求撤销其与第三人签订的流转合同的,应予支持。

发包方阻碍承包方依法流转土地经营权,承包方请求排除妨碍、赔偿损失的,应予支持。

第十三条 承包方未经发包方同意,转让其土地承包经营权的,转让合同无效。但发包方无法定理由不同意或者拖延表态的除外。

第十四条 承包方依法采取出租、入股或者其他方式流转土地经营权,发包方仅以该土地经营权流转合同未报其备案为由,请求确认合同无效的,不予支持。

第十五条 因承包方不收取流转价款或者向对方支付费用的约定产生纠纷,当事人协商变更无法达成一致,且继续履行又显失公平的,人民法院可以根据发生变更的客观情况,按照公平原则处理。

第十六条 当事人对出租地流转期限没有约定或者约定不明的,参照民法典第七百三十条规定处理。除当事人另有约定或者属于林地承包经营外,承包地交回的时间应当在农作物收获期结束后或者下一耕种期开始前。

对提高土地生产能力的投入,对方当事人请求承包方给予相应补偿的,应予支持。

第十七条 发包方或者其他组织、个人擅自截留、扣缴承包收益或者土地经营权流转收益,承包方请求返还的,应予支持。

发包方或者其他组织、个人主张抵销的,不予支持。

三、其他方式承包纠纷的处理

第十八条 本集体经济组织成员在承包费、承包期限等主要内容相同的条件下主张优先承包的,应予支持。但在发包方将农村土地发包给本集体经济组织以外的组织或者个人,已经法律规定的民主议定程序通过,并由乡(镇)人民政府批准后主张优先承包的,不予支持。

第十九条　发包方就同一土地签订两个以上承包合同,承包方均主张取得土地经营权的,按照下列情形,分别处理:

(一)已经依法登记的承包方,取得土地经营权;

(二)均未依法登记的,生效在先合同的承包方取得土地经营权;

(三)依前两项规定无法确定的,已经根据承包合同合法占有使用承包地的人取得土地经营权,但争议发生后一方强行先占承包地的行为和事实,不得作为确定土地经营权的依据。

四、土地征收补偿费用分配及土地承包经营权继承纠纷的处理

第二十条　承包地被依法征收,承包方请求发包方给付已经收到的地上附着物和青苗的补偿费的,应予支持。

承包方已将土地经营权以出租、入股或者其他方式流转给第三人的,除当事人另有约定外,青苗补偿费归实际投入人所有,地上附着物补偿费归附着物所有人所有。

第二十一条　承包地被依法征收,放弃统一安置的家庭承包方,请求发包方给付已经收到的安置补助费的,应予支持。

第二十二条　农村集体经济组织或者村民委员会、村民小组,可以依照法律规定的民主议定程序,决定在本集体经济组织内部分配已经收到的土地补偿费。征地补偿安置方案确定时已经具有本集体经济组织成员资格的人,请求支付相应份额的,应予支持。但已报全国人大常委会、国务院备案的地方性法规、自治条例和单行条例、地方政府规章对土地补偿费在农村集体经济组织内部的分配办法另有规定的除外。

第二十三条　林地家庭承包中,承包方的继承人请求在承包期内继续承包的,应予支持。

其他方式承包中,承包方的继承人或者权利义务承受者请求在承包期内继续承包的,应予支持。

五、其他规定

第二十四条 人民法院在审理涉及本解释第五条、第六条第一款第（二）项及第二款、第十五条的纠纷案件时，应当着重进行调解。必要时可以委托人民调解组织进行调解。

第二十五条 本解释自 2005 年 9 月 1 日起施行。施行后受理的第一审案件，适用本解释的规定。

施行前已经生效的司法解释与本解释不一致的，以本解释为准。

5. 最高人民法院关于审理涉及农村土地承包经营纠纷调解仲裁案件适用法律若干问题的解释

（2013年12月27日最高人民法院审判委员会第1601次会议通过，根据2020年12月23日最高人民法院审判委员会第1823次会议通过的《最高人民法院关于修改〈最高人民法院关于在民事审判工作中适用《中华人民共和国工会法》若干问题的解释〉等二十七件民事类司法解释的决定》修正）

为正确审理涉及农村土地承包经营纠纷调解仲裁案件，根据《中华人民共和国农村土地承包法》《中华人民共和国农村土地承包经营纠纷调解仲裁法》《中华人民共和国民事诉讼法》等法律的规定，结合民事审判实践，就审理涉及农村土地承包经营纠纷调解仲裁案件适用法律的若干问题，制定本解释。

第一条 农村土地承包仲裁委员会根据农村土地承包经营纠纷调解仲裁法第十八条规定，以超过申请仲裁的时效期间为由驳回申请后，当事人就同一纠纷提起诉讼的，人民法院应予受理。

第二条 当事人在收到农村土地承包仲裁委员会作出的裁决书之日起三十日后或者签收农村土地承包仲裁委员会作出的调解书后，就同一纠纷向人民法院提起诉讼的，裁定不予受理；已经受理的，裁定驳回起诉。

第三条 当事人在收到农村土地承包仲裁委员会作出的裁决书之日起三十日内，向人民法院提起诉讼，请求撤销仲裁裁决的，人民法院应当告知当事人就原纠纷提起诉讼。

第四条 农村土地承包仲裁委员会依法向人民法院提交当事人财产保全

申请的,申请财产保全的当事人为申请人。

农村土地承包仲裁委员会应当提交下列材料:

(一)财产保全申请书;

(二)农村土地承包仲裁委员会发出的受理案件通知书;

(三)申请人的身份证明;

(四)申请保全财产的具体情况。

人民法院采取保全措施,可以责令申请人提供担保,申请人不提供担保的,裁定驳回申请。

第五条 人民法院对农村土地承包仲裁委员会提交的财产保全申请材料,应当进行审查。符合前条规定的,应予受理;申请材料不齐全或不符合规定的,人民法院应当告知农村土地承包仲裁委员会需要补齐的内容。

人民法院决定受理的,应当于三日内向当事人送达受理通知书并告知农村土地承包仲裁委员会。

第六条 人民法院受理财产保全申请后,应当在十日内作出裁定。因特殊情况需要延长的,经本院院长批准,可以延长五日。

人民法院接受申请后,对情况紧急的,必须在四十八小时内作出裁定;裁定采取保全措施的,应当立即开始执行。

第七条 农村土地承包经营纠纷仲裁中采取的财产保全措施,在申请保全的当事人依法提起诉讼后,自动转为诉讼中的财产保全措施,并适用《最高人民法院关于适用〈中华人民共和国民事诉讼法〉的解释》第四百八十七条关于查封、扣押、冻结期限的规定。

第八条 农村土地承包仲裁委员会依法向人民法院提交当事人证据保全申请的,应当提供下列材料:

(一)证据保全申请书;

(二)农村土地承包仲裁委员会发出的受理案件通知书;

(三)申请人的身份证明;

(四)申请保全证据的具体情况。

对证据保全的具体程序事项，适用本解释第五、六、七条关于财产保全的规定。

第九条 农村土地承包仲裁委员会作出先行裁定后，一方当事人依法向被执行人住所地或者被执行的财产所在地基层人民法院申请执行的，人民法院应予受理和执行。

申请执行先行裁定的，应当提供以下材料：

（一）申请执行书；

（二）农村土地承包仲裁委员会作出的先行裁定书；

（三）申请执行人的身份证明；

（四）申请执行人提供的担保情况；

（五）其他应当提交的文件或证件。

第十条 当事人根据农村土地承包经营纠纷调解仲裁法第四十九条规定，向人民法院申请执行调解书、裁决书，符合《最高人民法院关于人民法院执行工作若干问题的规定（试行）》第十六条规定条件的，人民法院应予受理和执行。

第十一条 当事人因不服农村土地承包仲裁委员会作出的仲裁裁决向人民法院提起诉讼的，起诉期从其收到裁决书的次日起计算。

第十二条 本解释施行后，人民法院尚未审结的一审、二审案件适用本解释规定。本解释施行前已经作出生效裁判的案件，本解释施行后依法再审的，不适用本解释规定。

6. 农村土地经营权流转管理办法

（农业农村部2021年第1次常务会议审议通过，自2021年3月1日起施行）

第一章　总　则

第一条　为了规范农村土地经营权（以下简称土地经营权）流转行为，保障流转当事人合法权益，加快农业农村现代化，维护农村社会和谐稳定，根据《中华人民共和国农村土地承包法》等法律及有关规定，制定本办法。

第二条　土地经营权流转应当坚持农村土地农民集体所有、农户家庭承包经营的基本制度，保持农村土地承包关系稳定并长久不变，遵循依法、自愿、有偿原则，任何组织和个人不得强迫或者阻碍承包方流转土地经营权。

第三条　土地经营权流转不得损害农村集体经济组织和利害关系人的合法权益，不得破坏农业综合生产能力和农业生态环境，不得改变承包土地的所有权性质及其农业用途，确保农地农用，优先用于粮食生产，制止耕地“非农化”、防止耕地“非粮化”。

第四条　土地经营权流转应当因地制宜、循序渐进，把握好流转、集中、规模经营的度，流转规模应当与城镇化进程和农村劳动力转移规模相适应，与农业科技进步和生产手段改进程度相适应，与农业社会化服务水平提高相适应，鼓励各地建立多种形式的土地经营权流转风险防范和保障机制。

第五条　农业农村部负责全国土地经营权流转及流转合同管理的指导。

县级以上地方人民政府农业农村主管（农村经营管理）部门依照职责，负责本行政区域内土地经营权流转及流转合同管理。

乡（镇）人民政府负责本行政区域内土地经营权流转及流转合同管理。

第二章　流转当事人

第六条　承包方在承包期限内有权依法自主决定土地经营权是否流转，以及流转对象、方式、期限等。

第七条　土地经营权流转收益归承包方所有，任何组织和个人不得擅自截留、扣缴。

第八条　承包方自愿委托发包方、中介组织或者他人流转其土地经营权的，应当由承包方出具流转委托书。委托书应当载明委托的事项、权限和期限等，并由委托人和受托人签字或者盖章。

没有承包方的书面委托，任何组织和个人无权以任何方式决定流转承包方的土地经营权。

第九条　土地经营权流转的受让方应当为具有农业经营能力或者资质的组织和个人。在同等条件下，本集体经济组织成员享有优先权。

第十条　土地经营权流转的方式、期限、价款和具体条件，由流转双方平等协商确定。流转期限届满后，受让方享有以同等条件优先续约的权利。

第十一条　受让方应当依照有关法律法规保护土地，禁止改变土地的农业用途。禁止闲置、荒芜耕地，禁止占用耕地建窑、建坟或者擅自在耕地上建房、挖砂、采石、采矿、取土等。禁止占用永久基本农田发展林果业和挖塘养鱼。

第十二条　受让方将流转取得的土地经营权再流转以及向金融机构融资担保的，应当事先取得承包方书面同意，并向发包方备案。

第十三条　经承包方同意，受让方依法投资改良土壤，建设农业生产附属、配套设施，及农业生产中直接用于作物种植和畜禽水产养殖设施的，土地经营权流转合同到期或者未到期由承包方依法提前收回承包土地时，受让方有权获得合理补偿。具体补偿办法可在土地经营权流转合同中约定或者由双方协商确定。

第三章　流转方式

第十四条　承包方可以采取出租（转包）、入股或者其他符合有关法律和国家政策规定的方式流转土地经营权。

出租(转包)，是指承包方将部分或者全部土地经营权，租赁给他人从事农业生产经营。

入股，是指承包方将部分或者全部土地经营权作价出资，成为公司、合作经济组织等股东或者成员，并用于农业生产经营。

第十五条 承包方依法采取出租(转包)、入股或者其他方式将土地经营权部分或者全部流转的，承包方与发包方的承包关系不变，双方享有的权利和承担的义务不变。

第十六条 承包方自愿将土地经营权入股公司发展农业产业化经营的，可以采取优先股等方式降低承包方风险。公司解散时入股土地应当退回原承包方。

第四章 流转合同

第十七条 承包方流转土地经营权，应当与受让方在协商一致的基础上签订书面流转合同，并向发包方备案。

承包方将土地交由他人代耕不超过一年的，可以不签订书面合同。

第十八条 承包方委托发包方、中介组织或者他人流转土地经营权的，流转合同应当由承包方或者其书面委托的受托人签订。

第十九条 土地经营权流转合同一般包括以下内容：

(一)双方当事人的姓名或者名称、住所、联系方式等；

(二)流转土地的名称、四至、面积、质量等级、土地类型、地块代码等；

(三)流转的期限和起止日期；

(四)流转方式；

(五)流转土地的用途；

(六)双方当事人的权利和义务；

(七)流转价款或者股份分红，以及支付方式和支付时间；

(八)合同到期后地上附着物及相关设施的处理；

（九）土地被依法征收、征用、占用时有关补偿费的归属；

（十）违约责任。

土地经营权流转合同示范文本由农业农村部制定。

第二十条 承包方不得单方解除土地经营权流转合同，但受让方有下列情形之一的除外：

（一）擅自改变土地的农业用途；

（二）弃耕抛荒连续两年以上；

（三）给土地造成严重损害或者严重破坏土地生态环境；

（四）其他严重违约行为。

有以上情形，承包方在合理期限内不解除土地经营权流转合同的，发包方有权要求终止土地经营权流转合同。

受让方对土地和土地生态环境造成的损害应当依法予以赔偿。

第五章 流转管理

第二十一条 发包方对承包方流转土地经营权、受让方再流转土地经营权以及承包方、受让方利用土地经营权融资担保的，应当办理备案，并报告乡（镇）人民政府农村土地承包管理部门。

第二十二条 乡（镇）人民政府农村土地承包管理部门应当向达成流转意向的双方提供统一文本格式的流转合同，并指导签订。流转合同中有违反法律法规的，应当及时予以纠正。

第二十三条 乡（镇）人民政府农村土地承包管理部门应当建立土地经营权流转台账，及时准确记载流转情况。

第二十四条 乡（镇）人民政府农村土地承包管理部门应当对土地经营权流转有关文件、资料及流转合同等进行归档并妥善保管。

第二十五条 鼓励各地建立土地经营权流转市场或者农村产权交易市场。县级以上地方人民政府农业农村主管（农村经营管理）部门应当加强业务指导，督促其建立健全运行规则，规范开展土地经营权流转政策咨询、信息发布、合同签订、交易鉴证、权益评估、融资担保、档案管理等服务。

第二十六条 县级以上地方人民政府农业农村主管(农村经营管理)部门应当按照统一标准和技术规范建立国家、省、市、县等互联互通的农村土地承包信息应用平台,健全土地经营权流转合同网签制度,提升土地经营权流转规范化、信息化管理水平。

第二十七条 县级以上地方人民政府农业农村主管(农村经营管理)部门应当加强对乡(镇)人民政府农村土地承包管理部门工作的指导。乡(镇)人民政府农村土地承包管理部门应当依法开展土地经营权流转的指导和管理工作。

第二十八条 县级以上地方人民政府农业农村主管(农村经营管理)部门应当加强服务,鼓励受让方发展粮食生产;鼓励和引导工商企业等社会资本(包括法人、非法人组织或者自然人等)发展适合企业化经营的现代种养业。

县级以上地方人民政府农业农村主管(农村经营管理)部门应当根据自然经济条件、农村劳动力转移情况、农业机械化水平等因素,引导受让方发展适度规模经营,防止垒大户。

第二十九条 县级以上地方人民政府对工商企业等社会资本流转土地经营权,依法建立分级资格审查和项目审核制度。审查审核的一般程序如下:

(一)受让主体与承包方就流转面积、期限、价款等进行协商并签订流转意向协议书。涉及未承包到户集体土地等集体资源的,应当按照法定程序经本集体经济组织成员的村民会议三分之二以上成员或者三分之二以上村民代表的同意,并与集体经济组织签订流转意向协议书。

(二)受让主体按照分级审查审核规定,分别向乡(镇)人民政府农村土地承包管理部门或者县级以上地方人民政府农业农村主管(农村经营管理)部门提出申请,并提交流转意向协议书、农业经营能力或者资质证明、流转项目规划等相关材料。

(三)县级以上地方人民政府或者乡(镇)人民政府应当依法组织相关职能部门、农村集体经济组织代表、农民代表、专家等就土地用途、受让主体农业经营能力,以及经营项目是否符合粮食生产等产业规划等进行审查审核,并于受理之日起 20 个工作日内作出审查审核意见。

（四）审查审核通过的，受让主体与承包方签订土地经营权流转合同。未按规定提交审查审核申请或者审查审核未通过的，不得开展土地经营权流转活动。

第三十条 县级以上地方人民政府依法建立工商企业等社会资本通过流转取得土地经营权的风险防范制度，加强事中事后监管，及时查处纠正违法违规行为。

鼓励承包方和受让方在土地经营权流转市场或者农村产权交易市场公开交易。

对整村（组）土地经营权流转面积较大、涉及农户较多、经营风险较高的项目，流转双方可以协商设立风险保障金。

鼓励保险机构为土地经营权流转提供流转履约保证保险等多种形式保险服务。

第三十一条 农村集体经济组织为工商企业等社会资本流转土地经营权提供服务的，可以收取适量管理费用。收取管理费用的金额和方式应当由农村集体经济组织、承包方和工商企业等社会资本三方协商确定。管理费用应当纳入农村集体经济组织会计核算和财务管理，主要用于农田基本建设或者其他公益性支出。

第三十二条 县级以上地方人民政府可以根据本办法，结合本行政区域实际，制定工商企业等社会资本通过流转取得土地经营权的资格审查、项目审核和风险防范实施细则。

第三十三条 土地经营权流转发生争议或者纠纷的，当事人可以协商解决，也可以请求村民委员会、乡（镇）人民政府等进行调解。

当事人不愿意协商、调解或者协商、调解不成的，可以向农村土地承包仲裁机构申请仲裁，也可以直接向人民法院提起诉讼。

第六章 附 则

第三十四条 本办法所称农村土地，是指除林地、草地以外的，农民集体所有和国家所有依法由农民集体使用的耕地和其他用于农业的土地。

本办法所称农村土地经营权流转,是指在承包方与发包方承包关系保持不变的前提下,承包方依法在一定期限内将土地经营权部分或者全部交由他人自主开展农业生产经营的行为。

第三十五条 通过招标、拍卖和公开协商等方式承包荒山、荒沟、荒丘、荒滩等农村土地,经依法登记取得权属证书的,可以流转土地经营权,其流转管理参照本办法执行。

第三十六条 本办法自2021年3月1日起施行。农业部2005年1月19日发布的《农村土地承包经营权流转管理办法》(农业部令第47号)同时废止。

7. 中华人民共和国农村土地承包经营权证管理办法

（2003年11月14日　农业部令第33号发布）

第一条　为稳定和完善农村土地承包关系，维护承包方依法取得的土地承包经营权，加强农村土地承包经营权证管理，根据《中华人民共和国农村土地承包法》，制定本办法。

第二条　农村土地承包经营权证是农村土地承包合同生效后，国家依法确认承包方享有土地承包经营权的法律凭证。

农村土地承包经营权证只限承包方使用。

第三条　承包耕地、园地、荒山、荒沟、荒丘、荒滩等农村土地从事种植业生产活动，承包方依法取得农村土地承包经营权后，应颁发农村土地承包经营权证予以确认。

承包草原、水面、滩涂从事养殖业生产活动的，依照《中华人民共和国草原法》、《中华人民共和国渔业法》等有关规定确权发证。

第四条　实行家庭承包经营的承包方，由县级以上地方人民政府颁发农村土地承包经营权证。

实行其它方式承包经营的承包方，经依法登记，由县级以上地方人民政府颁发农村土地承包经营权证。

县级以上地方人民政府农业行政主管部门负责农村土地承包经营权证的备案、登记、发放等具体工作。

第五条　农村土地承包经营权证所载明的权利有效期限，应与依法签订的土地承包合同约定的承包期一致。

第六条 农村土地承包经营权证应包括以下内容：

（一）名称和编号；

（二）发证机关及日期；

（三）承包期限和起止日期；

（四）承包土地名称、坐落、面积、用途；

（五）农村土地承包经营权变动情况；

（六）其他应当注明的事项。

第七条 实行家庭承包的，按下列程序颁发农村土地承包经营权证：

（一）土地承包合同生效后，发包方应在 30 个工作日内，将土地承包方案、承包方及承包土地的详细情况、土地承包合同等材料一式两份报乡（镇）人民政府农村经营管理部门。

（二）乡（镇）人民政府农村经营管理部门对发包方报送的材料予以初审。材料符合规定的，及时登记造册，由乡（镇）人民政府向县级以上地方人民政府提出颁发农村土地承包经营权证的书面申请；材料不符合规定的，应在 15 个工作日内补正。

（三）县级以上地方人民政府农业行政主管部门对乡（镇）人民政府报送的申请材料予以审核。申请材料符合规定的，编制农村土地承包经营权证登记簿，报同级人民政府颁发农村土地承包经营权证；申请材料不符合规定的，书面通知乡（镇）人民政府补正。

第八条 实行招标、拍卖、公开协商等方式承包农村土地的，按下列程序办理农村土地承包经营权证：

（一）土地承包合同生效后，承包方填写农村土地承包经营权证登记申请书，报承包土地所在乡（镇）人民政府农村经营管理部门。

（二）乡（镇）人民政府农村经营管理部门对发包方和承包方的资格、发包程序、承包期限、承包地用途等予以初审，并在农村土地承包经营权证登记申请书上签署初审意见。

（三）承包方持乡（镇）人民政府初审通过的农村土地承包经营权登记申请

书，向县级以上地方人民政府申请农村土地承包经营权证登记。

（四）县级以上地方人民政府农业行政主管部门对登记申请予以审核。申请材料符合规定的，编制农村土地承包经营权证登记簿，报请同级人民政府颁发农村土地承包经营权证；申请材料不符合规定的，书面通知申请人补正。

第九条　农村土地承包经营权证登记簿记载农村土地承包经营权的基本内容。农村土地承包经营权证、农村土地承包合同、农村土地承包经营权证登记簿记载的事项应一致。

第十条　农村土地承包经营权证登记簿、承包合同登记及其他登记材料，由县级以上地方农业行政主管部门管理。

农村土地承包方有权查阅、复制农村土地承包经营权证登记簿和其他登记材料。县级以上农业行政主管部门不得限制和阻挠。

第十一条　农村土地承包当事人认为农村土地承包经营权证和登记簿记载错误的，有权申请更正。

第十二条　乡（镇）农村经营管理部门和县级以上地方人民政府农业行政主管部门在办理农村土地承包经营权证过程中应当履行下列职责：

（一）查验申请人提交的有关材料；

（二）就有关登记事项询问申请人；

（三）如实、及时地登记有关事项；

（四）需要实地查看的，应进行查验。在实地查验过程中，申请人有义务给予协助。

第十三条　乡（镇）人民政府农村经营管理部门领取农村土地承包经营权证后，应在 30 个工作日内将农村土地承包经营权证发给承包方。发包方不得为承包方保存农村土地承包经营权证。

第十四条　承包期内，承包方采取转包、出租、入股方式流转土地承包经营权的，不须办理农村土地承包经营权证变更。

采取转让、互换方式流转土地承包经营权的，当事人可以要求办理农村土地承包经营权证变更登记。

因转让、互换以外的其他方式导致农村土地承包经营权分立、合并的，应当办理农村土地承包经营权证变更。

第十五条 办理农村土地承包经营权变更申请应提交以下材料：

（一）变更的书面请求；

（二）已变更的农村土地承包合同或其它证明材料；

（三）农村土地承包经营权证原件。

第十六条 乡（镇）人民政府农村经营管理部门受理变更申请后，应及时对申请材料进行审核。符合规定的，报请原发证机关办理变更手续，并在农村土地承包经营权证登记簿上记载。

第十七条 农村土地承包经营权证严重污损、毁坏、遗失的，承包方应向乡（镇）人民政府农村经营管理部门申请换发、补发。

经乡（镇）人民政府农村经营管理部门审核后，报请原发证机关办理换发、补发手续。

第十八条 办理农村土地承包经营权证换发、补发手续，应以农村土地经营权证登记簿记载的内容为准。

第十九条 农村土地承包经营权证换发、补发，应当在农村土地承包经营权证上注明“换发”、“补发”字样。

第二十条 承包期内，发生下列情形之一的，应依法收回农村土地承包经营权证：

（一）承包期内，承包方全家迁入设区的市，转为非农业户口的。

（二）承包期内，承包方提出书面申请，自愿放弃全部承包土地的。

（三）承包土地被依法征用、占用，导致农村土地承包经营权全部丧失的。

（四）其他收回土地承包经营权证的情形。

第二十一条 符合本办法第二十条规定，承包方无正当理由拒绝交回农村土地承包经营权证的，由原发证机关注销该证（包括编号），并予以公告。

第二十二条 收回的农村土地承包经营权证，应退回原发证机关，加盖“作废”章。

第二十三条 县级人民政府农业行政主管部门和乡(镇)人民政府要完善农村土地承包方案、农村土地承包合同、农村土地承包经营权证及其相关文件档案的管理制度,建立健全农村土地承包信息化管理系统。

第二十四条 地方各级人民政府农业行政主管部门要加强对农村土地承包经营权证的发放管理,确保农村土地承包经营权证全部落实到户。

第二十五条 对不按规定及时发放农村土地承包经营权证的责任人,予以批评教育;造成严重后果的,应追究行政责任。

第二十六条 颁发农村土地承包经营权证,除工本费外,不得向承包方收取任何费用。

农村土地承包经营权证工本费的支出要严格执行国家有关财务管理的规定。

第二十七条 本办法实施以前颁发的农村土地承包经营权证,符合《农村土地承包法》有关规定,并已加盖县级以上地方人民政府印章的,继续有效。个别条款如承包期限、承包方承担义务等违反《农村土地承包法》规定的,该条款无效,是否换发新证,由承包方决定。

未加盖县级以上地方人民政府印章的,应按本《办法》规定重新颁发。重新颁发农村土地承包经营权证,土地承包期限应符合《农村土地承包法》的有关规定,不得借机调整土地。

第二十八条 农村土地承包经营权证由农业部监制,由省级人民政府农业行政主管部门统一组织印制,加盖县级以上地方人民政府印章。

第二十九条 本办法由农业部负责解释。

第三十条 本办法自2004年1月1日起正式施行。